Quand les avocats font l'histoire

Emmanuel Pierrat

Quand les avocats font l'histoire

De l'Antiquité à nos jours

Albin Michel

Pour Jean-Didier Belot, avocat et humaniste,
ancien secrétaire de la Conférence du stage.

Sommaire

Introduction

Le triomphe de l'éloquence

Cet ouvrage est une chronique sensible, parfois personnelle, sur plusieurs siècles, des grands noms de l'avocature – pour reprendre le joli terme de mon confrère et ami Daniel Soulez Larivière –, de la façon dont ils se sont construits et de leurs faits d'armes.

J'ai « prêté serment » à Paris, il y a trente ans, en rejoignant cette profession.

Depuis, je parle à des gens très divers, policiers, enquêteurs, gardiens de prison ou… ministres.

Je suis, presque quotidiennement, au palais de justice, mais voyage aussi beaucoup en France et à l'étranger pour plaider ou conseiller. Avant la pandémie, je faisais le tour du monde plusieurs fois par an.

Je reçois des clients qui m'appellent « maître ». Et suis toujours curieux des histoires et des problèmes qu'ils me soumettent : un chanteur connu doit négocier son contrat, un journaliste est accusé d'avoir menti dans un article, un médecin a été arrêté et est soupçonné de meurtre, une femme d'affaires me demande de créer une société en Asie, etc.

Chaque jour, je suis fier de la robe noire que je porte au palais, et de ce métier qui est aussi une cause : celle de la défense.

Défendre l'innocent, demander l'indulgence pour un coupable, parler pour une victime, et parfois un accusé d'assassinat, évaluer des preuves, échafauder une stratégie, interroger des témoins, plaider pendant des heures devant un jury de citoyens.

Défendre, c'est surtout prendre la parole haut et fort à la place de ceux qui ne savent pas ou ne peuvent pas se débattre seuls face aux lois et aux juges, aux règles et à la fragilité de chaque être humain. Défendre les femmes et les hommes, c'est aussi défendre chacun, car aucun d'entre nous n'est parfait et nous pouvons tous nous retrouver un jour devant la police ou au tribunal.

La robe d'avocat a pour origine le Moyen Âge, où les avocats étaient principalement des religieux qui étaient vêtus d'une soutane. La profession s'est développée et des règles sont apparues, dont le port obligatoire de la robe.

Le costume de l'avocat a lentement évolué. Auparavant par exemple, l'avocat portait un chapeau, appelé « toque ». Ce chapeau, qui fut abandonné il y a des décennies, était rangé dans des petits casiers. Les avocats communiquaient alors en glissant sous la toque d'un confrère un message en vue d'une audience. Si les chapeaux ont disparu, les casiers sont restés, servant à la correspondance officielle. Ils ont même pris le nom de « toque ». Les avocats possèdent un numéro de toque, qu'ils inscrivent sur leurs documents officiels.

Porter la robe, c'est aussi une façon de pouvoir défendre

les autres et de ne pas rapporter leurs ennuis chez soi, le soir. J'enfile ma robe pour assumer un rôle : celui de défendre un assassin, par exemple. Et je ne peux le faire que parce que je porte ce vêtement particulier que je sais pouvoir enlever à la fin de l'audience. Je redeviendrai alors moi-même et rentrerai chez moi, sans faire de cauchemars toute la nuit à propos des victimes de mon client ou du sort de celui-ci.

Chaque citoyen a suivi les aventures de l'avocat Éric Dupond-Moretti, passé du statut d'« Acquittator » à celui de garde des Sceaux, quand la France entière rend un hommage unanime à Gisèle Halimi, avocate du « procès de Bobigny », disparue en juillet 2020 – à l'exception du barreau de Paris. Nous n'étions qu'une dizaine à ses obsèques. Et beaucoup d'aigris nous l'ont reproché ensuite…

Ajoutons que les procès fascinent le grand public, qui les savoure encore et toujours davantage dans des documentaires télévisés sur les affaires criminelles, des séries consacrées aux cabinets d'avocats ou aux tueurs en série, des directs des chaînes d'information sur Jonathan Daval et son avocat ou Nordahl Lelandais et son défenseur.

Les souvenirs d'audience et autres textes autobiographiques d'avocats réputés, de Georges Kiejman à Robert Badinter, connaissent de véritables succès de librairie.

Or, ces ténors sont les héritiers d'une longue histoire. Il y avait dans la ville où j'ai grandi – à Pantin, dans la banlieue (alors rouge) parisienne – des noms de rues évoquant l'« avocature » : c'était d'ailleurs souvent écrit sur les plaques des rues, des avenues que je lisais en allant de chez mes parents à l'école : « Raymond Poincaré, avocat et homme politique », « Léon Gambetta, avocat et ministre », etc.

Car, depuis des siècles – cela a commencé au temps de la Révolution française –, beaucoup d'avocats sont devenus des hommes politiques de renom qui ont façonné l'histoire de France.

Ces noms sont encore ceux de milliers de rues en France, de centaines d'écoles : Jules Ferry, Aristide Briand, Danton, Camille Desmoulins, Léon Gambetta, Tronchet, Jules Grévy, Malesherbes, Pierre Mendès France, Raymond Poincaré, Waldeck-Rousseau…

Car si l'avocature remonte à la nuit des temps, les grands noms se révèlent au milieu du Grand Siècle, lorsque se structurent les barreaux qui organisent la profession. Peu à peu, apparaissent alors les premières vraies plaidoiries, passant du solennel Loysel (qui est l'avocat du duc d'Anjou et de Catherine de Médicis) au brio de d'Aguesseau (lui valant de devenir ministre).

Au temps des Lumières, Élie de Beaumont défend avec fougue Calas et Sirven. L'art oratoire des gens de robe de la fin de l'Ancien Régime mue au gré des réformes de la justice, quittant peu à peu l'éloquence classique pour une forme de discours destiné à convaincre les juges.

Les avocats sont au cœur de l'histoire de France.

De Robespierre à Danton, de Desmoulins à Malesherbes et Tronchet, ils inventent la Révolution française.

La IIIe République sera baptisée la « république des avocats », puisque les grands ténors remportent des triomphes politiques et savent revenir au barreau après la défaite électorale : ce sont Léon Gambetta, Léon Blum, Vincent Auriol, Jules Guesde, Joseph Paul-Boncour, Raymond Poincaré, etc.

Quant aux premières avocates de France, elles se sont battues pour obtenir, à l'instar de Jeanne Chauvin, au début du XXe siècle, de prêter serment ; et ce bien avant de pouvoir voter et donc de siéger au sein du jury populaire d'une cour d'assises, composé de citoyens masculins... puisque inscrits sur les listes électorales.

De grandes avocates s'emparent de causes retentissantes, telles Hélène Miropolsky et Maria Vérone, premières femmes à plaider aux assises, ou, plus tard, Gisèle Halimi (implacable quand elle défend les membres du FLN ou les femmes ayant avorté clandestinement), et encore, de nos jours, Isabelle Coutant-Peyre (avocate de groupes terroristes, notamment de Carlos, comme de la république d'Iran, ainsi que du tueur en série Charles Sobhraj dit « le Serpent ») ou Frédérique Pons (qui a codéfendu Guy Georges)...

Jacques Vergès, Vincent de Moro-Giafferri, Jacques Isorni, Thierry Lévy et bien d'autres, du barreau de Paris, de Lyon, Lille ou Nice, marqueront aussi le XXe siècle. C'est encore le cas d'une poignée de bâtonniers : Pierre-Olivier Sur, Pascal Eydoux, Francis Teitgen, Jean-René Farthouat, Frédéric Sicard, Christiane Féral-Schuhl. La plupart des autres sont élus par des syndicats...

C'est le règne des ténors et des sopranos. J'ai eu la chance d'être ami avec plusieurs d'entre eux et d'en affronter quelques-uns. Les coups de théâtre, les preuves douteuses, les acharnements policiers et autres « délits de sale gueule », les lynchages dans les journaux, les témoins partiaux, les effets de manche s'inscrivent au rendez-vous de leurs dossiers judiciaires, de leurs mots gravés dans la mémoire collective.

Car le droit est présent tout au cours de la vie. Et l'avocat n'est donc jamais loin.

Il défend les enfants qui ont commis des délits voire des crimes ou qui sont victimes. Il s'occupe des problèmes au travail. Il traite des divorces. Il plaide pour les passagers blessés dans les accidents de voiture. Il peut même lui arriver de gérer les héritages après un décès.

Autrefois, lorsque son voisin faisait trop de bruit, on allait sonner chez lui pour lui demander de baisser le son de sa télévision. Aujourd'hui certains appellent directement la police… De la même façon, les gens intentent plus facilement un procès à autrui pour obtenir de l'argent.

L'avocat est également plus sollicité qu'avant, car de nouveaux types d'affaires émergent. C'est notamment le cas de celles qui sont devenues parfois très complexes au fur et à mesure que naissent de gigantesques entreprises de taille mondiale.

Lorsqu'un chirurgien rate une opération, le patient ne se retient plus de l'attaquer en justice. Par conséquent, beaucoup d'avocats sont spécialisés dans ces questions d'erreurs médicales.

En parallèle, les restaurants ne fournissent plus d'aspirine à un client qui souffre d'un mal de tête. Ils ont peur qu'il soit allergique et qu'il y ait un problème, puis que le client leur fasse un procès ! Alors qu'ils veulent simplement aider…

Certains pensent que cette tendance à la « judiciarisation », qui consiste à faire de plus en plus de procès, nous vient des États-Unis. On entend souvent par exemple que, dans ce pays, un consommateur a attaqué un fast-food parce qu'il s'était brûlé avec le café qu'on lui avait servi !

En ce début de XXIe siècle, la médiatisation tous azimuts accélère de fait la naissance de nouveaux ténors du barreau, qui plaident à la fois dans les palais de justice et sur les plateaux de télé, que ce soit à l'occasion de grands scandales politiques ou financiers, d'affaires criminelles (des tueurs en série aux terroristes), de litiges hautement suivis qui déchirent les familles du show-business (de l'affaire Cantat à l'héritage de Johnny Halliday), de procès de mœurs… Sans oublier les gens de robe qui font basculer les affaires politico-financières, les scandales liés au mouvement #MeToo, voire humanisent les procès des tragiques attentats ayant déjà endeuillé la France du XXIe siècle.

Le prisme ici retenu est celui de l'éloquence, de l'art oratoire dans le contexte des grandes affaires.

Au cœur de tout : ce qui en a forgé la matrice, leurs péripéties. Les périls encourus, leur héroïsme. Leur solitude abyssale aussi qui soutient souvent leur vocation : défendre l'autre.

1

Naissance d'une grande idée

Il faut toujours remonter aux origines, surtout quand la balance égyptienne demeure un symbole de la justice républicaine.

Au temps des pharaons, il faut constater que justice civile et justice pénale sont tout à fait distinctes, la première (civile) étant le domaine des prêtres – le pharaon étant quant à lui divin par essence et à ce titre juge suprême. Chaque ville d'importance dispose de son tribunal de première instance et, le cas échéant, peut entrer en jeu la Cour suprême composée de 30 juges royaux, alors que certains crimes, dits courants, comme la lèse-majesté ou la violation de sépultures (ces dernières très prisées pour les richesses qu'elles contenaient), relèvent du gouverneur de la province ou du préfet de la ville et de leur Conseil. Notons qu'il est possible de faire appel du jugement, le *Nahn Pirra* incarnant l'accusation publique, et les *rets*, experts exclusifs en matière de droit, représentant les intérêts de leur client. Le pharaon même a son avocat : le *Rekh Nisout*[1].

1. « Connu du roi ».

L'Inde antique, dans laquelle il est recensé certaines tribus aux alentours de 3000 av. J.-C.[1], est attachée à ce qu'une bonne justice soit faite, chaque place forte disposant de son prétoire. De surcroît, le tribunal peut être itinérant et suit par exemple les soldats dans leurs périples. C'est le roi, ou son représentant, qui décide de la nature de la peine infligée en fonction de la loi (*dharma*) et des textes qu'elle contient (*soutras*), la frontière entre droit civil et droit pénal n'étant pas franchement établie. La tâche de l'avocat est remplie par un proche ou par un ami. Comment le procès se déroule-t-il ? « Le substitut inscrit sur une planche ou sur le sol, devant le prétoire, le texte de la protestation qui met en cause le tiers ayant causé le dommage [...]. Le défenseur ou son avocat dispose d'un délai de trois à sept minutes suivant la nature des faits incriminés pour formuler sur une autre planche ou en écrivant sur le sol à côté de l'inscription accusatrice l'ensemble de ses moyens de défense[2]. » Le juge fixe ensuite un jour d'ouverture des débats où l'importance des témoins, reconnaissables à leur robe rouge, est capitale. Si tout cela ne se révèle pas éclairant, entrent en scène les présages et la pratique des ordalies (feu, eau, poison).

Durant la période de Moïse (1415 av. J.-C.), le peuple juif voit apparaître des juges[3] obéissant à la loi rabbinique

---

1. La rédaction de la littérature védique (les Upanishads) est estimée entre 1500 et 1000 av. J.-C.

2. Albert Brunois, *Nous, les avocats*, Plon, 1958.

3. « Tu établiras des juges et des scribes, en chacune des villes que Yahvé ton Dieu te donne, pour toutes tes tribus ; ils jugeront le peuple en des jugements justes. Tu ne feras pas dévier le droit, tu n'auras pas égard aux personnes et tu n'accepteras pas de présent, car

et qui occupent également le rôle d'avocat. La Cour suprême (le Grand Sanhédrin) comprend 71 pontifes, la Cour civile 3 membres, la Cour criminelle 23 magistrats – et donc aucun avocat. « Comment est-ce possible ? » demande Daniel Soulez Larivière. « Parce que la procédure et l'institution elle-même intègrent l'accusation et la défense, exactement à l'inverse de notre système judiciaire qui produit seulement de l'accusation et fait intervenir la défense de l'extérieur[1]. » Le magistrat peut donc argumenter pour chaque camp, et même changer d'avis au fur et à mesure de la procédure, sachant qu'en « matière pénale, l'unanimité, qui est permise pour acquitter, est interdite pour condamner ; il faut qu'au moins une voix se fasse entendre en faveur de l'accusé[2] ».

Chez les Celtes, dont la civilisation est tribale, le droit s'articule autour de la vengeance privée et de ce qui est appelé la « composition[3] » gérée par les druides se réunissant chaque année près de Chartres, dans la forêt des Carnutes, pour « rendre la justice après qu'ils ont coupé le gui avec des serpes d'or[4] ».

---

le présent aveugle les yeux des sages et ruine la cause des justes. C'est la stricte justice que tu rechercheras, afin de vivre et de posséder le pays que Yahvé ton Dieu te donne. » (Deutéronome xvi, 18-20).

1. Daniel Soulez Larivière, *L'Avocature*, Le Seuil, 1995, 4e édition refondue et actualisée, Lextenso/La Gazette du Palais, 2019.

2. A. Brunois, *Nous, les avocats*, *op. cit.*

3. Système d'amendes infligées selon la gravité de la faute et le statut de la personne offensée.

4. A. Brunois, *Nous, les avocats*, *op. cit.*

Il semble toutefois qu'en Irlande une fonction d'avocat distincte ait existé, sous le nom de *Aigned* ou *Thengthad*[1], qui s'exprime à la fois en tant que témoin et défenseur, et ce trois fois par an seulement, à l'occasion de foires données en l'honneur des dieux, les *monies*.

Par exemple en l'an 225, « le roi Cormac Mac Airt fit réclamer par son avocat, à l'assemblée des représentants des trois tribus de l'île, la réparation du tort qu'il avait subi dans son palais ; un guerrier l'avait éborgné et avait tué un de ses antrustions[2] ».

Tous les sept ans, les plus talentueux parmi ces avocats sont invités à s'exprimer en audience solennelle, ce qui témoigne déjà de la vivacité verbale dont useront plus tard les ténors et sopranos du barreau !

En 622 apr. J.-C., dans le monde arabe notamment, c'est la loi du talion qui règne. L'organisation de la population y est tribale également, truffée de clans qui obéissent à la règle de la vengeance collective. La notion de protection individuelle est inexistante. C'est ainsi que le prophète Mahomet (né vers 570) va constituer un ensemble de légistes chargés de veiller au respect d'une morale désormais valable pour tous. Nombre des commandements ont trait au règlement de conflits et de difficultés d'ordre juridique et/ou judiciaire. Le Coran recommande par exemple l'établissement de contrats, proscrit le versement de commissions corrompant la jus-

1. « Docteur qui a une langue », jurisconsulte.
2. A. Brunois, *Nous, les avocats*, *op. cit.*

tice, reconnaît la notion de preuve au moyen de témoignages honnêtes, etc.

Dans cette optique, et même si l'activité d'avocat (*wakil*) inspire plus que des réserves car jouissant d'une bien mauvaise réputation (les *wukala* – pluriel de *wakil* –, qui ne sont soumis à aucun ordre pour veiller à leur moralité, sont considérés comme vénaux), le citoyen a le droit de se faire représenter en justice : un mandat est alors établi (la *wakala*). Le *wakil* peut être de toute condition, esclave comme femme – et même non musulman –, et son rôle, sans qu'il soit question de plaidoirie et donc d'éloquence judiciaire, se borne à veiller au bon déroulement de la procédure pour la personne qu'il représente. La profession d'avocat est-elle née ? Pas tout à fait.

Afin d'achever ce panorama, voyageons jusqu'en Chine, qui n'a officiellement accordé un statut à la profession d'avocat (*lüshi*) qu'en 1927. Mais, dans le très ancien droit chinois, remontant à 4477 av. J.-C., la fonction existe bel et bien, même si elle n'est guère goûtée. C'est le *sushi* qui apporte presque clandestinement son aide aux avocats pour tenter d'y voir plus clair parmi la grande complexité des procédures. Le peu de considération pour l'activité du *sushi* vient de la conviction ancestrale que la loi, s'appuyant sur la morale, est toute-puissante et seule apte à préserver l'harmonie sociale. L'idée même d'un procès, résultat d'une « faute », est en inadéquation avec cet ordre naturel auquel il a été désobéi – l'homme n'ayant aucun droit mais seulement des devoirs. Tout doit donc être rapidement expédié afin que les « puissances suprêmes » trouvent l'apaisement.

Splendeurs et misères des logographes grecs

On connaît le légendaire secret professionnel, qui s'applique aux confessions du client aussi bien qu'aux consultations privées. Comme mes pairs, l'avocat que je suis reçoit à longueur de semaine des justiciables qui viennent sonder leurs chances, exposer une difficulté ou un espoir, sans que mon rôle ne soit public.

Mais nous sommes habitués, en ce XXIe siècle, à ce que, lorsqu'il y a plaidoirie, le rôle de l'avocat soit plus que visible…

Chez les Grecs, c'est en effet, en théorie, la règle de Solon[1] qui impose que le justiciable défende sa cause sans aucune aide extérieure. Dans les faits, il peut recourir à un logographe (*logos graphos*), homme érudit qui est son porte-parole, mais qui doit demeurer caché et… muet !

Son assistance est officieuse : elle se présente sous la forme d'un texte (le plaidoyer) qu'il rédige et que son client récite ensuite à l'audience. Il s'agit de plaidoiries prêtes à l'emploi, conçues par une plume occulte et

1. Ysaline Homant, sur le site Hérodote.net – le Média de l'histoire, indique qu'en 594 av. J.-C., Solon, grâce à son « code », a « consolidé la démocratie à Athènes » en mettant « par écrit les principes de gouvernement de la cité », lesquels sont le fondement d'une « Constitution dont le texte est gravé dans le marbre ».

prononcées par le citoyen ou, comme le lecteur va vite le comprendre, par un « ami » qui s'exprime pour lui. D'aucuns attribuent la primeur de ce procédé au grand orateur attique[1] Antiphon[2], d'autres plutôt au stratège Thémistocle (v. 524 av. J.-C. – 459 av. J.-C.). Et, si le juge vient à découvrir l'existence du logographe, la balance risque alors de pencher dans le mauvais sens.

Mais à toute règle, ses exceptions ! Les logographes peuvent apparaître au grand jour… dans trois cas précis : pour représenter les femmes, « juridiquement incapables », les personnes mineures, et l'État – qui lui aussi doit bien se choisir un défenseur en chair et en os.

Certains de ces orateurs renommés – ceux qui étaient « d'origine modeste » – démontrent que « la démocratie était alors vivante » : Eucrate était marchand d'étoupe ; Lysicles, marchand de bestiaux ; Cléo, corroyeur ; Démosthène[3], fils d'armurier ; Cléophon, facteur de lyres ; Iphicrate, fils d'un cordonnier ; Hyperbolas, lampiste, etc.

Déjà, la vie de chacun peut conduire au droit, car la

---

1. Les orateurs attiques sont traditionnellement au nombre de dix.

2. Antiphon (v. 480 av. J.-C. – 410 av. J.-C.), supposément le premier orateur attique à s'être dédié au plaidoyer judiciaire et à son enseignement, est l'auteur d'un traité de rhétorique et d'un recueil d'exordes et de péroraisons qui n'ont pas été retrouvés. Ses *Tétralogies* en formaient probablement l'appendice.

3. Démosthène (384 av. J.-C. – 322 av. J.-C.), considéré comme l'un des plus grands orateurs de l'Antiquité, commence sa carrière en plaidant contre ses tuteurs pour « récupérer les débris de la fortune paternelle ». Il use avec génie de « stratagèmes » (erreurs volontaires), sait « apporter à la discussion et à la péroraison une ampleur véhémente ».

vie de chacun, même dans l'Antiquité, est une affaire de lois et de règles.

Certains cas de figure peuvent d'ailleurs conduire à l'intervention autorisée d'avocats… non professionnels, nommés alors synégores. Il en est ainsi, lorsque, par exemple, une personne de condition ouvrière ou paysanne, qui n'est pas au fait des mécanismes juridiques, est dans l'incapacité d'assurer sa défense en déployant les arguments adéquats. La fonction de synégore, exerçable au maximum jusqu'à trois fois, ne peut se transformer en métier. C'est un simple « devoir de charité », qui ne suppose donc aucune rémunération.

Toutefois, ne soyons pas dupes ! Le duo justiciable/synégore donne lieu à de petites mises en scène dont Albert Brunois me comble : « Le premier [l'avocat] commençait à prendre la parole, puis blême ou congestionné, décontenancé par la majesté des lieux et la solennité de l'instant, il suppliait ses juges de l'autoriser à quérir un second. “Ô Juges ! prêtez-moi votre secours ! Jupiter Ctésios, qui nous regarde, constate que je m'exprime mal ! Comment voterez-vous si vous ne m'avez clairement entendu ? Souffrez qu'un citoyen qui nous écoute puisse renforcer ma voix.” Apparemment angoissé, il cherchait dans l'assistance le citoyen de bonne volonté qui consentît à lui porter secours. Le complice levait le bras et après accord du tribunal parlait pour son ami[1]. »

Et les synégores peuvent se procurer leurs plaidoyers auprès des logographes : « On entendit la plaidoirie,

1. A. Brunois, *Nous, les avocats*, *op. cit.*

qu'avait écrite un inconnu, récitée par un ami qui parlait pour le plaideur[1]. » Quelquefois, mais rarement, le logographe remplit la fonction du synégore : il devient alors l'avocat tel que nous le connaissons aujourd'hui ou presque.

Quant au plaidoyer à proprement parler, il se décompose à cette époque en quatre parties[2] : l'exorde, qui « prépare l'auditoire » en donnant une vue générale de l'affaire et du plaideur, tout en exposant les « liens d'affection » existant entre le synégore et son « ami vertueux[3] » ; la narration, qui détaille les faits en mêlant vérité et interprétation plus ou moins biaisée de celle-ci ; l'argumentation, qui renforce ce qui a précédé et tente de convaincre le tribunal ; et enfin la péroraison, conclusion où « le pathétique et la passion viennent apporter à l'édifice le chapiteau qui l'exalte[4] ».

Chaque orateur développe ou réduit telle ou telle partie en fonction de sa stratégie et de son talent – ainsi,

---

1. Parmi les plaidoyers les plus habiles, Albert Brunois cite ceux d'Isée, célèbre orateur attique (voir note n° 1 p. 28).

2. Jean-Denis Bredin rappelle que Quintilien, rhéteur du Ier siècle apr. J.-C., divise la plaidoirie en cinq parties obligées : l'exorde, la narration des faits, la confirmation, la réfutation, et enfin la péroraison (dans Jean-Denis Bredin et Thierry Lévy, *Convaincre. Dialogue sur l'éloquence*, Odile Jacob, 1997).

3. Albert Brunois écrit que Lysias était excellent dans l'exorde, avec un thème récurrent : « J'ai essayé tous les accommodements ; mais mon adversaire veut un procès ; c'est un homme retors, sourcilleux, chicaneur, qui aime plaider, parce qu'il se croit imbattable. » (*Nous, les avocats*, *op. cit.*)

4. A. Brunois, *Nous, les avocats*, *op. cit.*

Isée[1] insiste sur la narration et l'argumentation ; Lysias[2], regardé comme « le » maître logographe, donne son meilleur dans l'exorde, etc.

Ce mécanisme est de toute façon limité par l'impitoyable clepsydre, justement inventée pour contraindre les orateurs à cadrer leur discours, les Grecs, amateurs de démonstrations logiques, ne goûtant guère aux plaidoyers à rallonge ou truffés d'artifices, et encore moins sirupeux. Ce récipient permet de mesurer inexorablement le temps grâce à l'eau qui s'en écoule.

Souvent Démosthène déplore d'avoir perdu son procès parce que ses adversaires sont « parvenus à disposer de trois ou quatre fois plus d'eau que lui[3] » – lui qui, dans son exorde, commence par s'excuser de parler le premier

---

1. Isée (v. 420 av. J.-C. – v. 340 av. J.-C.), élève d'Isocrate (un des dix orateurs attiques évoqués en note n° 1 p. 25), est le logographe des causes privées, redoutable avocat d'affaires civiles et maîtrisant l'art du raisonnement et de la discussion. Son école de logographes, réputée sérieuse, ne fera pas sa fortune : il vendra son cours à l'un de ses élèves, Démosthène (voir note n° 3 p. 25), pour 10 000 drachmes (A. Brunois, *Nous, les avocats*, *op. cit.*).

2. De Lysias (v. 440 av. J.-C. – v. 380 av. J.-C.), Albert Brunois écrit encore : « Son style dépouillé exprime une éloquence transparente et sobre [...] sa narration est un chef-d'œuvre d'habileté [...] il fait naître un personnage qui ressemble à l'orateur, meilleur que lui, peut-être, plus malin, sans doute, mais jamais abusif. L'exorde, d'emblée, rend le plaidoyer sympathique aux auditeurs [...] c'est un petit roman que, positivement, raconte le client [...]. Les magistrats écoutent, passionnés, l'histoire d'un citoyen comme eux qui a connu déboires et infortunes et qui se voit traîné en justice [...] » (A. Brunois, *Nous, les avocats*, *op. cit.*).

3. A. Brunois, *Nous, les avocats*, *op. cit.*

(« il eût aimé se taire, écouter en silence les maîtres orateurs ») et y revient dans la péroraison : « Quant à moi, je n'ai consenti à tenir pour vous plaire un langage que je n'aurais pas cru conforme à vos intérêts. » Ces deux protestations, commente le grand avocat que fut Jean-Denis Bredin, « protestation de modestie dans l'exorde, protestation de sincérité dans la péroraison, me semblent faire partie des ressources éternelles de l'éloquence[1] ».

Autre élément caractéristique des plaidoyers hellènes, où la logique et la clarté prédominent : l'utilisation des « lieux communs[2] », qui, outre les formules comme « la colère est mauvaise conseillère » ou « il vaut mieux, dans le doute, absoudre un coupable que condamner un innocent », sont des constituants repris voire carrément copiés *ad libitum* entre logographes que leur anonymat protège de l'accusation de plagiat.

Dans la pratique, le logographe, avocat muet et invisible, doit évidemment se confondre avec son client – devenir lui, prévoir toutes ses réactions, et surtout estimer ses capacités oratoires. Car celui-ci est censé lire sans bafouiller ni estropier le texte écrit par un érudit !

Mais, avant la chute, il y a la fortune ! Vers 450 av. J.-C., époque à Athènes des Périclès, Euripide et autres Eschyle, arrivent des « étrangers » comme Protagoras ou

1. J.-D. Bredin et T. Lévy, *Convaincre*, *op. cit.*

2. Parmi ces « lieux communs » : l'indécence de certaines femmes mariées ; l'amour de la patrie ; se présenter comme pauvre, sans amis, inexpérimenté dans l'art de la parole ; affirmer que l'adversaire est un fraudeur fiscal parce qu'il n'est pas soumis aux liturgies, etc. (A. Brunois, *Nous, les avocats*, *op. cit.*)

Prodicos (dit « professeur de sagesse »), ou encore Gorgias, Hélis (dit « encyclopédiste »), dont la pensée séduit. Ce sont les sophistes. « Pendant trente années, entre la mort de Périclès [429 av. J.-C.] et celle de Socrate [399 av. J.-C.], ils vont montrer aux Athéniens comment, à l'aide du raisonnement, tous les cas particuliers peuvent être ramenés à un cas général, comment un principe s'éclaire par des exemples artificieusement choisis » – et surtout enseigner « l'art du vrai rhéteur qui permet de convaincre quelle que soit la thèse à démontrer[1] ». Les sophistes « acceptent de défendre l'indéfendable », relève le formidable avocat qu'a été Thierry Lévy[2].

Cette évolution – dont chacun peut saisir encore mieux l'importance au XXIe siècle – conduit à reconsidérer l'éloquence à partir de l'ère des sophistes : « N'est-elle appréciable, s'interrogent Jean-Denis Bredin et Thierry Lévy, avant de citer l'éclairant exemple de Gorgias et de son “Éloge d'Hélène”, que par rapport à ce qu'elle veut dire, ou bien est-elle appréciable comme vertu, comme talent, comme génie indépendamment de ce qu'elle exprime[3] ? »

1. A. Brunois, *Nous, les avocats*, *op. cit.*

2. J.-D. Bredin et T. Lévy, *Convaincre*, *op. cit.*

3. « Hélène, c'est la belle Hélène, celle qui a trahi les Grecs, celle qui est passée du côté des Troyens. La question que traite Gorgias est celle de savoir si on peut, quels que soient les motifs du geste d'Hélène – qui est une forme de trahison dont la réalité est admise par tout le monde –, la condamner. Est-elle condamnable ? Gorgias va démontrer que non. En regardant le texte d'un peu près, on va observer que la démonstration de Gorgias aboutit à cette conclusion qu'aucun acte humain n'est condamnable », dans J.-D. Bredin et T. Lévy, *Convaincre*, *op. cit.*

C'est ainsi que, peu à peu, le discrédit est jeté sur les logographes, dont la fonction même repose sur le mensonge et les rapports occultes. Il leur est reproché, comme ce sera le cas pour Démosthène[1], de faire leur profit en « logographiant » à la fois pour celui qui se défend et son accusateur[2], et de faciliter le recours à la supercherie, aux faux témoignages qui s'instaurent comme règle. Dans la foulée, Socrate est ainsi accusé de corrompre la jeunesse[3]. La loi est considérée comme « travestie », entraînant dans ses errements l'effondrement des valeurs sociales et/ou religieuses, mais aussi celles de devoir et d'honneur. « En 404, les fortifications d'Athènes sont rasées. On entend, venant du nord, le pas des conquérants macédoniens[4]. » Le mot même de logographe devient une injure. Cette manière d'avocat athénien disparaît bientôt, sans connaître de successeur, en même temps que le système à la fois judiciaire, politique et philosophique sur lequel elle se fondait.

---

1. « On lui reprocha de s'être enrichi en logographiant pour le banquier Phormion et pour Ctésippe », dans A. Brunois, *Nous, les avocats*, *op. cit.*

2. Cette position n'est pas partagée par Jean-Denis Bredin ; voir J.-D. Bredin et T. Lévy, *Convaincre*, *op. cit.*

3. « Mélitus, fils de Mélitus, du bourg de Pythos, accuse par serment Socrate, fils de Sophronisque, du bourg d'Alopèse. Socrate est coupable en ce qu'il ne reconnaît pas les dieux de l'État et met à leur place des extravagances démoniaques. Il est coupable en ce qu'il corrompt les jeunes gens. Peine : la mort », dans A. Brunois, *Nous, les avocats*, *op. cit.*

4. *Ibid.*

Notre ancêtre, le barreau romain

Au cœur du barreau[1] français, issu, donc, du barreau romain du Bas-Empire, l'éloquence romaine, à une époque où la ville est encore modeste, tant par sa taille que par son rayonnement, est « rude et véhémente ».

Les patriciens se sont enrichis en mettant la main sur de bonnes terres et en asservissant ceux qui l'occupaient : les premiers prennent le nom de « patrons », les seconds de « clients ». Le client n'a quasiment aucun droit, avec à peine de quoi se nourrir sur ce qu'il est autorisé à garder des récoltes pour le patron, qui peut aussi décider de sa vie ou de sa mort. En contrepartie, et bien que celle-ci soit maigre et biaisée, le patron doit lui prodiguer une assistance judiciaire – puisque le client ne peut comparaître seul devant la justice.

Cette dernière est rendue par les pontifes (*pontifex maximus*) et fait une grande part aux formules solennelles et divines, ce qui ajoute au mystère de l'ensemble. « À

---

1. L'histoire résumée de la naissance du barreau qu'en donne Albert Brunois est la suivante : « Des tribunaux se créent ; le justiciable demande l'aide d'un tiers ; le juge y consent ; un parent, un ami peut assister le plaideur ; aucun savoir particulier n'est exigé ; la fonction d'avocat est libre. Mais la loi s'alourdit, la procédure se complique et pour "défendre" il faut être un spécialiste ; la profession d'avocat est reconnue ; elle est encore exercée librement ; le barreau est créé […] les avocats découvrent la nécessité d'instaurer eux-mêmes des règles de conduite professionnelle qui seront obligatoires pour tous ; le barreau devient une corporation », dans *Ibid.*

l'époque archaïque, explique Daniel Soulez Larivière, à Rome comme chez à peu près tous les peuples, le droit est lié au religieux. C'est pourquoi il constitue l'apanage de la classe sacerdotale. Les *pontifex maximus* s'arrogent la capacité exclusive d'établir, aussi bien à l'égard du peuple que des classes aristocratiques, quelle est pour la divinité, donc pour la coutume, l'attitude licite et l'autre illicite, soit le *fas* et le *nefas*[1]. » Par surcroît, cette justice ne peut être rendue qu'à certains jours, dits « fastes », connus de quelques seuls privilégiés.

Ce système inégalitaire, où forcément le patron, en tant qu'avocat du client, favorise ses intérêts propres au détriment de toute autre considération, perdure jusque vers 510, période à laquelle adviennent d'abord la république puis l'institution du décemvirat.

En 452 av. J.-C., la loi des Douze Tables est publiée, « les principes du droit deviennent intelligibles pour tous [...], les plébéiens se voient reconnaître des droits égaux à ceux des patriciens[2] » et n'ont donc plus besoin de recourir au patron pour leur servir d'avocat : ils sont libres de leur choix. Ainsi le premier avocat plébéien à avoir plaidé serait Numitorius[3]. Au fur et à mesure, même si aucune qualification officielle n'est encore réclamée, le

1. D. Soulez Larivière, *L'Avocature, op. cit.*

2. A. Brunois, *Nous, les avocats, op. cit.*

3. « Une femme, Virginie, revendiquée comme esclave, comparaît devant le décemvir ; elle est assistée, non de son patron, mais de son oncle, le plébéien Numitorius qui, connaissant les dispositions de la loi des Douze Tables, plaide pour elle ; il demande au juge un sursis de deux jours pour que le père de Virginie soit retrouvé

droit s'apprenant en quelque sorte sur le tas, la future profession s'organise, certains se regroupent et se spécialisent, des fonctions apparaissent. Celui qui plaide porte d'abord l'intitulé de « *causidicus* » puis d'« *advocatus* » ; il y a aussi le « *cognitor* » (équivalent de notre avoué), le « *procurator* », chargé de la procédure écrite, les « *moratores* », avocats de moindre importance qui secondent les premiers, les « *custodes* » qui s'occupent de transporter les pièces relatives au dossier – et enfin, d'éminents personnages, les jurisconsultes, qui ne plaident pas mais sont régulièrement sollicités en raison de leur connaissance pointue du droit.

Progressivement, s'est aussi installée l'habitude de remercier le défenseur par un « cadeau » (car le payer serait l'assimiler à un commerçant). En 200 av. J.-C., la loi Cincia *De donis et muneribus*, interdisant les honoraires, a « précisément pour objet de cristalliser dans les limites du cadeau le devoir du client ». En apparence restrictive, cette loi « témoigne de la reconnaissance par le pouvoir politique de l'importance sociale notoire prise par les avocats[1] ».

Deux siècles plus tard, Auguste, par la *Lex juficiorum publicorum*, confirme cette interdiction de la rémunération de l'avocat. C'est l'empereur Claude qui, en 50 apr. J.-C., valide l'existence de la profession par l'obligation de respecter un tarif. Le Code Justinien[2] l'officialisera.

---

et puisse exercer ses droits naturels ; il obtient que provisoirement sa nièce lui soit confiée », dans *Ibid.*

1. D. Soulez Larivière, *L'Avocature*, *op. cit.*

2. Le 15 décembre 533, à Constantinople, l'empereur Justinien (482-565) publie un volumineux recueil de lois : le Digeste, né de

Selon l'immense avocat et écrivain Maurice Garçon, « l'art oratoire a atteint, dans l'Antiquité, son plus haut degré de perfection[1] ». Il n'est alors pas question d'improvisation, la technique est peaufinée, les écoles de rhéteurs fleurissent (celle de Marseille jouit d'une belle renommée), au point que les grands orateurs, tel Cicéron[2], conçoivent et publient des traités pratiques illustrés de leurs plaidoiries.

sa volonté de clarifier le droit romain qui, pendant un millénaire, s'est vérolé de contradictions et de dispositions devenues obsolètes. Cela concerne aussi le droit privé et la jurisprudence. Seront également publiés les *Institutes*, à destination des étudiants en droit, et les *Novelles*, qui sont les mises à jour et les lois récentes. « L'ensemble du Code Justinien (lois), du Digeste (jurisprudence civile), des Institutes (manuel de droit) et des Novelles (mises à jour) constitue le *droit justinien.* » Y. Homant, sur le site Hérodote.net – le Média de l'histoire.

1. Maurice Garçon, *Tableau de l'éloquence judiciaire*, Corréa, 1943.

2. Cicéron (106 av. J.-C. – 43 av. J.-C.) « est l'un des rares à avoir été à la fois orateur et théoricien de l'éloquence », rappelle Thierry Lévy, ce que ne furent ni Démosthène ni Aristote. « L'éloquence de Cicéron est beaucoup plus "éloquente" que [celle] de Démosthène, et je mets dans ce qualificatif une nuance un peu péjorative », précise Jean-Denis Bredin à propos de la première *Catilinaire.* « À lire, c'est une éloquence où les mots l'emportent sur tout », au caractère « sonore, outrancier », que bien des générations, jusqu'à aujourd'hui encore, imiteront. Son exorde célèbre : « Jusqu'à quand, Catilina, abuseras-tu de notre patience… » est dans toutes les mémoires. À l'instar de Robespierre plus tard, Cicéron y joue sa vie. « Un mot de trop ou un mot de moins et c'est la mort. L'Histoire nous apprend que, quand Cicéron sera assassiné sur l'ordre d'Antoine, on découpera sa tête et ses mains, on les déposera devant le Capitole, sur les rostres, pour les exposer au public », dans J.-D. Bredin et T. Lévy, *Convaincre, op. cit.*

La ville de Lyon organise même un concours annuel des rhéteurs « qui s'y disputaient des prix comme à des Jeux olympiques », raconte Garçon, et parmi eux des orateurs gaulois, célèbres à Rome : Voteius, Dominique Afer, Florus, Montanus, Nazarius, Tiberius Victor.

Toutefois, au moment où justement la fonction d'avocat connaît une belle consécration, les dispositions justiniennes sont en quelque sorte « le chant du cygne du droit romain[1] ». S'ensuivront les invasions barbares, et tant de subtilité au service de l'expression oratoire sera bientôt anéantie, pour n'être plus conservée, et ce pour les mille ans à venir, que dans les ordres monastiques…

1. D. Soulez Larivière, *L'Avocature*, *op. cit.*

2

Le temps des plaideurs, du XIIe siècle à la Révolution

« Ne plaider que pour des causes justes et pour un salaire maximum de 30 livres[1]. » Voilà ce qu'imposent aux avocats les cours séculières nées par une ordonnance royale de 1274 sous Philippe le Hardi.

Et, du temps de Philippe le Bel, toujours au tournant des XIIIe et XIVe siècles, l'art oratoire peut de nouveau s'exercer grâce la création de la fonction de ministère public et à la sédentarisation des Parlements, autour desquels ceux chargés de la défense se regroupent en compagnies indépendantes, comme le fait Pierre de Cugnières, connu pour avoir défendu les droits du roi contre les ecclésiastiques.

Une ordonnance de 1291 interdit les propos injurieux, tandis que celle de 1345 fixe vingt-quatre règles, dont douze constituent le serment que les avocats doivent prêter, incluant celui de ne « point défendre les causes qu'ils sauront être mauvaises », de ne point faire « avec connaissance des articles impertinents » et d'expédier « les

1. Lucien Karpik, *Les Avocats. Entre l'État, le public et le marché, XIIIe-XXe siècles*, Gallimard, 1995.

causes qu'ils auront entreprises le plus promptement qu'il leur sera possible », sans y chercher « malicieusement ni subterfuges ni délais[1] ».

« *Les Plaideurs* »

Les avocats, concentrés alors sur leur seule tâche, n'ont pas connu le rayonnement des Anciens, et ce d'autant moins que l'art de l'éloquence n'est plus enseigné depuis des lustres. D'aucuns les qualifient même de gauches ou de guindés, surabusant de citations latines et de digressions interminables pour tenter d'imiter ceux de l'âge d'or de l'éloquence mais en singeant les moins pertinents, avec comme principal souci de paraître cultivé. Au point qu'au XVIIe siècle, Racine tire de cette situation sa pièce *Les Plaideurs*, éditée en 1668.

Entre le XIIIe et le XVe siècle, les avocats peuvent représenter l'État, le roi ou n'importe quelle autre personne. Mais au XVIe siècle, leur champ est restreint : par l'ordonnance de Blois (1579), les avocats du roi deviennent magistrats du parquet, ce qui, de fait, interdit désormais cette fonction aux avocats de la défense – déjà en 1539, l'ordonnance de Villers-Cotterêts avait créé la procédure inquisitoire excluant l'avocat. « Pour maintenir sa supériorité le pouvoir royal inscrit en son sein une justice et une défense vouées aux affaires de l'État[2] », explique

1. *Ibid.*
2. *Ibid.*

l'historien et sociologue Lucien Karpik. Sous Louis XIV, il y a d'un côté le Conseil d'État privé, qui gère la justice du roi, et la justice commune du Parlement de l'autre. Jusqu'au XVIIIe siècle, l'avocat ne plaidera donc plus principalement que pour des particuliers devant les seules juridictions civiles.

Quels sont les « ténors » de ces époques ?

On cite notamment Claude Gaultier (1590-1666), surnommé « Gaultier la gueule », connu pour avoir alimenté, si ce n'est constitué, « le chapitre le plus piquant de l'histoire littéraire du barreau[1] » grâce à « une présence d'esprit de tous les moments, un bouillonnement de cœur, un entrain de parole, une intrépidité de pensée, en résumé une offensive toujours prête – et toujours prête à tout ». Le moine, homme de lettres et avocat dom Bonaventure d'Argonne le décrit ainsi : « La tête chauve, les rides de son large front, ses yeux étincelants, son nez d'aigle, une bouche armée de dents canines, avec la voix d'un corbeau qui croasse sur une proie, qu'il a ensanglantée de ses ongles, composaient un tout assez parfait, avec sa véhémence naturelle et son humeur âcre et bilieuse[2]. »

Claude Gaultier est notamment réputé pour l'intrépidité de sa plaidoirie contre l'archevêque de Lyon, frère de Richelieu, ce dernier assez récemment disparu (1642), et contre lequel il dirige ses assauts. Voici un extrait cité par Munier-Jolain – c'est de Richelieu dont il est

1. Julien Munier-Jolain, *Les Époques de l'éloquence judiciaire en France*, Perrin et Cie, 1888.

2. *Ibid.*

question, Gaultier sera d'ailleurs accusé de diffamer la mémoire du Cardinal :

« Vous savez, messieurs, tout ce que je puis dire sur ce sujet. Le sang des plus illustres familles de toute la France parle pour moi, dans cette rencontre. On voit partout les tristes restes de la désolation qu'il a portée en tant de lieux, et sa violence est écrite dans les registres des cours souveraines d'un style de fer et d'une encre de sang qui épouvantera la postérité.

Il n'épargnait rien pour l'établissement de sa grandeur. Les obstacles qu'il y voyait enflaient son courage. Il aimait s'élever par les ruines des autres ; et il lui semblait qu'il aurait manqué toujours quelque chose à son bonheur s'il n'avait fait une infinité de malheureux[1]. »

Las, il fait partie de ces orateurs qui surchargent leur plaidoirie, autant de références faisant étalage de leurs savoirs que de citations grecques et latines, au point de devenir « bourbe » – « La Barre, nous explique encore Munier-Jolain, tente peu les esprits originaux », qui sentent qu'elle « émousserait leur pointe ». Et de constater qu'à cette époque, « les réformateurs du langage ou de la pensée ne partiront jamais du palais ».

C'est précisément cette forme d'éloquence que Racine parodie dans *Les Plaideurs* (1668) – et Claude Gaultier, qui avait publié ses *Plaidoiries* en 1662, en fut l'une des cibles, « les beautés de la veille devinrent ridicules », conclut Munier-Jolain.

1. *Ibid.*

« Le Plutarque des avocats »

Les succès de Claude Expilly (1561-1636), « orateur, jurisconsulte, historien et poète », dont les plaidoyers bénéficieront de nombreuses éditions, témoignent bien, selon les termes cruels de l'avocat du XXe siècle qu'est Maurice Garçon, du « mauvais goût d'une époque[1] », qui est celle du XVIe siècle.

Mais pour la seconde moitié de ce siècle et le début du suivant, un nom s'impose : Antoine Loisel (1536-1617), surnommé « le Plutarque des avocats » en raison de son humanisme érudit, juriste célèbre et pièce maîtresse de l'élaboration du droit français, dont les travaux serviront à Cambacérès et Portalis pour concevoir le Code civil (1804). Précédemment, Charles VII, par ordonnance de 1454, a demandé que les « coutumes » en usage dans tout le pays soient désormais couchées sur le papier, afin que juges et avocats s'y réfèrent sans plus en dévier. Sous François Ier, il s'agira d'entreprendre une réformation de ces coutumes, afin « d'écarter les dispositions, lesquelles ont semblé être iniques et déraisonnables[2] ».

Sous Louis XI, et ce pour éviter « cautèle et pilleries » des avocats, la perspective d'une unification du droit se dessine, alors que parallèlement, le droit romain revient au goût du jour au vu des solutions pratiques qu'il pro-

1. M. Garçon, *Tableau de l'éloquence judiciaire*, *op. cit.*
2. Préface d'Yves Gaudemet dans Jean-Luc Chartier, *Loisel, avocat du roi. 1536-1617*, LexisNexis, 2019.

pose. Antoine Loisel connaît et maîtrise à la fois les deux domaines (coutumes et droit romain) – il est d'ailleurs l'auteur, en 1607, des *Institutes coutumières*, véritable manuel de référence en matière de droit et gisement de règles, dictons, proverbes ou formules en vigueur, qui sera réédité douze fois jusqu'à la monarchie de Juillet (1830).

Si aucune des plaidoiries de Loisel n'a été conservée, j'apprécie la sobriété de son style, exempt de ce « pédantisme, moqué plus tard par Racine et qui perdurera jusqu'au milieu du XVIIe siècle, dans sa harangue du 28 mars 1594, à l'occasion de l'entrée d'Henri IV dans Paris, après cinquante ans de guerres civiles et de conflits sanglants. Loisel a le titre d'avocat du roi, cette charge honorifique lui revient[1]. »

En matière d'éloquence, et contrairement à l'expression surfaite en usage au service du roi, Loisel, dans ses *Institutes*, s'exprime avec clarté et sans fioritures, privilégiant une compréhension immédiate et concrète. Et dans son opuscule *Pasquier, ou Dialogue des advocats du Parlement de Paris* (1601), il donne son point de vue sur ce que doit incarner cette fonction : « En somme, je désire en mon advocat le contraire de ce que Cicéron requiert en son orateur, qui est l'éloquence en premier lieu, et puis quelque science du droit ; car je dis tout au rebours que l'advocat doit surtout être sçavant en droit et en pratique, et médiocrement éloquent, plus dialecticien que rhéteur, et plus homme d'affaires et de jugement que de grand ou long discours[2]. »

---

1. *Ibid.*
2. *Ibid.*

« Le Le Nôtre du discours »

Mais bientôt l'éloquence judiciaire se transforme sous l'influence de talents comme celui d'Olivier Patru, qui assoit sa réputation dès ses premiers plaidoyers : Maurice Garçon raconte qu'il était aimable de caractère, « homme d'esprit, sachant mêler le plaisant au sévère », et se montrant « audacieux enjôleur[1] » en société. À noter qu'il entre à l'Académie française en 1640, et que c'est à la suite de son brillant et très remarqué discours de remerciement qu'après lui les nouveaux élus devront au moins l'imiter dans son niveau de qualité : Patru a donc lancé le fameux discours de réception à l'Académie française !

Il rompt avec les digressions et les citations, privilégie l'ordre et la clarté, veut renouer avec l'éloquence cicéronienne, ce qui confère une certaine solennité à ses plaidoyers mais les rend moins naturels, plus froids – il est d'ailleurs surnommé « le Le Nôtre du discours », car, écrit Munier-Jolain, sa plaidoirie « ressemble à ces parcs dont les larges allées sont droites, les arbres alignés, dont la symétrie, un peu froide, fait la très décente majesté. Rien n'y saisit, mais rien n'y déconcerte[2]. »

Ainsi dans la bien curieuse affaire de ce riche bourgeois assassiné, Julien Séguin, dont la veuve, d'abord constituée partie civile, se désiste quelques jours plus tard, sous prétexte des frais de justice, mais en réalité parce qu'elle a

1. M. Garçon, *Tableau de l'éloquence judiciaire*, *op. cit.*
2. J. Munier-Jolain, *Les Époques de l'éloquence judiciaire*, *op. cit.*

appris que son mari la trompait, et que, pris sur le fait, il a été tué par un concurrent jaloux, le substitut du procureur requiert alors le tribunal pour obliger ladite veuve à poursuivre l'assassin de son époux. Et Patru soutient en cette occurrence le substitut du procureur :

« Ne souffrez pas, messieurs, que ce poison gagne les entrailles de la France. Que la postérité ne reproche point à notre siècle des exemples si scandaleux. Ce n'est pas apparemment la première qui a vu mourir son mari, sans jeter de fausses larmes ; mais peut-être est-ce la première qui n'osa jamais apporter à la face de la justice des sentiments si dénaturés et un cœur si honteusement endurci. Qu'il ne soit point dit, que parmi nous on a toléré ces monstres. Que l'intimé, qui, depuis trente ans exerce son ministère avec honneur ; qui n'a rien fait en cette rencontre que par zèle, que par un pur mouvement d'indignation ; qui n'a rien fait qu'il ne dût à sa conscience et à sa charge, ne reçoive point aujourd'hui l'opprobre de se voir, sur le déclin de ses jours, condamné, pour ne point dire bafoué, dans cette audience. Ne l'exposez point, messieurs, ne l'exposez point au mépris de toute une ville, qui ne peut trop ni le craindre, ni le révérer. Souvenez-vous que c'est le rendre inutile au roi, au public, que de le rendre la fable des insensés, la fable des enfants de perdition, dont il doit être la terreur. »

Toutefois, n'allons pas imaginer que cette avancée permise par Patru est acceptée par tous les avocats sans résistance ; certains conservent « un fond de rudesse et de grossièreté, une absence de mesure qui défigur[ent] leurs intentions[1] », raconte Maurice Garçon, qui ajoute : « On demeure confondu lorsqu'on voit de grands avocats, que la préoccupation de leur renommée eût dû éloigner des plaisanteries basses, rechercher avec plaisir l'occasion de mettre leur talent au service de badinages indignes » et maintenir la tradition des « causes grasses, sous-entendus graveleux, calembours obscènes dignes d'un corps de garde » – alors même que les auteurs de pareils plaidoyers, à l'instar des magistrats, sont de « sévères censeurs des mœurs »...

Il faut en outre bien comprendre qu'au XVIIe siècle l'éloquence est d'abord « écrite » : à la manière des prêches, les plaidoiries sont conçues pour être publiées et lues publiquement, ce qui freine voire empêche l'émotion, ingrédient pourtant essentiel pour emporter l'adhésion.

La référence d'Aguesseau

Au cours du premier tiers du XVIIe siècle, nombre d'avocats nettoient leur plaidoirie de tout ornement artificiel et la recentrent sur l'enjeu du procès. Le barreau se préoccupe enfin de gagner.

Être avocat en effet, au XXIe siècle comme au XVIIe, ce n'est pas seulement avoir recours à des lois et à des raisonnements, voire à des citations littéraires ou à l'évocation des grandes figures symboliques de la mythologie. C'est aussi essayer de convaincre les juges.

1. M. Garçon, *Tableau de l'éloquence judiciaire*, *op. cit.*

Bien souvent, si une affaire est examinée par des magistrats, lors d'un procès, c'est qu'elle n'est pas claire. Le problème est en général plus compliqué qu'une simple question dont tout le monde connaît la réponse. Si ce n'était pas le cas, le procès n'aurait jamais eu lieu : les parties opposées auraient fini par s'entendre, l'une admettant avoir eu tort et l'autre pardonnant.

C'est pourquoi les jeunes avocats que je croise ou forme en 2022 ont souvent peur d'aller en justice car ils comprennent vite que le problème est compliqué et que la partie est loin d'être gagnée. Les avocats expérimentés sont plus sûrs d'eux, et de leurs dossiers.

L'« éloquence » entre en jeu. L'éloquence, c'est l'art de bien parler en public, l'art de convaincre. L'éloquence de l'avocat peut influencer l'avis des juges sur des questions peu évidentes. Par exemple lorsque les juges s'interrogent entre deux solutions possibles. Il faut convaincre, par le droit, mais aussi par la façon de le présenter.

Les clients sont eux-mêmes parfois appelés à s'adresser aux juges, qui leur posent des questions. Leurs réponses, leurs explications et la qualité de celles-ci vont également jouer. Cela est redoutable devant une cour d'assises : le jury citoyen va considérer l'accusé, la famille de la victime, ou la victime elle-même si elle est encore vivante (femme agressée, personne âgée torturée, etc.). Tout va être passé à la loupe pour se constituer un avis : les preuves, mais aussi la tenue de l'accusé, son attitude… et surtout sa prise de parole.

Les juges sont habitués à interroger des personnes dans un tribunal. Si un individu ne parle pas, ils vont l'y inciter, grâce à deux ou trois tours.

Ils vont par exemple commencer par lui dire, pour le faire réagir et s'exprimer : « Monsieur, vous n'avez pas l'air de comprendre dans quelle situation vous êtes ! Arrêtez de vous moquer du tribunal ! »

Si l'individu ne dit toujours rien, les juges vont soudainement le flatter et le réconforter : « Madame, je comprends votre détresse. Mais, croyez-moi, les choses seront plus simples, pour nous comme pour vous, si vous nous expliquez ce qu'il s'est passé cette nuit-là. »

Si le justiciable s'obstine à rester muet, il suffit alors parfois aux juges de fixer sans ciller les yeux de la personne. Le silence s'installe, sous le regard insistant des juges. Pour la personne, dérangée, ce silence semble impossible à maintenir. Elle commence alors à raconter son histoire, en se contredisant et en s'emmêlant peu à peu dans ses propos.

C'est pourquoi l'avocat doit intervenir à sa suite et plaider ; c'est-à-dire longuement expliquer à nouveau ce qui s'est passé selon lui, les enjeux de l'affaire et ce que son client demande vraiment : une condamnation de l'adversaire ou la clémence pour lui-même.

Les juges le reconnaissent : ce n'est pas l'éloquence qui fait gagner un procès, lorsque le dossier est très mauvais ; mais lorsque l'affaire est indécise, elle les aide à prendre leur décision.

Depuis quelques années, il y a de plus en plus de procès et les juges ont de moins en moins de temps pour écouter les avocats. Ces derniers doivent donc parler et exposer leurs arguments dans un temps assez court. Il faut être clair, rapide et précis.

L'éloquence s'apprend au cours des années, dossier après dossier.

Les trucs et astuces demeurent les mêmes. C'est ainsi que, lorsque le client est venu assister à son procès, l'avocat indique d'abord aux juges qu'il s'apprête à plaider « corps présent », c'est-à-dire en présence physique de son client. Chacun, plaideurs et juges, comprend ainsi que l'avocat va parler plus longuement que nécessaire ; et ce afin que le client ait vraiment l'impression que son conseil dit bien tout au juge, alors que ceux-ci connaissent la loi et n'ont pas besoin que l'avocat leur récite tous les articles… Les juges s'installent donc doucement dans leur fauteuil et prennent leur mal en patience. L'éloquence ne s'adresse alors plus qu'au client, la seule personne de la salle qu'il n'est pas utile de convaincre…

Mais revenons au XVIIe siècle et à ses ténors qui se tournent enfin vers le cœur de leur dossier, et dont le souci du style prédomine sur l'érudition ; s'y détache le fameux Antoine Lemaistre, devenu célèbre très jeune, bien que sa carrière ait été assez courte, car il quittera le palais à l'âge de 29 ans ; citons encore Denis Talon, avocat général au Parlement, également adepte de la clarté exempte de fioritures.

Durant la dernière partie du XVIIe siècle, et encore classé comme lui appartenant, bien qu'il empiète sur le suivant, Henri François d'Aguesseau, est considéré comme l'un des plus grands orateurs de son temps, une référence pour les juristes et dont le travail a, dit-on, plus tard nourri la codification napoléonienne.

Il a été l'ami, pendant ses jeunes années, de Racine et de Boileau, maîtrise parfaitement le grec et le latin, comprend l'hébreu, l'italien, l'espagnol, le portugais. Il devient avocat général au Parlement de Paris à 22 ans. Saint-Simon dit de lui qu'il a « beaucoup d'esprit, d'application, de pénétration, de savoir en tout genre, de gravité, d'équité, de piété, d'innocence de mœurs[1] ». Maurice Garçon nous précise que d'Aguesseau est « soucieux de donner à son style une grande noblesse », une « gravité » pleine de « politesse exquise jointe à une fermeté incontestable ». Autant de qualités entraînant toutefois une trop grande solennité et qui, à terme, font percevoir son éloquence comme « pompeuse ».

La nouvelle génération d'avocats s'essaie à introduire de la sensibilité dans les plaidoiries, une manifestation d'émotions humaines que l'ère classique n'admettait pas.

1. *Ibid.*

3

Entre Lumières et harangues

Au XVIIIe siècle, où tout est révolutionné, une ère nouvelle se dessine. Aux alentours de 1750, la tradition distinguée et de bon aloi qu'a encore perpétuée le grand avocat Henri Cochin, et ce même s'il fut le premier à tenter d'improviser devant le Parlement, vit avec lui ses derniers instants. Le palais devient le théâtre de procès à succès, la foule s'y presse en nombre ; et les écrivains s'en mêlent, à l'instar de Voltaire qui se plonge dans l'affaire Calas.

L'homme de lettres publiera en 1763 son *Traité sur la tolérance* plaidant pour la réhabilitation de Jean Calas, commerçant protestant toulousain, selon lui injustement accusé d'avoir étranglé son fils pour l'empêcher de se convertir au catholicisme.

C'est en effet en 1762 que cet homme est condamné à mort, roué vif, étranglé à son tour et brûlé. Dans la foulée, l'avocat de Calas, Jean-Baptiste-Jacques Élie de Beaumont – qui plaidera aussi dans la retentissante affaire Pierre-Paul Sirven[1] –, fait éditer son *Mémoire pour réhabi-*

1. Pierre-Paul Sirven, lui aussi protestant et accusé d'avoir tué sa fille, atteinte de troubles neurologiques, pour la détourner du

liter le nom de l'infortuné Calas (1762), qui lui vaut une belle renommée par-delà les frontières françaises.

Voltaire prend vite le relais. Après bien des luttes et sans se décourager, il obtient que l'affaire soit rejugée. Jean Calas est mort dans des conditions épouvantables, affirmant jusqu'au bout son innocence avec une grande dignité, malgré les supplices sans fin. « Au père Bourges qui l'exhortait sous la torture à avouer son crime et à dénoncer ses complices, il répondit : “Quoi donc, mon Père, vous aussi vous croyez qu'on peut tuer son fils ? [...] J'ai dit la vérité. Je meurs innocent[1].” » Son épouse et ses autres enfants finiront par bénéficier d'une « réhabilitation royale » grâce à Louis XV, qui dédommagera financièrement la famille, effaçant ce procès entaché d'irrégularités et mené à charge sous le poids de l'intolérance religieuse.

L'affaire Dreyfus a été parfois comparée au procès de Jean Calas. Toutefois, les différences sont notables. Dreyfus a vécu sa « réhabilitation » ; et, surtout, « alors que plus personne ne songe sérieusement aujourd'hui à contester la totale innocence de Dreyfus, celle de Jean Calas n'est pas – et ne sera sans doute jamais – avérée. Malgré le procès en réhabilitation gagné en 1765, les doutes subsistent[2]. »

---

catholicisme, est condamné en 1762 à être brûlé vif, et son épouse pendue. Il s'enfuit et, après bien des péripéties, la réhabilitation interviendra en 1771.

1. Daniel Amson, Jean-Gaston Moore et Charles Amson, *Les Grands Procès*, préface de Jacques Vergès, PUF, « Questions judiciaires », 2007.

2. *Ibid.*

Nouvelle rhétorique, émancipation des esprits

L'ère de Danton et de Mirabeau approche, les discours s'enflamment et ne craignent pas leurs propres contradictions. L'éloquence prend ses distances avec la simplicité, tend à abuser du « bel esprit » (qui n'est pourtant que « la menue monnaie du génie », remarque Munier-Jolain[1]), au risque de se teinter parfois de prétention. En ce XVIIIe siècle, Marivaux triomphe au théâtre, « on aim[e] les libertinages de bonne compagnie et l'on en introdui[t] jusqu'au palais [...] les jeunes ouvr[ent] les fenêtres et f[ont] respirer plus à l'aise dans des salles qui commençaient à sentir un air confiné », relate Maurice Garçon[2], qui cite comme exemple François Gayot de Pitaval, « petit maître en son genre », notamment auteur de *Causes célèbres* publiées en plusieurs volumes.

De Montesquieu à Diderot, de Jean-Jacques Rousseau à l'abbé de Saint-Pierre, le barreau est alors subjugué par trois mots : Liberté, Égalité, Fraternité.

Parmi les avocats qui marquent cette époque, figure au premier rang Loyseau de Mauléon, « fils d'un laquais parvenu et qui avait acquis de la fortune » (tel que le relève l'écrivain Bachaumont dans ses *Mémoires secrets*). Il entre au barreau de Paris à l'âge de 23 ans. Jean-Jacques Rousseau le mentionne dans ses *Confessions* : « Je lui prédis que s'il se rendait sévère sur le choix des causes,

1. J. Munier-Jolain, *Les Époques de l'éloquence judiciaire*, *op. cit.*
2. M. Garçon, *Tableau de l'éloquence judiciaire*, *op. cit.*

et qu'il ne fût jamais que le défenseur de la justice et de la vertu, son génie, élevé par ce sentiment sublime, égalerait celui des plus grands orateurs. »

Loyseau de Mauléon aime les grandes affaires pathétiques, les événements plus ou moins romanesques qui frappent l'imagination, faisant dire à Bachaumont qu'il était « uniquement curieux de gloire » et ne se chargeait que de « causes célèbres, et presque toujours gratuitement ». Ses *Mémoires secrets pour servir à l'histoire de la république des lettres*, publiés en 1762, vénérés ou critiqués, sont en tout état de cause une illustration de l'éloquence judiciaire de son siècle qui, selon Munier-Jolain[1], se divise en deux ères : le « barreau contemporain » de Rousseau, qu'illustre un Loyseau de Mauléon, et le « barreau révolutionnaire », où l'oralité s'enfièvre, alors que, sous la Terreur, un mot peut coûter une tête.

Plus la période de la Révolution approche, et plus les orateurs ont tendance à devenir des moralistes ; tout se débat et tout se discute dans le brassage d'idées nouvelles. Les plaidoiries deviennent l'occasion de contester tel ou tel principe de société. Ce qui relevait de l'ironie mute en férocité ; plaider revient souvent à polémiquer et sans faire dans la dentelle. Il n'est pas rare de voir les disputes déborder des prétoires et se poursuivre jusque dans la rue : l'opinion publique est désormais ouvertement sollicitée pour peser dans la balance.

1. J. Munier-Jolain, *Les Époques de l'éloquence judiciaire*, *op. cit.*

Le barreau entre en Révolution

Si l'Ordre des avocats est supprimé en 1790 (il sera rétabli en 1810 pour le meilleur et souvent pour le pire notamment sous l'Occupation[1]), les plaidoiries se poursuivent et l'éloquence judiciaire trouve un nouveau ressort. Car l'usage si fréquent du « mémoire », qui faisait du plaidoyer une composition avant tout écrite, cesse d'avoir cours au profit de l'« information », de l'expression sur le vif des sentiments et des émotions – qu'il s'agisse d'indignation ou de pitié –, cet élan spontané suscite l'enthousiasme.

Cette part d'improvisation qui désormais s'impose ne signifie pas pour autant que les avocats renoncent à tout travail de préparation, loin de là ! Néanmoins, le discours est bien davantage lié à l'expression de la voix, à un ton spécifique, à des gestes et à une présence que les traces écrites ne traduiront pas, rendant les mémoires parfois médiocres. En parallèle, la durée des plaidoiries s'allonge : « Ce qui se gagne en vie se perd en concision », remarque Maurice Garçon, « l'obligation de trouver la formule juste, sans l'avoir préparée, amène l'orateur à s'étendre plus qu'il n'aurait fait s'il avait pu raturer et se corriger, la phrase ne vient pas définitive et exige des tâtonnements[2]. »

Les orateurs judiciaires célèbres de cette seconde moitié du XVIIIe siècle portent les noms de Jean-Baptiste Gerbier

1. Robert Badinter, *Un antisémitisme ordinaire. Vichy et les avocats juifs*, 1940-1944, Fayard, 1997.

2. M. Garçon, *Tableau de l'éloquence judiciaire*, *op. cit.*

(de son nom complet Jean-Baptiste Gerbier de la Massillaye) et Guy-Jean-Baptiste Target. L'auditoire s'enthousiasme du spectacle de leurs prestations et se rend aux débats comme au théâtre. Target est connu pour avoir refusé, en 1792, la défense de Louis XVI, qui le sollicitait.

C'est Raymond de Sèze[1] (appelé aussi, plus tard, Romain Desèze), qui accepte d'être l'un des défenseurs du roi devant la Convention, aux côtés de ses aînés Chrétien-Guillaume de Lamoignon de Malesherbes – ancien chef de la censure royale, qui s'était notamment penché sur la publication de *L'Encyclopédie* de Diderot et d'Alembert – et François Denis Tronchet. Ce dernier déclare, dans sa lettre d'acceptation de la défense de Louis XVI : « Je me dévoue au devoir que m'impose l'humanité. Comme homme, je ne puis refuser mon concours à un autre homme, sur la tête duquel le glaive de la justice est suspendu[2]. » Il deviendra un des rédacteurs du Code civil et Bonaparte dira de lui qu'il était « l'âme des discussions ».

Le discret Tronchet a aussi ceci de saisissant que sa pensée se situe « au confluent entre l'Ancien Régime et la Révolution et puise sa force aux deux sources que sont

1. Ou de Seze (sans accent), Romain Desèze ou Raymond-Romain, comte de Sèze. Plusieurs « orthographes » pour un seul homme, à retrouver un peu plus loin dans le texte. J'ai été, pendant quelques années, associé à Carbon de Sèze, qui descend en ligne directe de l'illustre Raymond et dont la famille a donné au musée du Barreau, dont j'ai été le conservateur, des documents importants sur sa défense de Louis XVI.

2. Philippe Tessier, *François Denis Tronchet ou la Révolution par le droit*, Fayard, 2016.

l'innovation et la tradition ». Il use ainsi d'un art oratoire créatif, tout en demeurant fidèle à sa conviction que « le droit prend son origine dans l'histoire et non dans la clarté absolue des principes ». Il est certes « flexible » et « évolutif » mais garde « la trace des traditions qui l'ont constitué[1] ». Durant le procès de Louis XVI, la question centrale est de décider si, comme le soutient Robespierre, le roi et la reine sont des citoyens et à ce titre soumis aux lois comme le commun des mortels, ou bien si, dans la Constitution de 1791, la personne du roi est un pouvoir. Pour le talentueux orateur Saint-Just, et avec lui les montagnards, c'est le procès d'un régime – en l'occurrence celui de la monarchie. « Louis est donc hors la loi par sa "nature" même, inhumaine et monstrueuse, de souverain » – il doit être jugé comme un « ennemi de la race humaine[2] ».

Ce que tente Tronchet au cœur des débats de la Convention est souvent oublié, au profit des plaidoiries de Malesherbes et de Sèze ; et ce alors qu'il y présente son concept d'« humanité », opposé à la barbarie – peut-être « une réminiscence de l'*humanitas*, vertu majeure de la pensée antique chère à Cicéron ». Il invite à la mesure afin que « la disproportion du châtiment infligé ne rejaillisse pas sur ceux qui l'infligent[3] ».

Bien que Robespierre pardonne aux « défenseurs de Louis » les « sentiments d'affection qui les unissaient à celui dont ils avaient embrassé la cause », la situation

1. *Ibid.*
2. *Ibid.*
3. *Ibid.*

de ces derniers est, à l'issue du procès, très périlleuse. Malesherbes est guillotiné le 22 avril 1794 ; Tronchet, épargné grâce à son habileté et à son sens de la mesure, deviendra absolument essentiel dans l'élaboration du Code civil (son nom apparaît plus de 600 fois dans les volumes préparatoires) – et, à sa mort, sera panthéonisé.

Raymond de Sèze, lui, doit subir un bref emprisonnement par mesure de sûreté générale, car il est considéré comme une « figure de la passion de Louis XVI », commente Munier-Jolain[1], « accessoire de la royauté, au même titre que la sainte ampoule [...] relique, fétiche, idole, arche d'alliance entre la légitimité et la France ».

Toutefois, bien qu'il doive en grande partie sa notoriété à son statut de défenseur du roi, « il serait ridicule d'en faire un génie de l'éloquence », estime André Sevin : « Il n'a eu que du talent », et son discours pour Louis XVI « n'est pas le meilleur[2] ». C'est en réalité l'affaire d'Anglure, pour laquelle il plaide en 1782 au barreau de Bordeaux, qui le fait connaître et lui ouvre « une première porte sur la gloire » – « la cause elle-même ne valait pas grand-chose », mais Sèze y déploie des qualités qui le font remarquer de tous. L'histoire de cette (fausse) marquise d'Anglure, fille naturelle (là est toute la question) du sieur de La Burthe et de la dame de Marcois, rappelle la célèbre « affaire du collier » qui inspirera notamment Alexandre Dumas. La Burthe

---

1. J. Munier-Jolain, *Les Époques de l'éloquence judiciaire*, *op. cit.*

2. André Sevin, *De Seze, défenseur du Roi (1748-1828)*, F.-X. de Guibert, 1992.

meurt en 1780, laissant un testament en faveur de ses neveux, n'ayant lui-même pas officiellement d'héritiers – ce que conteste la dame d'Anglure, qui se revendique fille unique de celui tendrement appelé par elle « Mon cher petit papa », et à ce titre légitime pour empocher l'héritage, un extrait de baptême à l'appui. Par ailleurs, est-il argué, La Burthe et sa mère (la dame de Marcois) étaient mariés – aucun acte de célébration de mariage n'étant susceptible d'exister, s'agissant d'une union entre un protestant et une catholique. La preuve du « mariage » ne peut donc résider que dans le fait qu'ils avaient « possédé publiquement l'état de mari et de femme ».

À la fin de son plaidoyer (de 92 pages in-quarto), Sèze lance cette phrase demeurée célèbre : « Vous êtes justes, messieurs, vous l'êtes pour tout le monde, vous le serez pour elle » – il répète sept fois de suite : « Vous êtes justes », faisant habilement glisser le débat sur la situation des protestants dans le royaume, et conjurant les juges de ne pas condamner les enfants de protestants « aux douleurs, à l'abandon, à l'ignominie[1] ».

La marquise d'Anglure perd son procès, mais Sèze marque son temps par son éloquence. « De fait, commente André Sevin, ce plaidoyer nous livre "la formule", si l'on peut dire, de tous les plaidoyers à venir : une scrupuleuse étude des faits, minutieuse et méthodique, une discussion pas à pas, continuellement étayée par des textes juridiques ; une horreur, au moins habituelle, de la déclamation ; une phrase bien équilibrée, bien rythmée ;

1. *Ibid.*

une fermeté de langue, une propriété de termes, une maîtrise admirable ; un style direct ; de temps en temps un appel opportun, bien venu, à la sensibilité[1]. »

Plus tard, devenu premier président de la Cour de cassation et pair de France (1815), reçu membre de l'Académie française en 1816, Sèze ne sera cependant pas grandement aimé du barreau, où on le décrira comme « vaniteux » et « affligé d'une verbosité qui lassait ». C'est Chateaubriand qui fera son oraison funèbre le 20 juin 1828, un hymne au « défenseur du roi martyr[2] ».

De la reine à la citoyenne Capet : le procès de Marie-Antoinette

Ces avocats seront aussi au cœur des grands procès « politiques » qui se jouent devant le Tribunal révolutionnaire.

Il me faut donc faire ici une incise et raconter, à titre d'exemple le plus fameux, celui de Marie-Antoinette, qui était reine de France jusqu'à la Révolution et a été jugée comme la citoyenne Capet.

Après l'exécution du roi, qui a eu droit à un procès retentissant, c'est le 5 octobre 1793 qu'il est décidé que Marie-Antoinette sera jugée par le Tribunal révolutionnaire.

Mais le dossier est presque vide. En effet, il est difficile de lui reprocher des faits qui lui soient propres. À part

1. *Ibid.*
2. J. Munier-Jolain, *Les Époques de l'éloquence judiciaire*, *op. cit.*

d'avoir été la femme de Louis XVI… On essaie alors de trouver des témoins qui viendraient l'accuser d'un crime.

Dès le 6 octobre 1793, des citoyens chargés d'enquêter se rendent à la prison du Temple afin de procéder à l'interrogatoire du fils de la reine, Louis XVII. Celui-ci parle d'un crime que sa mère aurait commis. Le lendemain, les enquêteurs interrogent la sœur et la tante de Marie-Antoinette, mais ces dernières contestent la version du fils de la reine. Pour elles, Marie-Antoinette n'a rien fait de mal.

Le 12 octobre 1793, à 6 heures, Marie-Antoinette subit, à son tour, un interrogatoire secret. Des gendarmes la conduisent au Tribunal révolutionnaire, et plus particulièrement dans une salle dénommée la « salle de la Liberté ». Dans cette salle, auparavant, c'étaient les rois qui jugeaient les citoyens. Or, en 1793, dans cette même salle, ce sont les citoyens qui jugent les rois.

La reine est invitée à s'asseoir sur une banquette, devant le bureau d'un jeune juge et d'un « accusateur public ». Ils posent alors des questions à Marie-Antoinette.

Le juge lui demande ses nom, âge, profession, pays et demeure. La reine répond : « Marie-Antoinette de Lorraine d'Autriche, âgée de 37 ans, veuve du roi de France. » Les questions s'enchaînent, Marie-Antoinette ne faiblit pas et se défend contre les accusations.

Le magistrat accuse Marie-Antoinette de plusieurs méfaits. Il pointe d'abord les relations troubles de l'accusée avec l'Autriche (son pays d'origine), qui est devenu un ennemi de la France révolutionnaire. Il lui reproche également de trop dépenser d'argent (cet argent était l'argent du pays). Il évoque aussi sa mauvaise influence sur Louis XVI, et son rôle dans plusieurs épisodes de la Révolution (dont la tentative de fuite du roi avant sa capture).

Lorsque l'interrogatoire est terminé, le juge demande à l'accusée si elle souhaite être défendue par un avocat. Épuisée, Marie-Antoinette répond qu'elle n'en connaît aucun. Le Tribunal lui désigne alors deux avocats, qui n'ont pas vraiment le choix : Claude François Chauveau-Lagarde et Guillaume Alexandre Tronson du Coudray.

Les avocats de Marie-Antoinette ne sont prévenus que le 13 octobre 1793. Or le procès doit commencer le lendemain matin, dès 8 heures ! Dans l'urgence, Claude François Chauveau-Lagarde revient de sa maison de campagne et se précipite pour aller voir la reine afin de parler du procès. Il récupère le dossier, au sein duquel les documents sont entassés dans un désordre indescriptible. Il faudrait au moins deux semaines pour trier et y comprendre quelque chose ! Marie-Antoinette et son avocat demandent un délai de trois jours pour se préparer. La demande est refusée.

Les deux avocats travaillent toute la nuit pour mettre au clair leurs arguments en faveur d'une si célèbre cliente.

Le procès commence devant le Tribunal révolutionnaire. Près de quarante témoins sont entendus sur deux jours. Aucun de ces témoins n'apportera des éléments décisifs.

Le 16 octobre 1793, les avocats de la reine se lancent dans de brillantes plaidoiries. Chauveau-Lagarde parle pendant deux heures ; Tronson du Coudray continue longuement lui aussi. Le juge est obligé de l'arrêter. Il fait sortir la reine, puis fait rentrer le jury. Il pose alors des questions au jury, au sujet d'un complot de la reine avec l'ennemi. Le jury répond « oui » à toutes les questions. Marie-Antoinette est donc jugée coupable et le juge la condamne alors à la peine de mort.

Le 16 octobre 1793, Marie-Antoinette quitte le Tribunal révolutionnaire et est exécutée. La machine judiciaire se veut la plus juste et a réussi à refuser les droits les plus élémentaires à l'exercice du métier d'avocat.

Les maîtres harangueurs

L'éloquence judiciaire mène ainsi aisément au discours politique. De fait, nombre d'avocats deviennent de grands orateurs politiques, comme Camille Desmoulins, que son bégaiement n'empêchera pas d'incarner une voix de la Révolution, et bien sûr son ami Robespierre, « orateur disert, rompu aux harangues des clubs et aux luttes de la tribune ; patient, taciturne, dissimulé, envieux de la supériorité des autres et vain de caractère ; maître de la discussion et de lui-même [...] ; ni si médiocre que ses ennemis l'ont fait, ni si grand que ses amis l'ont vanté ; pensant beaucoup trop avantageusement et parlant beaucoup trop longuement de soi [...] et surchargeant tous ses discours du poids fatigant de sa personnalité[1] ».

Quant à Danton, « né pour la grande éloquence », il

1. Timon, *Livre des orateurs*, Pagnerre éditeur, 1842.

aurait sûrement « dans l'Antiquité, avec sa voix retentissante, ses gestes impétueux et les colossales figures de ses discours, gouverné du haut de la tribune aux harangues, les orages de la multitude. Orateur du peuple, Danton avait ses passions, comprenait son génie et parlait son langage. Exalté, mais sincère ; sans fiel, mais sans vertu[1]. » J'ai souvent évoqué cet incontournable avocat, que ce soit dans des émissions de télévision portant sur son histoire ou dans un essai historique que j'ai consacré au Tribunal révolutionnaire.

Car, avant devenir ministre de la Justice, Georges Jacques Danton, l'une des grandes figures de la Terreur, est avocat. Comme Robespierre, à qui on aura bientôt coutume de l'opposer. Il faut dire que beaucoup de choses les séparent : physique, style, rapport à l'argent et, sur la fin, idées. Une autre différence avec Robespierre le travailleur, le besogneux, l'homme au petit carnet : l'instinctif Danton n'écrit pas ses discours et se laisse porter par l'improvisation.

Danton, pendant l'Ancien Régime, ne fait pas beaucoup parler de lui. Il vit une existence bourgeoise, privilégiée et bien peu radicale. En 1787, il profite de la dot de sa femme et d'emprunts contractés auprès de sa famille pour racheter une charge d'avocat à un noble qui s'en défait.

Il s'inscrit dans l'histoire de la Révolution en 1789, devenant élu du tiers état aux états généraux. Jouant de sa stature puissante et de son charisme brutal, il s'illustre

1. *Ibid.*

très vite comme orateur. Comme Robespierre, il divise son public en deux : ceux qui l'admirent et ceux qui le haïssent.

Sa carrière décolle rapidement et il assoit son pouvoir en créant, le 27 avril 1790, dans le quartier du même nom, le club des Cordeliers, dont la devise sera « Vivre libre ou mourir ».

Lors des insurrections de 1790-1791, il joue un rôle d'organisateur et d'éminence grise plutôt que de combattant. C'est l'année suivante qu'il se rapproche de Robespierre.

Devenu ministre de la Justice, il sait s'entourer : Camille Desmoulins, qui sera directeur d'un des jurys d'accusation du Tribunal du 17 août, et Fabre d'Églantine deviennent ses plus proches collaborateurs. Au jeu complexe qui oppose les différentes factions (révolutionnaires purs et durs, bourgeois, nobles, partisans du roi, etc.), il deviendra très vite un maître. Il tire parti de ses qualités de tribun, aussi bien que du climat permanent de tension, pour devenir le véritable chef de l'exécutif. Il va jouer un rôle important, aux côtés de Robespierre, dans ce qu'on appellera la première Terreur.

C'est, entre autres choses, sous son impulsion que le roi et toute sa famille sont incarcérés dès le 12 août 1792 à la tour du Temple.

Danton pourtant se fera exclure, plus tard, du Comité de salut public, pour cause de trop grande indulgence : « Le 10 juillet, la Convention vota le "retrait" du Comité de salut public des députés qui avaient prôné la conciliation avec les fédéralistes et les girondins. Danton, Delacroix et Cambon furent destitués, et le radical montagnard Pierre-Louis Prieur, député de la Marne, fut élu à leur place[1]. »

Robespierre finit par se laisser convaincre, notamment par Saint-Just, que se débarrasser de Desmoulins et de Danton, ses deux meilleurs amis, est indispensable. Dans un premier temps, L'Incorruptible aurait bien aimé les laisser en paix, mais c'est impossible : l'un comme l'autre continue à attaquer le Comité de salut public. Leur disparition devient inévitable et, au fond de lui, Robespierre le sait. De même qu'il n'y a de place que pour une seule faction, la sienne, il n'y a de place que pour un seul « patron » de la Révolution, lui.

« Si nous ne le faisons guillotiner, nous le serons[2] ! », affirme Saint-Just à propos de Danton. Même s'il apparaît politiquement très affaibli et que ses grandes heures sont passées, on le craint encore. Quant à Desmoulins, sa plume est redoutable et beaucoup de montagnards ont eu à en souffrir et lui gardent de tenaces rancunes.

La réunion, riche en émotions, dure de nombreuses heures, autour de la fameuse table et de son tapis couleur d'espérance, porte verrouillée, volets clos, à la lueur des bougies et dans la fumée des cigares. La décision est difficile. On la prend. Presque avec soulagement ! La tension retombe. Désormais, ce ne sont plus que des questions techniques qui vont se poser. Le plus dur est

1. Timothy Tackett, *Anatomie de la Terreur*, Le Seuil, 2018.

2. Pierre Labracherie, *Fouquier-Tinville, Accusateur public*, Fayard, 1961.

fait. La construction du dossier, le procès, l'exécution, tout ça n'est que de la logistique.

Les états d'âme ne sont plus de mise. La politique ne s'en embarrasse pas. Et si Danton et Desmoulins sont des héros, il va falloir commencer par briser leur statue. Pas un problème. Le Comité de salut public sait le faire. Il l'a démontré en plusieurs occasions.

La machine à broyer les réputations, impitoyable, démarre par une discussion entre Saint-Just et Robespierre. L'aîné parle, accablant ses anciens amis, le cadet prend des notes. « L'Incorruptible [...] étrille Fabre d'Églantine, il accable Danton, jugé amoral et républicain équivoque ; il n'épargne même pas Camille Desmoulins, présenté comme le jouet[1] » des deux précédents. À partir de ce matériau, Saint-Just sculpte avec son talent habituel le rapport qui devra justifier auprès de la Convention l'arrestation des indulgents.

Lorsqu'il en donne lecture aux députés, il est 9 heures du matin, le 11 germinal an II (31 mars 1794). Les hébertistes sont dans la fosse commune depuis une semaine et les indulgents emprisonnés depuis quelques heures, cueillis chez eux en pleine nuit et conduits par la force publique au palais du Luxembourg.

Les premières lignes de son rapport, que Saint-Just lit devant un auditoire médusé par l'arrestation nocturne de cinq des leurs, et pas des moindres, donnent le ton : « Danton, tu as servi la tyrannie : tu fus, il est vrai, opposé à Lafayette ; mais Mirabeau, d'Orléans, Dumouriez lui

1. Hervé Leuwers, *Robespierre*, Fayard, 2014.

furent opposés de même. Oserais-tu nier avoir été vendu à ces trois hommes, les plus violents conspirateurs de la liberté[1] ? »

Ça continue ainsi sur plusieurs pages, dans une veine complotiste qui mêle contre-révolution, traîtrise, monarchisme, scandale de la Compagnie des Indes et rappelle, dans le style, l'acte d'accusation des hébertistes. Saint-Just accumule les anathèmes et les prétendues preuves, et mêle dans un ensemble hétérogène toutes sortes d'individus gênants, au milieu desquels les indulgents constituent bien sûr le plat de résistance.

Danton, en trop parfait avocat, se défendra seul devant le Tribunal révolutionnaire qui applique la Terreur. Le verdict est sans issue.

Les indulgents sont guillotinés l'un après l'autre. Danton est le dernier à s'allonger sur la planche, couvert du sang de ses amis, pataugeant presque dans les flaques qui baignent l'échafaud. Ses dernières paroles, adressées au bourreau et que la foule immense se répète, suscitent aussi bien l'horreur que l'admiration : « N'oublie pas, surtout, n'oublie pas de montrer ma tête au peuple ; elle est bonne à voir[2]. »

Il faut encore citer l'ancien étudiant en droit Mirabeau, surnommé « l'orateur du peuple », car il écrit et il parle « comme un avocat, sans être avocat, mieux qu'un avocat ». Ennemi des abus, « chaleureux polémiste, hardi

---

1. Gérard Walter, *Actes du Tribunal révolutionnaire*, Mercure de France, 1986.

2. *Ibid.*

réformateur », il use d'une phrase « ample et sonore », comparable à « la phrase parlée de Cicéron ». « Substantiel, nerveux, logicien autant que Démosthène », considéré comme le « prince de la tribune moderne, le Dieu même de l'éloquence[1] », Mirabeau marque son époque et tout l'art oratoire.

Éloquence judiciaire et éloquence politique

« Je crois que l'éloquence, disait l'avocat et académicien Jean-Denis Bredin, c'est tout discours qui se fait entendre et que celle-ci, dans sa définition plus vaste, mais en même temps plus précise, se confond avec l'art de se faire écouter [...]. L'éloquence n'est pas seulement l'art de persuader [...] c'est un ensemble de forces, ou de talents, ou de méthodes assemblées pour se faire écouter[2]. »

Je suis avocat depuis près de trente ans, j'ai été élu municipal à Paris et ai participé comme candidat à trois campagnes politiques et à de nombreuses autres comme conseil juridique, de Jean-Luc Mélenchon à Eva Joly, d'Olivier Besancenot à d'autres, et pas tous de gauche ! J'ai été assistant parlementaire durant mes études.

Alors, existe-t-il une distinction entre la plaidoirie de l'avocat dans une affaire criminelle et le discours de Robespierre, avocat devenu homme politique – par exemple le

1. Timon, *Livre des orateurs*, *op. cit.*
2. J.-D. Bredin et T. Lévy, *Convaincre*, *op. cit.*

dernier qu'il prononce à la Convention le 8 thermidor de l'an II (26 juillet 1794) ?

Robespierre utilise les procédés oratoires rencontrés chez Cicéron : « D'abord l'exorde qui s'adresse à tous [...] le thème de la vérité est obsessionnel chez Robespierre. Il commence en parlant aux citoyens [...], et il terminera en s'adressant à ceux qui le jugent [...]. De Cicéron, nous retrouvons aussi la multitude de questions posées, l'obsession des points d'interrogation qui portent bien entendu déjà leur réponse, et aussi le ô... ô... ô cent fois répété[1]. »

Robespierre a également recours à ces « moments familiers aux grands orateurs, où celui qui parle entre faussement en confidence » dans le but de dénoncer tout ce qui est dit contre lui : « Je parle de moi, dit-il, je vais vous parler de moi, ils m'appellent tyran, et moi je pose la question : qui suis-je[2] ? »

Jean-Denis Bredin souligne que le texte de Robespierre présente « les qualités rhétoriques anciennes d'une plaidoirie et d'un réquisitoire confondus », et c'est peut-être là que la différence avec l'éloquence judiciaire se fait, puisque, explique-t-il, « plaidoirie et réquisitoire ne sont vraiment séparés que dans la théorie judiciaire ». En ce sens, Robespierre « condamne tous ceux dont il sait probablement qu'ils veulent le mettre à mort. Il requiert contre eux. Probablement aussi il accepte déjà le rôle de vaincu qui désormais sera le sien. Mais il ressent le besoin de

1. *Ibid.*
2. *Ibid.*

plaider pour soi, en se purifiant parfaitement, comme le faisait Cicéron contre Catilina, et de promettre la mort à ses ennemis[1]. »

Cette recherche de définition ou de distinction entre les formes que prend l'éloquence et les territoires qu'elle investit méritent que l'on s'y attarde encore un peu, car nous verrons qu'elle concerne tout autant, et avec une brûlante actualité, les orateurs du XXIe siècle.

Maurice Garçon constate que « lorsqu'il s'agit de définir l'éloquence et de chercher son but, le désaccord naît dès que le mot, qui représente la chose dont on s'occupe, est prononcé ». Il cite notamment Gorgias, « rhéteur habile », usant de l'éloquence « comme d'un art subtil et puissant pour émouvoir, convaincre son auditoire », mais aussi Socrate, pour qui l'éloquence est une façon d'enseigner la vérité dans le sens philosophique et sacré du terme : elle est le « moyen de faire accéder autrui à la vérité[2] », ce qui implique de la part de l'orateur de grandes qualités morales.

La différence entre éloquence judiciaire et discours politique s'établirait-elle dans ce gisement de moralité intouchable et philosophiquement identifié comme puits de vérité ?

Maurice Garçon repère une faille dans ce postulat, à savoir que « la vérité philosophique, étant humaine, n'est jamais certaine que pour celui qui l'énonce et ceux

1. *Ibid.*
2. Maurice Garçon, *Essai sur l'éloquence judiciaire*, Mercure de France, 1941.

qui y croient ». Elle est donc « diverse » et dépend de connaissances acquises forcément relatives. Ce qui amène à conclure que le but de l'éloquence « ne parvient jamais qu'à l'enseignement d'une vérité relative et vraisemblable : celle à laquelle croit l'orateur dans le moment où il parle », et qui peut donc être contestée. Et Garçon de souligner que « la mauvaise foi et l'immoralité n'excluent pas l'art d'émouvoir et de convaincre[1] », l'éloquence n'étant donc pas le privilège des vertueux. Avis que partagent Jean-Denis Bredin et Thierry Lévy à propos d'Hitler, dont il est « difficile, hélas, de contester qu'il était éloquent[2] ».

Au XVIIIe siècle, l'influence des philosophes gagne, ce qui ouvre le champ des plaidoiries à l'évocation des grands problèmes sociaux.

Pierre Paul Nicolas Henrion de Pansey livre son plaidoyer pour la libération d'un esclave.

Simon-Nicolas-Henri Linguet connaît une destinée à la mesure des passions immodérées qui règnent en ces temps où la controverse juridique s'abâtardit en face-à-face politique. Refusé à l'Académie, il s'en prend aux philosophes, utilise sa fonction d'avocat pour attaquer tous azimuts, car pour lui « le pouvoir souverain ne réside ni dans l'Ordre ni dans le pouvoir royal mais dans le public[3] », se fait d'innombrables ennemis et finit par être rayé du barreau. Reconverti en politique, il poursuit son parcours et se retrouve emprisonné à la Bastille pendant

1. *Ibid.*
2. J.-D. Bredin et T. Lévy, *Convaincre*, *op. cit.*
3. L. Karpik, *Les Avocats*, *op. cit.*

deux ans. S'ensuit un exil – mais rien ne le calme, il est arrêté au moment de la Terreur, condamné à mort et guillotiné le 27 juin 1794 pour « avoir encensé les despotes de Vienne et de Londres ».

Tous les juristes ne cèdent pas aux nouvelles tentations oratoires. Nicolas François Bellart, qui a été procureur général à la cour royale de Paris, et quelques autres comme Joseph Delacroix-Frainville n'adoptent pas le langage nouveau, selon eux synonyme de vulgarité et de logomachie. Leur attitude révèle un monde en transition, partagé entre deux siècles radicalement différents.

Les avocats vivent en effet, comme l'écrit Maurice Garçon, « une tradition en voie d'évolution » qui concilie le « besoin de goût et de mesure à la nécessité de ne point déplaire, qui est une condition essentielle pour convaincre[1] ».

1. M. Garçon, *Tableau de l'éloquence judiciaire*, *op. cit.*

4

Le grand retour du barreau

Les ordres d'avocats sont donc dissous en 1790, laissant place à des « défenseurs officieux », dont il n'est exigé aucune formation spécifique et qui fragilisent la profession tout entière.

Jean-Louis Debré[1] le constate amèrement : les avocats du XIXe siècle ont une « bien mauvaise image de marque », souvent dépeints, notamment par le caricaturiste Daumier, comme des individus « mégalomanes égocentriques », prêts à toutes les compromissions pour s'enrichir ou flatter leur renommée. Mais c'est aller un peu vite en besogne que de classer tout le monde dans le même sac : nombre d'avocats se sont dressés contre l'injustice, « brisant le conformisme, écartant la facilité, dénonçant les habitudes, condamnant les privilèges[2] » pour une société plus équitable. Ils ont ainsi contribué au progrès de la réflexion humaine, incarnant en cela des « meneurs idéologiques », des visionnaires constituant la « clef de voûte des changements politiques ».

---

1. Jean-Louis Debré, *La Justice au XIXe siècle*, t. II, *Les Républiques des Avocats*, Perrin, 1984.
2. *Ibid.*

Le barreau est reconstitué sous l'Empire en 1810, sans pour autant que l'éloquence judiciaire puisse immédiatement retrouver de l'ampleur. Des 600 avocats qu'il comptait en 1789, il ne reste que trois ou quatre dizaines, très surveillées par le pouvoir et dont l'influence est restreinte.

Napoléon n'aime les avocats que pour les utiliser à ses fins. Les talents de cette ère, comme Jean-Étienne-Marie Portalis et Félix Julien Jean Bigot de Préameneu, tous deux corédacteurs du Code civil, ou encore Honoré-Nicolas-Marie Duveyrier, ne peuvent s'exprimer à la pleine mesure de leur puissance.

Il faut donc attendre l'ordonnance du roi Louis XVIII du 20-23 novembre 1822 pour que l'exercice de la profession d'avocat soit réglementé – mais elle ne fait pas l'unanimité, entre avocats royalistes convaincus et ceux qui la dénoncent, en lutte pour les libertés professionnelles, à l'image de Dupin aîné (1783-1865) : « Avocat, il plaidait d'une manière vive, acérée, avec habileté mais sans méthode, avec force mais sans grâce [...] si quelque député malencontreux s'approche trop près de lui, il se roule comme un hérisson, et les ministres eux-mêmes n'osent pas se frotter à ses piquants[1]. » Après bien des contestations à Paris et en région, une importante victoire est remportée quand l'ordonnance des 27 août-10 septembre 1830 uniformise enfin le barreau français. Chaque ordre, qui dispose des mêmes droits et d'une organisation similaire, peut désormais élire un bâtonnier et un conseil de discipline, et tout avocat inscrit pourra

1. Timon, *Livre des orateurs*, *op. cit.*

plaider sans autorisation devant tous les tribunaux ou cours du royaume.

« La liberté de l'avocat et l'indépendance de l'ordre sont reconnues », commente l'historien Hervé Leuwers[1]. Et d'ajouter : « Derrière un discours qui évoque le rétablissement de libertés perdues, c'est bien à un élargissement et à une généralisation des droits individuels et collectifs des avocats que les mobilisations des années 1814 à 1830 ont abouti. »

Naissance de la Conférence

Dans le droit fil de ce qui précède, se crée en 1878 une association, qui sera reconnue d'utilité publique en 1890 : la Conférence, sorte d'école de l'éloquence organisant un concours où rivalisent de talent de jeunes avocats, sans pour autant imposer un style particulier ou devenir un sanctuaire, mais pour en perpétuer l'art. Les lauréats, au nombre de douze, reçoivent le titre de « secrétaire de la Conférence » et sont répertoriés par ordre de mérite. La Conférence a pour mission d'« inciter les jeunes avocats à parfaire leur apprentissage de l'art oratoire et des techniques de l'argumentation juridique, créer un climat d'émulation et développer un esprit de corps semblable, par certains aspects tout au moins, à celui qui existe dans les grandes écoles, sélectionner les meilleurs et les désigner comme

1. Hervé Leuwers, *L'Invention du barreau français, 1660-1830. La construction nationale d'un groupe professionnel*, EHESS, 2006.

tels, à l'intérieur et si possible à l'extérieur du palais ». À la fin du XIXe siècle, on parle ainsi fréquemment d'« école de guerre du barreau » et de « polytechnicien en toge[1] ».

Apparaît également la dénomination de « Conférence de stage » – le « stage » (généralement chez un procureur) étant, dès le XVIIIe siècle, devenu une obligation pour le jeune avocat, afin qu'il complète sa formation par une expérience pratique. Il s'agit d'une période probatoire, d'une durée précisément établie, explique Hervé Leuwers, « qui permet à l'Ordre d'encadrer la formation professionnelle de l'avocat débutant, de surveiller sa capacité, sa probité et ses mœurs[2] ». C'est un temps d'épreuve avant l'inscription au tableau[3]. Il faut se souvenir que l'exigence d'être gradué en droit ne date que de François Ier qui, par l'édit de 1679, réserve désormais le titre d'avocat aux personnes titulaires d'une licence de droit (« Nul ne peut plaider, s'il n'est avocat, sauf dans sa propre cause »).

Les concours d'éloquence

Il existe aujourd'hui d'autres concours d'éloquence, joués comme des faux procès, et qui sont en général réservés aux jeunes avocats.

J'ai plusieurs fois présidé ce type de concours, car les

1. Gilles Le Béguec, *La République des avocats*, Armand Colin, 2003.
2. H. Leuwers, *L'Invention du barreau français*, *op. cit.*
3. Liste officielle qui permet d'identifier ceux qui ont le droit de porter le titre d'avocat.

plus « frais » des avocats élus invitent souvent une personnalité – qui n'est pas toujours un avocat mais doit savoir s'exprimer en public, tel un comédien ou un grand professeur. Je me suis amusé à écouter à Paris, à la Conférence du stage, à l'Essec avec l'ami et brillant orateur qu'est mon confrère Bertrand Périer, mais aussi à Bruxelles, à New Delhi, en Inde, des jeunes gens en robe déployant tout leur talent pour me convaincre. Et si je peux être un peu sévère quand je les juge, je reste indulgent car je me revois chaque fois, un peu tremblant, comme au jour de mes premières plaidoiries.

Néoclassicisme et « idées neuves »

Au XIXe siècle, l'éloquence judiciaire « marche de pair avec l'éloquence politique » note le grand Maurice Garçon[1], l'une et l'autre s'influençant. Sous la Révolution, les avocats ont eu tendance à prendre pour modèles les grandes personnalités de la République romaine tout en défendant des « idées neuves » : l'éloquence classique, après avoir été boudée au profit de l'invocation de la Nature et des discours larmoyants, fait son grand retour – mais « en même temps, on resta dans un domaine positif ennemi des vains ornements qui avaient donné tant de froideur aux orateurs de l'époque d'Aguesseau ». C'est donc un néoclassicisme qui s'impose au barreau, où la liberté de pensée gagnée pendant la Révolution tient bonne place.

1. M. Garçon, *Tableau de l'éloquence judiciaire*, *op. cit.*

Pendant la période de la Restauration, s'illustre ainsi Philippe Dupin, élu bâtonnier en 1834, qui apparaît dans tous les grands procès de cette époque, ainsi que dans la défense des anciens officiers de l'Empereur ou de journalistes. C'est lui qui, en février 1821, plaide pour la maréchale Brune, dont le mari a été massacré dans une auberge en août 1815 à Avignon, ce avec la complicité des autorités qui ont conclu au suicide. L'instruction, plusieurs années après les faits, permet d'identifier l'assassin, un certain Guindon, dit Roquefort, qui est condamné à la peine de mort. Mais comme il s'agit d'un procès par contumace, et bien que l'individu n'ait pas quitté la région, nul ne lui en signifiera l'arrêt, et la peine ne sera pas appliquée.

Considéré comme un symbole de l'opposition, affilié à la loge parisienne Trinosophes du Grand Orient de France, et plus tard membre d'honneur de la loge La Clémente Amitié, Dupin se caractérise par son anticléricalisme, ainsi que l'illustre l'affaire Montlosier – en 1825, ce dernier s'en prend entre autres aux Jésuites, allant jusqu'à adresser à la cour royale de Paris une dénonciation du « système d'envahissement des prêtres » et alertant sur la menace que cela représente pour le pouvoir civil. C'est Dupin qui rédige le mémoire devant permettre aux magistrats de la cour de Paris d'examiner sa requête. Cette consultation juridique est approuvée par une quarantaine d'avocats, et la cour de Paris fait droit, en 1828, à la requête de Montlosier – mais « se déclare incompétente quant aux voies et moyens d'exécution pour dissoudre les associations interdites[1] ».

1. J.-L. Debré, *La Justice au XIXe siècle*, t. II, *op. cit.*

Le « néoclassicisme de l'éloquence sous la Restauration », pour reprendre l'expression de Maurice Garçon, connaît d'autres gloires. Il en est ainsi de Saint-Albin Berville, qui compte parmi les avocats libéraux pour lesquels « les causes politiques sont une tribune[1] », mais qui use d'un « genre pacifié » et sait cacher son cœur « au fond de sa calme poitrine » : d'aucuns, comme Munier-Jolain[2], lui reprochent d'être soumis aux événements plus qu'au feu d'une vocation, de mettre « son triomphe à tout simplifier », de transformer « la tempête en souffle innocent, et les horreurs d'un drame en vaudeville », ou encore de faire rayonner « sans chaleur une morne élégance sur un sage discours » – alors que Maurice Garçon aime chez Berville sa « langue pure, claire et nette, exempte de faux clinquant[3] », ce qui démontre bien la diversité d'appréciation sur cette époque de réinvention du barreau français.

Romantisme et contestation

En ce XIXe siècle, l'école du romantisme, qui privilégie le monde de la sensibilité à celui de la mesure, gagne bientôt, et de façon quasi simultanée, la sphère des lettres comme, peu à peu, celle de l'éloquence judiciaire. Le style de Victor Hugo fait des émules ; certaines plaidoiries, qui parfois prennent le risque du ridicule dans leurs envols, deviennent

1. H. Leuwers, *L'Invention du barreau français*, *op. cit.*
2. J. Munier-Jolain, *Les Époques de l'éloquence judiciaire*, *op. cit.*
3. M. Garçon, *Tableau de l'éloquence judiciaire*, *op. cit.*

de véritables fresques avec pour motif la passion, la description d'une nature humaine inquiète et tourmentée. C'est une impétueuse profusion d'images colorées et de sons qui remplit à présent les prétoires, dont une illustration est fournie par le cas de l'avocat Claude Margerand. Il plaide dans l'affaire Peytel, un double assassinat, au terme duquel Sébastien-Benoît Peytel, critique littéraire puis notaire, est accusé d'avoir tué sa femme « pour des raisons d'intérêt » et un dénommé Louis Rey, domestique devenu témoin gênant. Balzac, qui compte parmi ses amis, lui apporte son soutien, ainsi que Lamartine. La plaidoirie de Margerand n'empêche cependant pas Peytel d'être condamné à mort et exécuté le 28 octobre 1839.

Mais ce XIXe siècle est aussi celui des ambiguïtés politiques, des contestations et manifestations, des divisions, de la fin des illusions. Se succèdent sept régimes politiques[1], et selon le contexte, l'emploi de certains mots évolue, par exemple « honneur », peu à peu remplacé par « dignité » dans le champ lexical de l'avocat : « S'il faut accorder un sens au passage de l'honneur à la dignité, explique l'universitaire Hervé Leuwers, il convient de le rechercher dans ce renoncement de l'avocat à sa “noblesse personnelle” ou à ses privilèges[2]. »

---

1. Le Premier Empire (1804-1815) avec Napoléon Bonaparte ; la Restauration (1815-1830) avec Louis XVIII puis Charles X ; la monarchie de Juillet (1830-1848) avec Louis-Philippe ; la Révolution de 1848 qui donne lieu à IIe République (1848-1852) ; le Second Empire (1852-1870) avec Napoléon III ; la IIIe République en 1870 qui durera jusqu'en 1940.

2. H. Leuwers, *L'Invention du barreau français*, *op. cit.*

Quand, par une trop grande proximité avec le style romanesque, l'éloquence judiciaire n'échappe pas à quelques bouffissures qui nuisent à la concision et à la clarté, une bonne partie des orateurs ne perd pas de vue l'esprit de tradition et ne retire du mouvement romantique que la possibilité d'atténuer la froideur de la plaidoirie classique. Les meilleurs dans ce registre ou considérés comme tels, à l'instar de Chaix d'Est-Ange et Berryer, font preuve d'une « éloquence chaude, vibrante et qu'on ne connaissait pas encore », qui allie « des qualités de fond et une forte culture à une liberté d'expression qui donn[e] une grande aisance et perme[t] d'obtenir, particulièrement dans le pathétique, de magnifiques effets[1] ».

Gustave Louis Chaix d'Est-Ange est largement connu pour avoir plaidé dans l'affaire des « quatre sergents de La Rochelle[2] », dits « martyrs de la liberté », ces soldats bonapartistes accusés d'avoir voulu renverser la monarchie sous la Restauration. Leur crime est d'appartenir à la Charbonnerie, une organisation suspectée de comploter contre le pouvoir en place, et qui compte parmi ses membres Edgar Quinet ou le marquis de Lafayette. Ces quatre jeunes gens, âgés de 20 à 26 ans, n'échappent pas à la guillotine en 1822, mais la sévérité du tribunal indigne l'opinion publique[3], et la défense piquante du non moins jeune Chaix d'Est-Ange est très remarquée.

1. M. Garçon, *Tableau de l'éloquence judiciaire*, *op. cit.*

2. Quatre sous-officiers du 45e d'infanterie, nommés Bories, Goubin, Pommier et Raoulx.

3. Fabienne Manière, « Les journaux libéraux dénoncent le sort fait à de simples militants. Les jeunes artistes des débuts du roman-

Il se confronte aussi à Victor Hugo, qui assurera lui-même sa défense en 1832 (et perdra), à propos de sa pièce *Le roi s'amuse*, frappée d'une censure que Chaix d'Est-Ange défend, justifiant le droit pour le pouvoir d'exercer un contrôle sur les œuvres de ce type. Il intervient autant au civil qu'au « criminel » et se montre redoutable d'efficacité. Par exemple dans l'affaire Benoit, où l'accusé refuse de passer aux aveux du meurtre de sa mère et, entendant l'avocat s'exprimer comme partie civile de façon si convaincante, reconnaît en plein procès sa culpabilité. En 1835, il est le défenseur d'Émile de La Roncière, face aux deux autres pointures dont il va être question ci-après : Pierre-Antoine Berryer et Odilon Barrot. À cette occasion, je m'attarderai sur la spécificité de son éloquence grâce à l'éclairage de l'académicien Jean-Denis Bredin, qui confronte les plaidoiries[1].

Il me faut ajouter que Gustave Louis Chaix d'Est-Ange est le père de Gustave Gaspard Chaix d'Est-Ange, le défenseur de Baudelaire[2], malgré tout condamné en 1857 pour *Les Fleurs du mal.*

---

tisme s'enivrent des témoignages d'amitié et d'altruisme offerts par ces martyrs. De multiples lithographies vont nourrir la légende des Quatre Sergents de La Rochelle jusqu'à la révolution des Trois Glorieuses », Hérodote.net – le Média de l'histoire.

1. Se reporter à Odilon Barrot (voir p. 98 *sq.*).

2. Voici un extrait de la plaidoirie : « Il [Baudelaire] a voulu tout peindre, vous a dit le ministère public [soit Ernest Pinard, déjà procureur général dans le procès intenté contre Flaubert] ; il a voulu tout mettre à nu ; il a fouillé la nature humaine dans ses replis les plus intimes, avec des tons vigoureux et saisissants, il l'a exagérée dans ses côtés hideux, en les grossissant outre mesure...

Baudelaire, son avocat et son procès

S'il est en effet une année emblématique dans l'histoire de la censure, c'est bien celle de 1857, avec ses trois victimes célèbres, Gustave Flaubert, en janvier, Charles Baudelaire, durant l'été, et Eugène Sue, en fin d'année, poursuivis par un même homme : Ernest Pinard, appuyé par un système de censure – celui du Second Empire – alors à son apogée.

Les circonstances sont probablement inédites dans les annales de l'histoire de la littérature, du moins concernant des auteurs et des œuvres de cette importance.

Mais, en 1857, dans le box, Charles Baudelaire, Gustave Flaubert et Eugène Sue sont de notoriété bien inégale ! Les deux premiers viennent de publier des chefs-d'œuvre, appelés à rejoindre le pinacle des productions humaines.

Prenez garde en parlant ainsi, dirai-je à M. le substitut ; êtes-vous sûr vous-même, de ne pas exagérer quelque peu le style et la manière de Baudelaire, de ne pas forcer la note et de ne pas pousser au noir ? Mais enfin soit ; c'est là sa méthode et c'est là son procédé ; où est la faute, je vous prie, au point de vue même de l'accusation, où est la faute et surtout où peut être le délit, si c'est pour le flétrir qu'il exagère le mal, s'il peint le vice avec des tons vigoureux et saisissants, parce qu'il veut vous en inspirer une haine plus profonde et si le pinceau du poète vous fait de tout ce qui est odieux une peinture horrible, précisément pour vous en donner l'horreur… ? » Baudelaire est condamné pour « délit d'outrage à la morale publique et aux bonnes mœurs », en raison de « passages ou expressions obscènes et immorales ». Le poète et ses éditeurs sont contraints à payer une amende de 100 francs chacun et de retirer six poèmes du recueil.

S'ils ont tous deux, déjà, une conscience plus ou moins aiguë de leur génie, le public ne les connaît pas. Avec *Madame Bovary*, Gustave Flaubert publie son premier roman. Baudelaire, quant à lui, ne s'est jusque-là guère illustré qu'au sein des petits cénacles littéraires qu'il fréquente à Paris, lorsque paraît le recueil de poèmes *Les Fleurs du mal.* Eugène Sue, enfin, vient d'achever les deux derniers tomes de son œuvre monumentale, *Les Mystères du peuple*, sous-titré *Histoire d'une famille de prolétaires à travers les âges*. À l'inverse des deux autres, l'entreprise, commencée neuf ans plus tôt et publiée en feuilleton, est largement reconnue et remporte un franc succès populaire – à l'occasion des poursuites, 60 000 exemplaires sont saisis par la police, ce qui donne une idée des tirages, autrement importants que ceux des *Fleurs du mal* (un peu plus de 1 000) et de *Madame Bovary* (15 000).

Pour une multitude de raisons, la censure se trouvait dans le contexte du Second Empire comme un poisson dans l'eau.

La première politique systématique de censure est érigée par une loi de 1819 qui fustige « tout outrage à la morale publique et religieuse, ou aux bonnes mœurs ». Le texte de 1819, dont les sanctions sont aggravées par une loi du 25 mars 1822, sera l'arme du futur procureur Pinard pour s'en prendre, en 1857, à nos trois écrivains.

Dès le 5 juillet 1857, *Le Figaro* publie, sous la plume de Gustave Bourdin, une véritable dénonciation publique du recueil de Baudelaire : « L'odieux y coudoie l'ignoble ; le repoussant s'y allie à l'infect. Jamais on ne vit mordre et même mâcher autant de seins dans si peu de pages ;

jamais on n'assista à une semblable revue de démons, de fœtus, de diables, de chloroses, de chats et de vermine ! Ce livre est un hôpital ouvert à toutes les démences de l'esprit, à toutes les putridités du cœur. »

Baudelaire restera persuadé que cet article fut à l'origine de ses malheurs judiciaires. Et de fait, le 7 juillet, la justice se saisit du dossier et se penche plus particulièrement sur treize poèmes, dont quatre ont été signalés dans l'article du quotidien.

Le poète déclare au magistrat instructeur : « Mon unique tort a été de compter sur l'intelligence universelle, et de ne pas faire une préface où j'aurais posé mes principes littéraires et dégagé la question si importante de la morale. » Il mentionne également le prix du volume, qui empêcherait le simple quidam d'y avoir accès. Il écrira encore pour sa défense : « Je répète qu'un livre doit être jugé dans son ensemble. À un blasphème, j'opposerai des élancements vers le Ciel, à une obscénité, des fleurs platoniques. Depuis le commencement de la poésie, tous les volumes de poésie sont ainsi faits. Mais il était impossible de faire autrement un livre destiné à représenter l'agitation de l'esprit du mal. » Le poète en appelle enfin devant la justice à une « prescription générale. Je pourrais faire une bibliothèque de livres modernes non poursuivis, et qui ne respirent pas, comme le mien, l'horreur du mal. Depuis près de trente ans, la littérature est d'une liberté qu'on veut brusquement punir en moi. Est-ce juste ? »

Mais la loi du 17 mai 1819 a instauré une politique systématique de censure. Le délit d'« outrage à la morale publique et religieuse, ou aux bonnes mœurs » est plus redoutable que ne l'imagine ou ne l'espère alors l'auteur des *Fleurs du mal*, surtout lorsqu'il est invoqué par un lecteur aussi obstiné qu'Ernest Pinard. Le substitut impérial avait déjà, six mois auparavant, demandé l'interdiction de *Madame Bovary* devant le tribunal de Rouen. Flaubert, politiquement plus en faveur, avait été tout de même « blâmé » par ses juges. Pinard poursuivra également, mais en vain, au mois de septembre de la même année, *Les Mystères du peuple* d'Eugène Sue. Imperturbable, il estimera encore dans *Mon Journal*, publié trente-cinq ans plus tard, n'avoir fait qu'accomplir sa mission ; le magistrat n'a pas à jouer un rôle de critique littéraire.

Dans des lettres datées d'août 1857, Flaubert s'inquiète du procès auprès de Baudelaire. Sainte-Beuve, lui, ne veut pas se compromettre et ne soutient son protégé que très mollement en lui adressant de très prudents *Petits moyens de défense* tels que je les conçois. Barbey d'Aurevilly s'indigne, en revanche, au sortir de l'audience, que l'avocat de Baudelaire, Gustave Chaix d'Est-Ange, ait plaidé « je ne sais quelles bassesses, sans vie et sans voix ».

Le grand avocat est critiqué alors qu'il a abondé dans le sens de son client qui a rédigé des « notes et documents pour mon avocat ».

Le jugement est donc rendu, le 20 août 1857, par la sixième chambre du tribunal correctionnel de la Seine. Il écarte l'offense à la morale religieuse, mais retient l'outrage à la morale publique et aux bonnes mœurs : « L'erreur du poète dans le but qu'il voulait atteindre et dans la route qu'il a suivie, quelque effort de style qu'il ait pu faire, quel que soit le blâme qui précède ou suit ses peintures, ne saurait détruire l'effet funeste des tableaux qu'il présente aux lecteurs et qui, dans les pièces incriminées, conduisent nécessairement à l'excitation des sens par un réalisme grossier et offensant pour la pudeur. » Baudelaire est condamné à 300 francs d'amende et ses éditeurs à 100 francs. Six poèmes – « Lesbos », « Femmes damnées (Delphine et Hippolyte) », « Le Lethé », « À celle qui est trop gaie », « Les Bijoux » et « Les Métamorphoses du vampire » –, dont deux ont pourtant déjà été publiés auparavant, sont interdits.

Baudelaire ne fait pas appel de la décision, espérant une réduction de la peine. Une requête à l'impératrice, en date du 6 novembre, amène en effet le ministère de la Justice à baisser le montant de l'amende à 50 francs.

En 1864, Baudelaire rejoint son éditeur Poulet-Malassis en Belgique, où celui-ci s'est réfugié et aurait réédité, dès 1858, les poèmes condamnés. C'est cette année-là qu'ils sont à nouveau bel et bien imprimés, dans *Le Parnasse satyrique du XIXe siècle*. Ils figurent également dans *Les Épaves*, publié par Poulet-Malassis, en 1866, à Bruxelles, et dont Baudelaire envoie même un exemplaire à Pinard. Cette édition est à son tour poursuivie par la justice française et condamnée par le tribunal correctionnel de Lille, le 6 mai 1868, près d'un an après la mort du poète.

Il faut attendre 1946 pour que l'idée d'un texte législatif permettant la révision des procès littéraires soit reprise par le député communiste Georges Cogniot. L'unique article en est adopté sans aucune opposition, le 12 septembre 1946, le rapporteur ayant expressément précisé que le texte permettrait « de réviser les condamnations prononcées contre des ouvrages qui ont enrichi notre littérature et que le jugement des lettrés a déjà réhabilités ».

Fort de cette loi du 25 septembre 1946, dont ce sera la première application, la Société des gens de lettres peut alors immédiatement déposer un recours en révision, sur lequel se penche, le 19 mai 1949, la Cour de cassation.

Et ce n'est que le 31 mai 1949, à l'issue de douze jours de délibéré, que la chambre criminelle de la Cour de cassation rend une décision laconique mais sans surprise : après quelque quatre-vingt-douze années de purgatoire, les six pièces les plus sulfureuses des *Fleurs du mal* sont à nouveau autorisées à la publication. La requête en révision en faveur de Charles Baudelaire, présentée par le président de la Société des gens de lettres auprès du ministère de la Justice, a été approuvée par l'avocat général lui-même.

« Le Démosthène français »

Revenons à nos autres avocats de ce XIXe siècle si agité. L'immense avocat Pierre-Antoine Berryer, qui sera bâtonnier et élu à l'Académie française, est, dans ses premières plaidoiries, à côté de Dupin, aux premiers rangs de la défense du maréchal Ney. Ce dernier est considéré comme traître à la fois par les royalistes et les impérialistes – ce qui attire sur l'avocat, bien qu'il soit trop jeune pour diriger la défense[1], colère indignée et flots de menaces. Les confrères mêmes s'en offusquent, certains le supplient de ne pas associer son nom à celui d'un « guerrier féroce et sans foi, que ses contemporains nomment un traître régicide et que la postérité mettra à côté de Ravaillac et de Damiens[2] ». Ney sera fusillé en 1815. Mais le jeune Berryer ne se décourage pas pour autant et sauve de la mort les généraux Debelle et Cambronne – c'est au procès du premier qu'il prononce cette phrase devenue célèbre : « Le métier d'un roi n'est pas de relever les blessés du champ de bataille pour les porter à l'échafaud[3]. » Debelle verra sa peine commuée en 10 années de détention.

Mais le général Cambronne sera acquitté après une plaidoirie qui fera l'unanimité (moins une seule voix) :

« Ah ! surtout, ne perdez point de souvenir comment, lorsque les vastes mers étaient ouvertes à sa fuite, soumis aux volontés du roi, [Cambronne] les a traversées pour se livrer lui-même à la justice de son pays ! Déclarerez-vous rebelle celui qui sait ainsi obéir au péril de sa vie ? Quel cœur français aurait le courage de laisser tomber un si cruel arrêt sur cette tête sillonnée par tant de cicatrices ? Non, la main d'un bourreau n'achèvera pas ignominieusement cette mort que mille ennemis ont si glorieusement commencée. Et pour emprunter aux livres sacrés une expression qui convient admirablement à notre sujet :

1. Ce sont Dupin et Berryer père qui concevront la plaidoirie.

2. Édouard Lecanuet, prêtre de l'Oratoire, *Berryer. Sa vie et ses œuvres, 1790-1868*, Bloud et Cie, libraires-éditeurs, 1893.

3. *Ibid.*

"Non, vous n'immolerez point ce lion qui est venu s'offrir comme une victime obéissante." »

De fil en aiguille, Berryer devient l'un des avocats les plus célèbres de son époque. De lui il se dit qu'il est « plus royaliste que le roi [...], plus libéral que la liberté[1] ». Il est considéré comme un maître dans l'art oratoire – « Ce qui rend M. Berryer supérieur, c'est que, dès le seuil de son discours, il voit, comme d'un point élevé, le but où il tend », débusquant son adversaire « de poste en poste », s'en rapprochant progressivement : « il le suit, il l'enveloppe, il le presse, il l'étreint dans les nœuds redoublés de son argumentation » – « Rien n'égale la variété de ses intonations, tantôt simples et familières, tantôt hardies, pompeuses, ornées, pénétrantes. Sa véhémence n'a rien d'amer [...] ». Il tient ses auditeurs, pendant plusieurs heures de suite, « suspendus au charme de sa magnifique parole ». Il est non seulement orateur « par la passion et par l'éloquence », mais il est encore « musicien par l'organe, peintre par le regard, poète par l'expression[2] ».

Même si d'aucuns considèrent que Berryer n'est pas un homme politique, il reste « un de ces orateurs qui ne s'appartiennent pas à eux-mêmes » et à ce titre capable d'atteindre ses auditeurs quels qu'ils soient. Dans l'impressionnante biographie qu'il lui a consacrée, Édouard Lecanuet[3] avance que « personne, en ce siècle, n'a plus travaillé que Berryer à la pacification politique, à la récon-

1. M. Garçon, *Tableau de l'éloquence judiciaire*, *op. cit.*
2. Timon, *Livre des orateurs*, *op. cit.*
3. É. Lecanuet, *Berryer*, *op. cit.*

ciliation des esprits et des cœurs » – lui qui, surnommé « le Démosthène français » et que certains placent au-dessus de Mirabeau, disait dans ses jeunes années : « Je ne puis voir sans émotion un prêtre monter en chaire ; s'il parle bien, je suis en larmes. Souvent je voudrais être à sa place[1]... »

Berryer a vu dix-sept fois changer le gouvernement de son pays « sans changer lui-même ». Quand en décembre 1848, Louis-Napoléon Bonaparte est élu président de la République[2], l'avocat, plutôt favorable à une restauration monarchique, prononce un réquisitoire antirépublicain qui fait date : « Ces hommes, s'écrie-t-il à propos des révolutionnaires, qu'on appelle superbes ont commis en quatorze mois, dans cette malheureuse France, plus de crimes que toutes les passions, toutes les ambitions, toutes les ignorances n'en ont peut-être fait compter pendant quatorze siècles[3]. »

Au-delà de toute opinion politique, Berryer est un grand défenseur de la nécessaire indépendance de l'avocat. Dans son discours prononcé à l'ouverture de la Conférence de l'Ordre des avocats le 9 décembre 1852[4], il en définit ainsi

1. *Ibid.*

2. Notons au passage que Lamartine, qui avait joué un rôle lors de la révolution de Février de la même année, n'y incarne qu'une « illusion lyrique », avec 0,28 % des voix – contre 74,31 % à Louis-Napoléon Bonaparte.

3. J.-L. Debré, *La Justice au XIXe siècle*, t. II, *op. cit.*

4. Yves Ozanam, Stéphane Lataste, *La Conférence des avocats de Paris – Une école d'éloquence. Deux siècles de discours de Louis XVI à nos jours*, Ordre des avocats de Paris, 2010.

les principes essentiels : « L'avocat est sans serviteurs comme sans maîtres ; ce n'est pas une disposition à la révolte et à l'hostilité contre les pouvoirs qui l'anime ; son indépendance est le sentiment de celui que rien n'arrête dans ce qu'il doit faire, que rien ne contraint à ce qu'il ne doit pas. »

Député sous le Second Empire (de 1863 à 1868), Berryer est aussi un amoureux des lettres et s'entoure volontiers d'artistes et d'intellectuels. Il sera l'ami de Rossini[1], d'Alfred de Musset[2] et d'Eugène Delacroix. Son mot – emprunté à la franc-maçonnerie – à l'adresse de ceux qui l'encouragent à se présenter à l'Académie française est lui aussi resté dans les mémoires : « Moi, de l'Académie ! mais je ne sais ni lire ni écrire[3] ! » Il y sera élu le 12 février 1852 et reçu trois ans plus tard.

Barrot et le barreau

Au cours de ce si riche XIXe siècle, Odilon Barrot, « moitié homme de palais, moitié homme politique », et dont la liberté le compte « avec orgueil parmi ses défenseurs », symbolise une éloquence incarnant « plutôt la sagesse imposante et composée du philosophe que les caprices et la fougue brillante des improvisateurs[4] ». Il

1. Tous deux mourront à quelques jours d'écart.

2. « Mon cher Alfred, quel cachet de jeunesse scelle toutes vos œuvres ! C'est un don précieux et unique. Le charme que j'en ressens me flatte singulièrement [...]. »

3. É. Lecanuet, *Berryer*, *op. cit.*

4. Timon, *Livre des orateurs*, *op. cit.*

fait preuve de solidité et de raison, mais il peut lui être reproché d'être « plus abondant que diffus », et trop tempéré : « Son regard ne jette pas assez de flammes. On ne sent pas assez sa poitrine se soulever et son cœur bondir contre l'oppression de l'arbitraire[1]. »

Comme Philippe Dupin, il est membre de la loge maçonnique Trinosophes et s'affirme partisan d'une monarchie républicaine, c'est-à-dire d'un système « reposant sur un roi qui règne mais ne gouverne pas, qui incarne la nation et sa continuité[2] ».

Les avocats et la franc-maçonnerie

Rien d'étonnant au statut maçonnique de Dupin, à la fois plaidant et maçonnant, pour l'avocat franc-maçon que je suis. Car les gens de justice ou épris de droit sont présents en loge depuis l'origine de la franc-maçonnerie spéculative.

Ainsi, Romain de Seze, avocat de Louis XVI, était initié. De même, Berryer, dont je vais reparler sous peu, immense avocat royaliste ayant accepté de défendre des bonapartistes et des républicains – et qui a donné son nom au plus célèbre des concours d'éloquence –, était franc-maçon.

Et si le frère Montesquieu a théorisé la séparation des pouvoirs, c'est le franc-maçon Cambacérès qui est un des rédacteurs du Code civil de 1804.

1. *Ibid.*
2. J.-L. Debré, *La Justice au XIXe siècle*, t. II, *op. cit.*

Il existe donc une autre histoire de ces gens de robe – juges et magistrats notamment – qui ont façonné l'histoire de France.

Nombreuses sont encore les survivances, en pleine république, d'une organisation relevant d'un système proche de la corporation et des privilèges, en théorie disparus une première fois en 1789.

Les avocats sont menés par un de leurs pairs (le bâtonnier), qui porte un bâton, symbole du guide du troupeau comme de la coercition répressive.

La profession organise son autorégulation, par le biais notamment des pouvoirs disciplinaires d'un Conseil de l'Ordre. La caste des avocats juge également des litiges d'honoraires entre clients et avocats… L'école de formation du barreau dépend bien évidemment des mêmes ordres. Les chefs de ces tribus se nomment en effet bâtonniers, car ils usent plus du bâton que de la carotte pour guider et sanctionner les ouailles. La première des sanctions que le bâtonnier peut infliger porte d'ailleurs le nom d'« admonestation paternelle ». La nostalgie du martinet familial reste longtemps vivace chez ces adultes qui aiment tant se travestir !

Par ailleurs, la justice et la maçonnerie prennent un jour inattendu puisque les différentes juridictions ordinales tiennent des audiences au cours desquelles les rituels sont appliqués et les débats se déroulent en décors (c'est-à-dire en tabliers et cordons).

Ces juridictions ont aussi une importance capitale pour la vie des obédiences maçonniques. C'est ainsi que, par exemple, la Chambre suprême de justice maçonnique du

Grand Orient de France exclut les initiés qui rejoignent les rangs politiques considérés comme incompatibles avec les valeurs de l'Ordre, du régime de Vichy au Front national.

De plus, c'est à la suite d'une décision de cette même juridiction, saisie du cas d'un vénérable ayant changé d'état civil pour devenir une femme, que, en 2007, le Grand Orient a laissé la possibilité aux loges qui le composent de devenir mixtes, engageant ainsi une métamorphose majeure du paysage maçonnique français.

Plus que de grands desseins et de grands complots visant à déstabiliser les pouvoirs en place, la franc-maçonnerie s'est, historiquement, plutôt concentrée sur des mesures juridiques – prenant la forme de textes de valeur constitutionnelle, de lois, de décrets et de règlements – destinées à améliorer la vie quotidienne des citoyens.

Qu'on en juge plutôt : l'instruction laïque, obligatoire et gratuite (pour les filles comme pour les garçons), la mutualité, la liberté d'association, l'union libre et le divorce par consentement mutuel, le service militaire, le sou des écoles, la crémation, l'impôt sur le revenu, le célèbre décret du frère Crémieux, le syndicalisme, l'Assistance publique, la Banque de France et les Chemins de fer aux mains de l'État (donc de ce que nous appelons aujourd'hui le service public), l'assurance chômage, l'avortement et les banques populaires, la Déclaration des droits de l'homme et du citoyen sont autant d'exemples qui montrent l'action féconde de la franc-maçonnerie sur la société française.

Et il ne faut pas oublier les autres apports idéologiques

et juridiques comme la séparation des Églises et de l'État, l'abolition définitive de la peine de mort – qui est à porter bien entendu au crédit de Robert Badinter, mais aussi et surtout au travail des loges (tout comme l'amélioration du sort des condamnés due au frère Guillotin !) – ou encore l'abolition de l'esclavage. Sans compter les combats pour les droits des femmes à disposer de leur propre corps, passant par l'accouchement sans douleur, importé par Pierre Simon (deux fois grand maître de la Grande Loge de France), le planning familial, la contraception et l'écriture de la loi Veil sur l'IVG.

Quel est le rôle des francs-maçons dans l'élaboration de la loi ? Il est souvent difficile de faire la part exacte de l'influence de la maçonnerie dans leur action… les influences sont plurielles.

Il y a aussi la symbolique : la mise en scène de la loi dans notre société. Le droit s'impose à coups de symboles. Il faut en effet évoquer le rôle fondamental que jouent les symboles du droit, aussi alambiqués que ceux d'une société secrète. La balance et le glaive ne sont pas seuls en place. D'autres signes, bien visibles, participent au droit, à sa construction comme à son application.

Trois ténors pour une affaire

Après cette digression « philosophique », il est nécessaire de se pencher sur ce personnage politique d'importance qu'est Odilon Barrot, homme de robe renommé, notamment pour avoir assisté le fondateur de *La Revue des deux mondes*, François Buloz, assigné devant le tribunal en 1833 pour avoir publié deux textes « sans avoir au préalable acquitté le cautionnement exigé pour de telles publications ».

Barrot est aussi connu pour son rôle, aux côtés de Berryer, en tant que partie civile dans la fameuse affaire et retentissante erreur judiciaire « La Roncière[1] ». Émile de La Roncière, lieutenant au 1er régiment des lanciers, fils du général de La Roncière (héros des guerres napoléoniennes, dix-huit fois blessé, et dont le nom figure sur l'Arc de Triomphe), est accusé de viol et de coups et blessures sur Marie de Morell, âgée de 16 ans et fille du général baron de Morell, commandant de l'école de cavalerie de Saumur, autre héros des guerres de l'Empire aux origines illustres.

L'affaire arrive devant la cour d'assises le 29 juin 1835. Émile de La Roncière proteste de son innocence, le procès suscite alors « un intérêt puissant », car le scandale passionne d'autant plus la foule que les « personnages de ce drame mondain sont de qualité[2] ». Le Tout-Paris est

1. « Les débats, qui passionneront la France, vont durer huit jours. La grande salle des assises sera toujours comble. Dès 6 heures du matin, la foule se presse pour l'audience de 9 heures. Plus de 4 000 demandes d'entrée ont été faites au président : généraux, magistrats, diplomates, pairs de France, constituent un public de choix. George Sand et Victor Hugo ont une place derrière la Cour. Honoré de Balzac aussi », dans René Floriot, *Au banc de la défense*, Gallimard, « L'air du temps », 1959.

2. *Ibid.*

là pour voir s'affronter trois ténors du moment : Pierre-Antoine Berryer et Odilon Barrot pour la famille Morell ; Gustave Louis Chaix d'Est-Ange pour Émile de La Roncière, qui, risquant la peine de mort, sera condamné à 10 ans de travaux forcés. Au-delà de l'erreur judiciaire, qu'Odilon Barrot reconnaîtra après la Révolution de 1848, prononçant, devenu garde des Sceaux sous Napoléon III, la réhabilitation de La Roncière, cette affaire illustre « la rivalité des légitimistes et des orléanistes » au sein même des avocats : Berryer incarne, à la Chambre des députés, l'opposition légitimiste ; Odilon Barrot est le symbole de la gauche dynastique : « Ce procès est une grande rivalité de familles, d'avocats, de clans politiques[1]. »

Il faut avoir présent à l'esprit que ce que Jean-Denis Bredin appelle « le temps judiciaire » de cette époque diffère grandement du nôtre – plus de sept heures de plaidoirie en l'occurrence, que le président des assises doit ensuite « résumer » avec tous les débats. Les magistrats ne délibèrent pas avec les jurés ; ils décident de la peine en fonction de la déclaration de culpabilité de ces derniers. Dans l'affaire qui nous préoccupe, le président « restera convaincu de l'innocence de La Roncière » – « on dit qu'il a pleuré après la plaidoirie de Chaix d'Est-Ange, on l'a vu en larmes[2] ! ».

Cela m'amène à considérer ce procès sous l'angle de la confrontation des éloquences qu'il suscite. Les plaidoiries, pourtant issues d'une formation classique commune et

1. J.-D. Bredin et T. Lévy, *Convaincre*, *op. cit.*
2. *Ibid.*

ressemblantes dans leur expression, sont très différentes et ne peuvent être comparées. Berryer s'appuie sur sa propre autorité, arguant du fait que s'il prend la parole, c'est qu'il a raison : « Si La Roncière est acquitté, déclare-t-il dans sa péroraison, n'en doutez pas, il se dira, avec une joie insultante et triomphante, et les honnêtes gens se diront avec désespoir, ces mots d'une lettre anonyme : "À quoi sert d'aimer le bien ?" » C'est une plaidoirie qui exalte la morale et la famille – « toute une génération d'avocats apportera ainsi l'autorité comme l'argument principal jeté dans la balance de la justice », relève Jean-Denis Bredin[1].

Chaix d'Est-Ange use lui aussi de l'argument d'autorité, mais d'une tout autre façon : il recourt à l'autorité de l'avocat qui prend la défense de l'innocent contre l'opinion publique égarée, comme en témoigne cet extrait de sa plaidoirie :

« Oui, c'est une noble et sainte mission que la nôtre, quand un homme est innocent, quand il est abandonné par les siens, renié par ses amis, maudit par tout le monde, de se placer près de lui et de le défendre, comme le prêtre qui s'attache au patient, et qui, à travers la clameur du peuple, l'accompagne jusque sur l'échafaud et le renvoie absous devant Dieu ! Eh bien ! moi je m'attache à cet homme innocent ; au milieu des préventions et des murmures, j'élève la voix pour lui, et le renvoie absous devant les hommes… Et vous, à votre tour, vous maintenant, messieurs, allez remplir votre devoir[2]. »

1. *Ibid.*
2. *Ibid.*

Ainsi que le souligne très habilement Thierry Lévy, Chaix d'Est-Ange triomphe mais perd sa cause, car dans cette affaire La Roncière, ce sont les préjugés qui ont remporté la mise, et il faudra se poser encore, tout au long de cet ouvrage, au fil des siècles jusqu'à nos jours, la question de la place qu'occupe la parole dans un procès. Est-elle vaine ?

Aux assises comme au spectacle

À partir du Second Empire, l'éloquence judiciaire suit les évolutions démocratiques de la société – il faut se souvenir que longtemps les plaidoiries n'ont eu comme oreilles que celles des professionnels (juges, procureurs, avocats), ce qui forcément implique une expression oratoire relativement cérémonieuse, et ce jusqu'à la fin du XVIIIe siècle. La Révolution a transformé le prétoire en espace ouvert à tous, mais le barreau, soucieux de respecter la tradition, ne s'y est presque pas exprimé. À présent, l'art oratoire doit composer avec une exigence récente : le public. Car sont apparues les cours d'assises, où la foule s'amasse, friande du spectacle à venir. Le jury est composé de citoyens qui pleurent « comme au théâtre », ce qui bien sûr conduit les avocats à jouer sur cette corde sensible, peut-être au détriment de la qualité littéraire : « L'abaissement des études classiques amena à négliger la forme au profit d'élans passionnels parfois désordonnés propres à toucher un public sans culture[1] », juge Maurice Garçon.

1. M. Garçon, *Tableau de l'éloquence judiciaire*, *op. cit.*

Au palais de justice, le procès ressemble alors, comme aujourd'hui, à une pièce de théâtre, ai-je coutume de dire à mon équipe comme aux jeunes avocats qui me demandent conseil. Les participants improvisent et tout est fait pour impressionner les spectateurs, qui sont aussi bien l'accusé, sa victime que... le public venu là pour le spectacle ou un groupe d'élèves en sortie scolaire.

Il y a très longtemps, en France, il n'y avait pas de palais de justice. Au XIIIe siècle (il y a déjà huit cents ans), le roi Saint Louis avait d'ailleurs l'habitude de rendre la justice sous un chêne. L'arbre a été abandonné, et l'on a construit les premiers palais où serait rendue la justice, les « palais de justice ».

Le palais est conçu pour impressionner les citoyens : l'endroit possède parfois des grilles et des grandes salles. Ses marches sont célèbres : elles servent de repère pour donner rendez-vous ou pour illustrer un reportage destiné au journal télévisé.

Le fronton, les colonnes, les portes, les statues, tout dans ces palais symbolise la puissance, la hauteur, l'autorité...

Moi qui ai fini mes études de droit en Belgique, je garde toujours à l'esprit l'image du palais de justice de Bruxelles, si imposant que plus le « visiteur » approche de l'entrée, plus il se sent petit et impressionné. Le bâtiment, installé sur une hauteur, domine la ville d'une masse si sombre qu'après sa construction *arkitekt* (« architecte » en flamand, l'une des trois langues parlées en Belgique) demeura longtemps l'injure locale la plus à la mode.

Aujourd'hui, les palais de justice fraîchement construits ont souvent des parois en verre. Il s'agit de montrer que la justice est transparente et n'a rien à cacher. Ce sont les nouveaux temples du droit, avec leurs structures de bois ou de métal.

Qu'il soit ancien ou moderne, rien d'étonnant à ce que le tribunal soit tout autant partagé entre la comédie et le drame.

Les salles d'audience, dans lesquelles se déroulent les procès, paraissent presque conçues pour le théâtre. Le « président » trône sur une estrade où, à côté de lui, prennent place les autres juges, des « assesseurs », et, si l'on examine un crime, les jurés. Un peu plus loin, la greffière, également en robe noire, prend des notes sur ce qui se passe et se dit.

Il y a aussi, quand on juge un délit ou un crime, un procureur, qui s'installe, en robe également, à la même hauteur que les magistrats, isolé sur une petite estrade. Le procureur représente la société et l'État. Il va, en général, demander une condamnation à une peine de prison et à une amende.

Dans la salle d'audience, le procureur fait face au fameux « box » des accusés où le suspect va prendre place, entouré de deux gendarmes. Parfois le box a des barreaux ou de fins murs de verre blindé. Dans ce cas, l'avocat a du mal à parler à son client, car il doit s'exprimer à travers une petite ouverture dans le verre.

Les avocats sont placés aux premiers rangs des bancs du public, un ou deux bons mètres plus bas que tous les autres participants aux procès.

Les journalistes et dessinateurs de presse possèdent eux aussi souvent un banc réservé dans la salle.

Quant au confort, tout le monde ne bénéficie pas du même traitement. Le président a un imposant fauteuil tandis que le public doit s'asseoir sur des bancs en bois très durs.

Le plus fascinant est la vitrine des pièces à conviction, qui sépare la barre des témoins et les juges. Les preuves sont étalées là, sous les yeux des jurés. Parmi ces preuves, on trouve par exemple la robe ensanglantée de la victime, l'arme du crime, un album photos, un vase en morceaux, etc. Dans cette curieuse forme de théâtre où chacun est costumé, les accessoires restent immobiles, comme figés.

Il y a aussi d'autres traditions. Par exemple, tout le monde se lève pour le président, à chacune de ses entrées et sorties. Des incantations viennent ponctuer la cérémonie. Aux assises, l'huissier de service crie : « La cour ! » Et l'accusé, en voyant rentrer ceux qui vont rendre le verdict, croit avoir entendu sonner sa fin.

Pour l'avocat, l'improvisation reste nécessaire. Et cela en raison de nombreux rebondissements qui peuvent être des questions inattendues, des incidents d'audience. Ces imprévus ne sont toutefois pas ceux qu'on voit à la télévision. Le vrai coupable ne se présente pas de lui-même dans le tribunal in extremis avant la fin du procès.

Au-delà de son lot de surprises, la mise en scène reste bien huilée, avec des passages obligés. On commence par le rappel des faits. Les personnes accusées s'expriment, ainsi que les victimes. Puis les témoins, les enquêteurs, les experts, etc. Les avocats entrent alors en scène.

Dans une cour d'assises, le déroulé est encore plus

saisissant. Il faut d'abord tirer au sort les jurés, qui composeront le jury et devront juger l'affaire.

Chacun est enfin assis. Les trois coups ont déjà été donnés. Le premier acte peut commencer.

Les défendre tous ?

Chaque personne, qu'elle soit innocente ou qu'elle ait commis les pires des horreurs, a le droit d'être défendue par un avocat. Ce principe très important semble pourtant de moins en moins compris par nos concitoyens. J'entends encore trop souvent par exemple : « Mais, maître, comment faites-vous pour défendre de tels monstres ? »

Je réponds alors qu'un des plus grands principes de notre société permet à tout le monde le droit à une défense dans le cadre d'un procès.

Plaider aux assises

Au palais, j'ai surtout appris à « poser » ma voix : c'est-à-dire à être le plus clair et le plus audible possible dès le début. C'est un peu comme un(e) prof ; sauf qu'il y a là jusqu'à trois cents élèves, parfois des journalistes, des gens en larmes ou en tout cas très inquiets.

Le ténor ne commence jamais par une phrase importante car, souvent, c'est une sorte de test pour la voix. Je prononce donc quelque chose comme « Monsieur le président, mesdames et messieurs de la cour… » Si ça porte bien, j'enchaîne. Si ça fait flop, je réajuste aussitôt ma voix !

Et puis, ensuite, il faut tenir, parfois pendant des heures, jusqu'à ce que je réussisse à convaincre de la cause que je défends. Les juges, le public ne vous lâchent pas du regard. D'ailleurs, s'ils lâchent et regardent leurs chaussures ou le plafond, c'est que l'on a perdu leur attention et que l'on va perdre. Quand ça marche, c'est très grisant : on détient le destin d'un homme ou d'une femme entre ses mains, ou plutôt dans ses cordes vocales.

Il faut aussi savoir s'arrêter à temps. Il y a vingt ans, j'ai défendu un meurtrier pendant dix jours devant la cour d'assises de Dordogne. Je faisais face à une dizaine d'avocats, qui parlaient au nom de toutes les victimes de mon client. Les journées au tribunal duraient entre dix et douze heures.

Le soir, il n'y avait qu'un seul restaurant ouvert tard. Je disais au revoir à mon client, qui retournait en prison, et j'allais dîner dans ce restaurant, avec mes dossiers. Il y avait dans la salle tous mes adversaires. La serveuse avait lu les journaux locaux et m'a demandé le premier soir : « Vous êtes dans l'affaire du monstre ?

– Je suis l'avocat du monstre… »

Elle m'a jeté un œil inquiet et m'a servi sans un mot pendant les dix jours suivants. Son silence m'a motivé ; et renforcé dans l'idée que chacun a droit à un avocat. Car elle ne savait pas grand-chose sur cette affaire, mais elle avait jugé mon client coupable, rien qu'en lisant les journaux et en écoutant des rumeurs.

Je n'ai pas gagné ce procès, mais j'ai réussi à rendre le verdict un peu plus équilibré.

J'ai plaidé pendant cinq heures sans faire une pause. Le problème est que j'étais si convaincu qu'il fallait que je parle beaucoup, et de tout, que j'en ai oublié que les jurés et les juges avaient besoin de faire pipi. Et je n'ai saisi que trop tard qu'ils avaient été d'abord contents de m'entendre, attentifs, puis impatients, puis en colère, car avec mon discours ininterrompu, je n'avais pas permis de pause pour… aller aux toilettes.

J'ai surtout vite compris aussi qu'il fallait travailler à fond chacun des dossiers, regarder les preuves avec attention, imaginer une stratégie, mais aussi savoir prendre la parole en public pour parler à la place de ceux qui ne connaissent pas la loi et ne savent pas se défendre tout seuls.

Je viens encore de plaider devant la cour d'assises. Mon client est accusé. Cela fait deux semaines que nous enchaînons les questions des juges, l'écoute des témoins, les présentations des experts, etc.

Ce procès est dur pour les nerfs. Les parents de mon client accusé sont dans la salle depuis la première journée du procès. La mère passe son temps à sangloter.

Lorsque j'ai plaidé, j'ai parlé pendant plus de trois heures au jury. Je me suis efforcé de leur laisser une bonne impression de mon client. Ou du moins une impression moins mauvaise que celle qui avait été donnée par les policiers chargés de l'enquête.

Lorsque j'ai enfilé ma robe ce matin-là, j'avais peur. Peur de n'être pas bon. Mais cette peur me donne du courage, et sans elle, je ne pourrais pas bien exercer ma profession.

Je sais que cette peur ne cessera qu'après que le jury aura rendu son verdict. Pour le moment, je suis à bout de souffle. J'ai tenté de contredire les preuves une par une.

J'ai pleuré aussi. Mon client est devenu peu à peu un ami. Ce qui lui arrive est dur, et je suis tellement fatigué que je laisse mes émotions m'envahir.

L'huissier-audiencier, dont le rôle consiste à organiser et énoncer, en criant, l'entrée des experts et témoins, me rejoint alors que je m'apprête à quitter la salle pour quelques heures.

Je lui demande de m'appeler lorsque le moment de l'annonce du verdict sera venu.

Il est maintenant 10 heures du soir. J'ai dîné, bu, afin d'évacuer l'épuisement et le stress. Mon téléphone portable retentit, on me dit la formule rituelle : « Ça bouge. Ils n'en ont plus pour longtemps. Il faut revenir. » Je suis de nouveau sur le qui-vive. Je quitte précipitamment le restaurant où je me suis réfugié avec ma collaboratrice et un stagiaire.

Me voici de nouveau au palais de justice. Je rejoins mon client dans la petite salle où il est gardé. Il trouve la force de me féliciter pour ma plaidoirie et de me remercier. La conversation est courte, empruntée, maladroite. Nous avons déjà tant de fois examiné chaque cas, répété la scène. Il n'y a plus rien à dire.

Ses proches sont restés devant la salle d'audience sur des chaises inconfortables. Je leur ai dit d'aller manger, de boire un coup, de prendre un café. Mais ils sont encore plus anéantis que celui que je défends.

Les portes s'ouvrent et chacun reprend sa place, la même depuis deux semaines. Je rajuste ma robe.

Les jurés rentrent et l'on entend : « La cour ! » Tout le monde se lève. Je demeure debout pour mieux entendre les réponses. J'entends alors : « Non coupable. »

Mon client, innocent, reste pétrifié, alors que ses proches demandent en criant de le libérer tout de suite. Déjà, mes adversaires, familles et avocats, quittent la salle.

Les proches de mon client se tournent vers moi et me félicitent avec sincérité et bonheur. Ils m'adopteraient même ou m'épouseraient volontiers !

L'effet de manches

On dit que les avocats font des « effets de manches », avec les larges manches de leurs robes. À l'origine, l'« effet de manche » était un grand mouvement des bras qui permettait de faire claquer les lourds rabats des manches de la robe. Le tribunal, qui s'endormait à cause des plaidoiries interminables, se réveillait alors en sursaut.

Il se raconte que, pour écourter la durée des plaidoiries, un bouton fut ajouté aux rabats. Les avocats ne pouvaient plus alors faire claquer les rabats afin de réveiller le tribunal. Ils auraient donc été obligés de parler moins longtemps pour garder l'attention des juges.

Dans ce registre qui veut convaincre le jury non plus au moyen d'arguments étayés par un raisonnement mais en jouant sur les sentiments, sans craindre l'abus de métaphores ni les effets dramatiques, s'illustrait au XIXe siècle

– où je reviens un instant – Charles Lachaud, avocat de nombre de causes criminelles célèbres en ce temps. Lors du retentissant procès de Mme Thiébault, qui avait vitriolé Léonide Turc, une jeune artiste dont son mari était devenu l'amant, délaissant ainsi femme et enfant, le public est si nombreux que même les couloirs sont pleins. Lachaud atteint des sommets dans le pathétique : les jurés et le public pleurent à chaudes larmes – au point que l'avocat doit s'interrompre à plusieurs reprises. Mme Thiébault est acquittée.

Préparer le procès avec son client

Le cabinet peut aussi se transformer en théâtre. Lorsqu'un de mes clients doit se rendre avec moi à l'audience, j'organise de nombreuses répétitions. Il me faut l'entraîner avant qu'il parle aux juges et qu'on le « cuisine », afin qu'il ne dise pas de phrases susceptibles de se retourner contre lui. Nous passons en revue toutes les questions pièges possibles, durant de longs après-midi. Je joue au président du tribunal.

Il m'est arrivé, en 2002, d'avoir dû faire arrêter de fumer Michel Houellebecq, à l'aide de chewing-gums et de patchs à la nicotine, pour qu'il puisse me répondre neuf heures d'affilée sans consommer de cigarettes lorsqu'il fut poursuivi pour avoir tenu des propos sur l'islam qui m'ont valu de le défendre (et de gagner) devant un tribunal empli de journalistes venus du monde entier…

Gambetta, avocat de la liberté

Sous le Second Empire, si certains avocats cherchent à se mettre « à la portée du vulgaire » dans une ambiance qui tient parfois de la cour de récréation, ce n'est certes pas le cas de Léon Gambetta, qui au contraire accompagne l'expansion de ce qui est nommé : la plaidoirie politique.

C'est une plaidoirie qui « s'ouvre aux problèmes qui remuent l'opinion, elle accueille les principaux enjeux qui agitent la société française : les libertés individuelles et publiques et, plus particulièrement, la liberté de la presse, la tolérance et les rapports de l'État et de la religion, la question électorale, la légalité constitutionnelle, etc. Tout est exposé, défendu, combattu[1]. » Dans ce registre, Gambetta est notamment connu pour sa défense du journaliste et rédacteur en chef du *Réveil*, Charles Delescluze (1809-1871), accusé de « troubler la paix publique et d'exciter la haine au mépris du gouvernement[2] ». Gambetta prononce alors l'une de ses plaidoiries les plus remarquables – et probablement « l'un de ses plus puissants discours politiques ». Car « c'est bien sur le terrain politique, analyse Jean-Louis Debré, que Gambetta, au travers de la défense de son client, se situe pour partir à l'assaut

1. L. Karpik, *Les Avocats*, *op. cit.*

2. Charles Delescluze avait lancé une souscription pour ériger un monument à la mémoire du député Alphonse Baudin, tué sur les barricades lors du coup d'État de Louis-Napoléon Bonaparte le 2 décembre 1851.

du régime impérial. Jamais condamnation plus violente de l'Empire n'avait été prononcée dans un prétoire[1]. »

Les phrases que le lecteur savourera ci-dessous donnent une idée assez précise de ce qui a pu se passer lors du procès, le 14 novembre 1868 – Delescluze y sera condamné à 6 mois de prison et à 2 000 francs d'amende –, et démontrent qu'en l'occurrence le barreau constitue à la fois un tremplin et le berceau d'une phase politique cruciale. Gambetta, faisant passer au second plan Delescluze et les juges, vise tout bonnement les princes du régime :

« Voilà dix-sept ans que vous êtes les maîtres absolus, discrétionnaires de la France – c'est votre mot ; nous ne recherchons pas l'emploi que vous avez fait de ses trésors, de son sang, de son honneur et de sa gloire ; nous ne parlerons pas de son intégrité compromise, ni de ce que sont devenus les fruits de son industrie, sans compter que personne n'ignore les catastrophes financières qui, en ce moment même, sautent comme des mines sous nos pas [...]. Sachez-le, je ne redoute pas plus vos dédains que vos menaces [...] vous pouvez nous frapper, mais vous ne pourrez jamais ni nous déshonorer ni nous abattre ! »

Gambetta est l'avocat de la liberté, des opprimés de la politique. Pour exercer son talent d'orateur, il aime recourir à l'improvisation, « où il n'est pas contraint de s'enfermer dans une discussion juridique précise ». Par-dessus tout, affectionnant, à l'instar de Jules Ferry[2], les philosophes

1. J.-L. Debré, *La Justice au XIXe siècle*, t. II, *op. cit.*

2. Jules Ferry (1832-1893), secrétaire de la Conférence des avocats de Paris à l'âge de 22 ans, chroniqueur à *La Gazette des tribunaux*,

du XVIIIe siècle, il aime « s'insurger avec passion contre l'oppression napoléonienne » et n'accepte pas le pouvoir qu'incarne encore très puissamment l'Église catholique. Plus tard, et alors qu'il a toujours été « obnubilé par la politique », il se tournera vers elle au détriment de son activité d'avocat[1].

L'époque est à la pluralité des styles judiciaires. Dans les audiences civiles, certains avocats conservent un grand souci d'exigence littéraire autant dans l'expression que pour la forme. Ils usent d'une rhétorique qui veille au respect des règles classiques tout en s'enrichissant de ce que l'ère du romantisme et la liberté conquise peuvent apporter de nuances et d'ouvertures. Un style somme toute académique, qu'emploie Edmond Rousse, surnommé « le grand bâtonnier de la première guerre » (de 1870), et que l'on retrouve chez un avocat comme Henri Barboux, connu notamment par sa plaidoirie pour la célèbre comédienne Sarah Bernhardt, qui avait quitté la Comédie-Française sans respecter son contrat et sera condamnée pour cela à payer 100 000 francs en dommages et intérêts.

En témoigne cette envolée[2] :

« Ici ce n'est plus la femme, c'est l'actrice qui se réveille ; c'est son art qui la ressaisit ; mais c'est toujours elle-même avec ses résolutions soudaines, avec ses impatiences fébriles, ses variations plus brusques que celles de l'atmosphère la

---

plaida assez peu, « happé par le tourbillon de la politique au détriment de son activité judiciaire », écrit J.-L. Debré dans *La Justice au XIXe siècle*, t. II, *op. cit.*

1. En 1869, Gambetta devient député de Marseille.
2. M. Garçon, *Tableau de l'éloquence judiciaire*, *op. cit.*

plus tourmentée, incapable de laisser à la raison le temps d'intervenir en médiatrice entre la volonté qui exécute et la passion qui la sollicite, capricieuse et fantasque, toute de flamme ou toute de glace, jamais tiède, à la fois classique et romantique, associant, par le plus bizarre mélange, la tendresse mélodieuse de Racine aux rêves funèbres de la poésie scandinave, fille du Nord plutôt que du Midi, et vraiment semblable à ces créatures fantastiques et charmantes dont l'imagination de Shakespeare a peuplé *Le Songe d'une nuit d'été* et *La Tempête*. »

La tornade Henri-Robert

La fin du XIXᵉ siècle impose une évolution importante et subite de l'éloquence judiciaire, essentiellement par le fait de l'avocat Henri-Robert. Il inaugure un art oratoire dont la vocation est d'avoir une utilité immédiate et sans détour. Très jeune, il révolutionne la composition des plaidoiries, les réduit strictement à ce qui compte, supprime tout ornement. Là où naguère l'avocat plaidait durant plusieurs heures avec solennité, se mettant en devoir de montrer sa capacité à varier les formes et expressions comme à nourrir son propos de références littéraires et de copieuses considérations générales et particulières, Henri-Robert, qui gagne très vite la réputation de « maître des maîtres de tous les barreaux », propose une intervention rapide et directe par affirmation. Il chasse ainsi toute contradiction, ce qui donne l'impression que son avis coule de source. Mêlant l'adresse à la ruse, ses passes d'armes sont alertes et décontenancent ses auditeurs : Henri-Robert remportera avec brio de nombreux succès devant la cour d'assises – et son art oratoire nouveau enfantera celui du XXe siècle.

Ainsi, sa défense de Marie Daouze[1], qui avait assassiné son amant Richard. La plaidoirie se passe de la traditionnelle introduction générale, et va droit au but, commençant ainsi :

« S'il ne s'agissait ici que d'indulgence et de pitié, s'il fallait seulement demander pour Marie Daouze une atténuation de peine, ma présence à cette barre serait inutile. M. l'avocat général lui-même vous a invités à accorder à celle que je défends des circonstances atténuantes. Cette modération est louable ; je l'en remercie, mais elle ne me suffit pas. Je veux davantage. Ce que je viens vous demander, c'est un verdict d'acquittement ; ce que je désire obtenir de vous, ce n'est pas, comme le disait à tort la partie civile, un acte de faiblesse, dont vous êtes incapables, mais un acte de justice et d'humanité. »

Henri-Robert sera aussi avocat, au civil, dans le dossier Thérèse Humbert et dans l'affaire Gouffé, autrement appelée aussi « l'affaire de la malle sanglante de Millery ». Michel Eyraud et Gabrielle Bompard, appelés les « amoureux tortionnaires », l'un maniganceur d'escroqueries, l'autre « débauchée », sont accusés d'avoir assassiné, en juillet 1889, un huissier de justice, Toussaint-Augustin Gouffé, qu'ils pensent « plein aux as ». Ils l'attirent dans un traquenard. La future victime « aime les jeunes femmes

1. Marie Daouze sera acquittée en 1890.

et Eyraud en a justement une sous la main : Gabrielle Bompard. Il n'a pas eu de mal à convaincre la libertine, folle amoureuse qui lui obéit aveuglément, de séduire Gouffé pour l'assassiner[1]. » Ses restes sont retrouvés à Millery (Rhône), dans un sac de toile, et à Saint-Genis-Laval, dans une malle. Eyraud n'échappe pas à la peine capitale. Bompard, pour laquelle Henri-Robert plaide qu'elle a été hypnotisée par son amant, est condamnée à 20 ans de travaux forcés.

Autre dossier célèbre à son actif : celui de la tueuse en série Jeanne Weber, dite « l'Ogresse de la Goutte-d'Or », accusée d'avoir étranglé une dizaine d'enfants dont les siens : « Son avocat Henri-Robert lamine le dossier d'accusation, déjà fort malmené, et obtient l'acquittement de sa cliente sous les acclamations du public[2]. » Plus tard, et bien qu'ayant changé de nom, elle est de nouveau impliquée dans une affaire de mort d'enfant. Henri-Robert obtient un non-lieu, elle est libérée – jusqu'au moment où, en 1909, alors qu'elle est une nouvelle fois accusée de strangulation sur un enfant, elle est déclarée folle et transférée dans un asile en 1918 « sans jamais avoir avoué aucun de ses crimes ».

Auteur de nombreux ouvrages historiques (sur Marie Stuart, Henri VIII, Catherine de Médicis, Fouquet, Marie-Antoinette, Camille Desmoulins, etc.), Henri-Robert est

---

1. *Télérama*, le 16 août 2019 ; https://www.telerama.fr/sortir/dans-la-tete-des-criminels-de-paris-bompard-et-eyraud,-les-amoureux-tortionnaires,n6366763.php.

2. Source : https://www.museedubarreaudeparis.com/jeanne-weber-logresse-de-la-goutte-dor/.

élu à l'Académie française en 1923. « Jamais il ne brigua d'autres suffrages que de ses pairs, acquis d'avance à ce grand talent sobre qui renouvelait leur art, dit de lui Maurice Martin du Gard. On ne lui connaît qu'un parti : l'amitié, mais avertie et point démagogique, qui flatte le modeste comme l'illustre qui en est l'objet. Une doctrine : le travail méthodique, chez lui le plus constant et le plus aisé des plaisirs ; une ambition, mais quotidienne : la victoire de sa cause, qu'elle soit bonne, qu'elle soit mauvaise, au civil, au criminel où il prit un départ fulgurant, égal à lui-même dans le double domaine[1]. »

1. Dans ses *Mémorables*, ainsi que le rapporte le site de l'Académie française ; https://www.academie-francaise.fr/les-immortels/henri-robert.

5

Les avocats font leur république

À cheval sur deux siècles, la IIIe République (1870-1940) ne manque pas de ténors – au point qu'elle est souvent appelée la « république des avocats » !

Même s'il existe quelques rabâcheurs à cette belle histoire. Ainsi, Gilles Le Béguec nuance en jaugeant une « seconde république des avocats, différente, à bien des égards, de la république des fondateurs incarnée par un Jules Ferry ou un Léon Gambetta », et qui « trouve à peu près son point d'équilibre à la veille de la guerre de 1914-1918[1] » en la personne de Raymond Poincaré. Ce dernier sera en effet un modèle pour plusieurs générations – « d'un côté, le jeune homme pressé de la fin du siècle a été un éclaireur », et d'un autre, « il a été un passeur, ou si l'on préfère une figure de la transition[2] ». C'est d'ailleurs un féministe convaincu : à l'automne 1898, il est l'un des premiers signataires de la proposition de loi qui permettra, deux ans plus tard, aux femmes d'exercer la profession d'avocat.

1. G. Le Béguec, *La République des avocats*, *op. cit.*
2. *Ibid.*

Le début de la IIIe République voit affluer les avocats à la Chambre des députés : 150 en 1876 ; 153 en 1881 ; 156 en 1906. Mais ils ne « militent pas tous pour la même république » – certains la souhaitent « modérée voire conservatrice et bourgeoise », d'autres « progressiste et populaire », quelques-uns « œuvrent pour qu'elle devienne socialiste » ; beaucoup « l'espèrent laïque » mais d'aucuns « voient dans la religion un nécessaire antidote aux excès de l'esprit révolutionnaire[1] ».

Durant cette période, les avocats occupent de nombreux postes de ministres et de secrétaires d'État. Certains deviennent président de la République, tel Poincaré dont il est question ici, en 1913 – mais qui saura toujours maintenir un « équilibre savant » entre ses différentes activités, qu'elles soient locales, nationales, ou professionnelles. Contrairement à beaucoup d'autres, son attirance pour la politique ne lui fait pas renier son lien avec le barreau : « Raymond Poincaré a été un véritable avocat, et non pas un avocat de circonstance, un homme lié au monde du barreau durant toute sa vie d'adulte à des titres et à des degrés divers[2] », insiste Gilles Le Béguec.

1. J.-L. Debré, *La Justice au XIXe siècle*, t. II, *op. cit.*
2. G. Le Béguec, *La République des avocats*, *op. cit.*

Du « procès du préjugé » à celui de l'« impudeur »

Cette époque qui court de la fin du XIXe au début du XXe siècle est aussi celle de la déflagration causée par l'affaire Dreyfus[1], symbole même de l'erreur judiciaire. Elle est aussi l'incarnation d'un antisémitisme assumé et véhiculé par une partie de la presse, dont le titre *La Croix*, qui se proclame « le journal le plus antijuif de France », ou *La Libre Parole*, influent quotidien dirigé par Édouard Drumont, montrant Dreyfus comme le « Judas français » et qui sera l'un des points d'ancrage des antidreyfusards. « Le vrai est que la haine du juif suait de la plupart de nos plumes patriotes du début du siècle, prêtes à couvrir de tricolore toutes les ignominies », note Bertrand Poirot-Delpech dans *Le Monde*.

Certains procès sont très médiatisés et se tiennent parfois en dehors du palais de justice. L'affaire Dreyfus, qui s'est jouée à la fin du XIXe siècle en France, en reste l'exemple le plus célèbre.

Le musée du Barreau de Paris – que j'ai dirigé jusqu'à sa fermeture, en 2020 – conservait une grande partie des archives les plus importantes liées à cette incroyable

1. L'affaire Dreyfus (1894-1906) est qualifiée de « procès du préjugé » par Daniel Amson dans l'ouvrage *Les Grands Procès*, *op. cit.* De même, il qualifie l'affaire Caillaux, citée plus loin dans le texte, de « procès de l'impudeur ».

histoire, car les avocats très fameux qui sont intervenus alors ont fait don au musée de tous leurs dossiers.

L'affaire Dreyfus est surtout une affaire terrible, l'une des plus célèbres erreurs judiciaires de l'histoire de France. Une affaire qui va diviser le pays en deux pendant une dizaine d'années, entre ceux qui soutiennent le capitaine Alfred Dreyfus et ceux qui sont convaincus de sa culpabilité.

Nous sommes en octobre 1894. Une guerre a eu lieu entre l'Allemagne et la France, quelques années plus tôt. Le conflit est fini mais les pays s'observent, et utilisent des espions afin de récolter toutes les informations possibles.

Une espionne française se fait embaucher en tant que femme de ménage à l'ambassade d'Allemagne à Paris. Quand elle le peut, elle fouille tous les recoins pour dénicher le moindre indice sur ce que préparent les Allemands. Un jour, elle trouve dans une poubelle une feuille de papier, comportant de nombreuses informations sur le « canon de 120 ». Tout commence alors...

Deux mois plus tard, s'ouvre le procès d'Alfred Dreyfus, devant un tribunal spécial qui ne juge que les militaires. Un dossier secret est transmis aux juges. Il y est dit clairement que le jeune capitaine est coupable. Ce dossier, ni l'accusé ni même ses avocats – dont le puissant bâtonnier Demange – ne peuvent y avoir accès...

Comme c'était écrit, Dreyfus est reconnu coupable de haute trahison. Il est condamné à la déportation, au bagne de l'île du Diable, en Guyane, loin de la France métropolitaine. Il y reste plus de quatre ans.

L'armée française organise même une cérémonie pour

annoncer qu'Alfred Dreyfus ne fait plus partie de l'armée française et a trahi le pays.

Pourtant, sa famille et ses amis ne le croient pas coupable. Pourquoi aurait-il informé les Allemands ? Alfred Dreyfus est quelqu'un de droit, de juste, qui aime et veut servir son pays, la France.

Certains cherchent des preuves de son innocence. Un certain lieutenant-colonel Picquart découvre, en 1896, que l'écriture sur la fameuse feuille n'est en fait pas celle d'Alfred Dreyfus, mais celle d'un autre officier, le commandant Esterhazy. Le passé trouble de ce commandant Esterhazy pourrait d'ailleurs justifier sa trahison.

À l'époque, le pays tout entier a suivi « l'affaire Dreyfus ». Mais avec ces nouvelles preuves de son innocence, d'aucuns commencent à dire haut et fort que ce procès est une farce terrible, et qu'un innocent est en prison !

En janvier 1898, l'armée française interroge le commandant Esterhazy. Il y a un procès, très rapide, où le vrai coupable est jugé innocent.

Intervient alors Émile Zola, l'un des plus grands écrivains de son temps. Juste après avoir entendu que le tribunal de guerre a estimé qu'Esterhazy était innocent, il écrit un article pour le journal *L'Aurore*. Son article a pour (gros) titre « J'ACCUSE ». Il dénonce l'emprisonnement de Dreyfus et le jugement. En effet, durant son procès militaire, le capitaine n'a pas pu se défendre, et l'armée ne lui a pas laissé la moindre chance de prouver son innocence.

Zola dénonce également les articles des journalistes de

l'époque, pour qui Dreyfus était le coupable idéal car il était jeune, et car il était juif… Certains journalistes ont en effet traité l'accusé comme le pire des traîtres en raison de sa religion. Zola combat cette stupidité.

Mais avec cet article, qui est devenu par la suite historique, le grand romancier Émile Zola se fait des ennemis. À tel point qu'il sera condamné à 1 an de prison, malgré la magnifique plaidoirie de son avocat Fernand Labori, qui deviendra aussi celui de la famille Dreyfus. L'écrivain s'enfuit à Londres pour échapper à sa peine.

L'affaire semble tout de même mal engagée pour Alfred Dreyfus, qui est toujours détenu.

Mais tout bascule vraiment six mois plus tard, en août 1898. Un militaire, le colonel Henry, avoue avoir fabriqué de faux documents lors de l'enquête portant sur l'écriture de la feuille trouvée dans la poubelle de l'ambassade d'Allemagne. Il admet avoir imaginé des documents qui rendraient Alfred Dreyfus coupable. Les preuves contre lui auraient donc été fabriquées de toutes pièces. Le colonel Henry est aussitôt emprisonné.

La France se retrouve totalement partagée. Pour les uns, Dreyfus est innocent et l'armée a commis de graves fautes dans cette affaire. Pour les autres, l'armée est forcément irréprochable, et Dreyfus doit bien être coupable puisque l'armée l'a dit.

Le 29 octobre 1898, quatre ans après l'arrestation de Dreyfus, son deuxième procès commence devant le conseil de guerre de Rennes, pour faire annuler le premier… Le procès dure et l'atmosphère est tendue. L'avocat de Dreyfus, qui est désormais Fernand Labori, est même gravement blessé dans un attentat au revolver. « Je constate que l'on me retire la parole chaque fois que j'amène l'adversaire sur un terrain où il lui est impossible de me résister », fait remarquer l'avocat – tandis que Jaurès déclare : « L'État-Major de 1894 avait supprimé la défense. Cette fois, il trouve plus simple de supprimer le défenseur[1]. »

Las, le 9 septembre 1899, Dreyfus est de nouveau reconnu coupable, mais avec une peine réduite – 10 ans de détention. Personne n'est satisfait de cette décision. Ni ceux qui soutiennent Dreyfus ni ses opposants. C'est le scandale.

Dix jours plus tard, Dreyfus est gracié par le président de la République Émile Loubet.

Le débat dans la société persiste sur cette affaire. Une nouvelle enquête débute et il faut attendre 1906 pour que la Cour de cassation revienne sur le verdict de 1899 : « De l'accusation portée contre Dreyfus, rien ne reste debout. » Enfin, le 12 juillet 1906, le capitaine Alfred Dreyfus est déclaré innocent, réintégré dans l'armée française, puis fait chevalier de la Légion d'honneur.

Cette affaire est considérée comme celle qui a le plus fait couler d'encre dans la presse. Elle marque aussi l'entrée dans les débats judiciaires de grands intellectuels – le romancier Émile Zola au premier rang. Chaque année, plus d'un siècle après la fin de l'affaire, il se publie dans le monde plusieurs livres sur Dreyfus et ses procès.

Fernand Labori, avocat au barreau de Paris de 1884 à

1. D. Amson *et al.*, *Les Grands Procès*, *op. cit.*

1917, deuxième secrétaire de la Conférence[1] (1887-1888), sera aussi bâtonnier (1911-1913) et député (1906-1910). C'est lui que Zola choisit quand, après avoir publié son « J'accuse » dans le journal *L'Aurore* du 13 janvier 1898, à la suite de l'acquittement du commandant Esterhazy – alors que sa culpabilité est établie, de même que sa fabrication d'un faux incriminant le capitaine Dreyfus –, il est poursuivi devant la cour d'assises de la Seine pour diffamation. Si Zola est condamné à 1 an de prison, Labori écrit « une des plus belles pages du barreau français », se montrant d'une « exceptionnelle pugnacité » face au président qui l'interrompt sans cesse par sa fameuse formule : « La question ne sera pas posée[2]. »

Mais précédemment aux affaires Dreyfus et Zola, Fernand Labori a été l'avocat de l'anarchiste Auguste Vaillant, qui en 1893 avait déposé une bombe à la Chambre des députés et causé plusieurs blessés. Il est guillotiné en 1894 – et sa mise à mort peut à la fois être considérée comme « l'échec d'un avocat qui occupe alors une place très importante au barreau » ou au contraire regardée comme étant significative du rôle du défenseur, qui a su insister sur le fait que Vaillant « n'a tué personne » et expliquer « le combat mené par des rêveurs anarchistes[3] ». Mettre Vaillant à mort serait une lâcheté ; lui garder la vie, une œuvre de courage – et de conclure en toute beauté :

1. Il est possible de lire son discours du 26 novembre 1888 sur « L'affaire du collier » dans Y. Ozanam, S. Lataste, *La Conférence des avocats de Paris*, *op. cit.*

2. D. Amson *et al.*, *Les Grands Procès*, *op. cit.*

3. J.-D. Bredin et T. Lévy, *Convaincre*, *op. cit.*

« Et si la bombe de Vaillant devait faire qu'aujourd'hui douze citoyens, réunis comme vous au hasard pour rendre ce verdict solennel, pussent dire aux hommes : "Aimez-vous mieux au lieu de vous déchirer, voilà le vrai socialisme", si votre verdict commenté par mes paroles respectueuses devait avoir cette portée et cette signification, eh bien, messieurs, il serait permis de croire, en dépit de cet attentat, que la somme du bien dépasse vraiment la somme du mal, que la société peut rester sans inquiétude devant les colères dont on la menace, et que le monde, au lieu de trembler, a le droit d'espérer encore. »

En 1903, Fernand Labori est aussi l'avocat de Thérèse Humbert, lors d'un procès qui passionne l'opinion publique, fait la une des journaux et où, « de joyeuse mémoire », il n'y a pas de cadavre mais « seulement des dupes » qui l'ont « bien cherché[1] ». Parmi eux : des magistrats, des avocats, des avoués, des notaires, des banquiers, des agents d'affaires. « La Grande Thérèse », ainsi qu'elle sera surnommée, les mystifiera tous. Reine de la supercherie et de l'escroquerie de haut vol, elle leur extorquera, sur la base d'un héritage imaginaire et pendant dix-sept ans, une centaine de millions de francs-or. Sa condamnation à 5 ans de prison sera jugée clémente. Cependant c'est encore mieux au travers de l'affaire Caillaux[2] que Labori exalte les talents d'orateur

1. R. Floriot, *Au banc de la défense*, *op. cit.*

2. L'homme politique Joseph Caillaux est l'objet de toutes les attaques – en particulier de la part de Gaston Calmette, directeur

qui le caractérisent : l'imagination, le culot, la capacité à échafauder des « démonstrations acrobatiques » et à « manier le paradoxe », tout en sachant préparer ses dossiers « avec un soin infini ». Car, notent Jean-Denis Bredin et Thierry Lévy[1], « cet avocat craint de se mettre soi-même en cause » – « Labori ne prend pas de risques », il reste un homme « convenable », un citoyen « irréprochable » qui « maîtrise sa parole » et en « appelle toujours à la vertu, à l'innocence, à l'unanimité », sans jamais combattre « la poitrine ouverte ». Dans l'affaire Caillaux, il ose cependant une péroraison mémorable, appelant à son aide la France de 1914 ainsi que la victime elle-même, Calmette :

« Je le vois s'approcher de la barre. Il n'a plus le visage de la haine. Il a celui du pardon. C'est lui qui vous demande l'acquittement d'Henriette Caillaux... Gardons nos colères pour l'ennemi du dehors... La guerre est à nos portes... Acquittez Mme Caillaux... »

---

du *Figaro*, qui le met en cause dans 110 articles en 106 jours. Il menace de publier des lettres intimes que Caillaux a échangées avec Henriette, son épouse, avant leur mariage. Celle-ci prend peur. Le 16 mars 1914, elle achète un revolver, se rend au *Figaro* et tue Calmette. « C'est moi qui ferai justice, écrit Mme Caillaux dans le mot qu'elle laisse à son mari. La France et la République ont besoin de toi. C'est moi qui commettrai l'acte [...]. Pardonne-moi, mais ma patience est finie. Je t'aime et je t'embrasse du plus profond de mon cœur. » Mme Caillaux, bien que responsable de la mort de l'homme sur lequel elle a tiré, sera acquittée. (Source : J.-D. Bredin et T. Lévy, *Convaincre*, *op. cit.*)

1. Dans leur ouvrage *Convaincre*, *op. cit.*

Le barreau, tremplin pour de grandes destinées

L'histoire des ténors du barreau – car il faut attendre le début du XXe siècle pour entendre plaider la première soprano – se mêle à celle, pour nombre d'entre eux, de leurs engagements politiques. Certains, hier opposants, occupent désormais de hautes fonctions d'État. D'autres, à l'instar d'un Pierre Waldeck-Rousseau, s'engageront toute leur vie durant pour une « république fraternelle, égalitaire et laïque[1] », à la fois dans les prétoires et sur la scène politique. D'autres encore, après avoir siégé à la Conférence des avocats de Paris, déserteront le palais de justice. C'est le cas de Léon Bourgeois qui, d'abord sous-chef du contentieux au ministère des Travaux publics, mènera une belle carrière préfectorale.

Il me faut aussi mentionner ici l'avocat et journaliste Alexandre Millerand, secrétaire de la Conférence puis successeur de Poincaré à l'Élysée, ou encore le grand orateur Joseph Paul-Boncour, délégué de la France auprès de la Société des Nations, avocat de la famille de Jaurès[2] après l'assassinat de ce dernier, le 31 juillet 1914, par Raoul Villain qui sera acquitté… La nouvelle génération

1. J.-L. Debré, *La Justice au XIXe siècle*, t. II, *op. cit.*

2. Ce choix de Paul-Boncour comme défenseur, alors qu'il n'a « ni plaidé ni discouru pendant quatre années » en raison de la guerre, et qu'il n'est pas pénaliste, prête aujourd'hui encore à discussion. Source : https://jean-jaures.org/publication/les-100-ans-du-proces-villain-paul-boncour-avocat-de-jaures/.

d'avocats apparue à la fin du XIXe siècle marquera de façon saillante l'ère de la IIIe République. Malgré certaines positions ambiguës, par exemple au moment de l'affaire Dreyfus, le barreau demeure, pendant la première moitié du XXe siècle, un tremplin pour des parcours politiques de haut vol – ce qui fait parfois apparaître la distinction entre « vrais » et « faux » avocats, constate Gilles Le Béguec[1], ces derniers « mettant en avant un titre et une appartenance ne correspondant plus, ou n'ayant jamais correspondu, à une activité un tant soit peu régulière au sein d'un barreau ». En réalité, il n'existe ni vrais ni faux avocats, mais seulement des hommes formés à l'école du barreau et qui en tirent parti de manière différente. Ce d'autant plus qu'en ce temps-là, certains d'entre eux appartiennent aussi au monde des affaires, à l'instar d'Henri Lillaz, copropriétaire du Bazar de l'Hôtel de Ville, ou à celui de la presse : ceux-là sont d'ailleurs appelés les « avocats-journalistes », à l'image du jeune Joseph Paul-Boncour déjà cité, qui collabore au *Figaro* et au *Matin*, ou de Millerand, qui est quant à lui directeur politique de la publication à *La Petite République* et à *La Lanterne*.

Maurice Garçon, « une manière d'être avocat »

Maurice Garçon est mon maître, mon modèle.

Il s'inscrit au premier rang des avocats célèbres ayant plusieurs cordes à leur arc et dont les ouvrages sur l'élo-

1. G. Le Béguec, *La République des avocats*, *op. cit.*

quence font référence. Dans un très beau discours lui rendant hommage, l'avocate Catherine Paley-Vincent[1], une consœur amie, qualifie Maurice Garçon d'homme « à qui il avait été donné de vivre intensément », doté d'un esprit « constamment en éveil » et sachant allier « travail et fantaisie », « sérieux et facéties », « combats et flâneries ».

Le journaliste Jean-Marc Théolleyre, dont Robert Badinter dit qu'il est l'« incomparable grand témoin de près d'un demi-siècle de justice en France », le décrit ainsi : « Maurice Garçon, une manière d'être avocat. » Il plaidera 17 500 dossiers (conservés aux Archives nationales), dont un certain nombre d'affaires ayant un enjeu historique, comme celle du résistant René Hardy[2], accusé d'avoir trahi et livré Jean Moulin aux Allemands. Ce procès qui s'ouvre en 1947 demeure associé au nom de Maurice Garçon, « comme celui du capitaine Dreyfus l'est à Labori, celui de Landru à Moro-Giafferri, ceux de Brasillach et Pétain à Isorni[3]… ».

Garçon croit à l'innocence de son client et obtient son

---

1. Catherine Paley-Vincent, « Éloge de Me Maurice Garçon », discours prononcé le 1er décembre 1972 à la séance solennelle de rentrée de la Conférence des avocats à la cour de Paris (imprimé par l'Ordre en 1973).

2. René Hardy mourra moins d'un mois avant l'ouverture du procès de Klaus Barbie, en 1987. Accusé d'être un agent double, il comparaît en 1947 devant la cour de justice de la Seine. Garçon le fait acquitter au bénéfice du doute. En 1950, une nouvelle preuve relance l'affaire. Un second procès se tient devant le tribunal militaire de Paris, où il obtient de nouveau l'acquittement.

3. Gilles Antonowicz, *Maurice Garçon. Les Procès historiques*, Les Belles Lettres, 2019.

acquittement. Pour lui, « défendre, ce n'est pas chercher nécessairement une absolution ou un gain complet, mais tenter d'obtenir une solution juridiquement ou humainement juste. Ce qui importe c'est de ne pas ruser avec soi-même par complaisance et de ne pas accepter de tromper[1]. »

Se produira un incident soulevant la question épineuse de « la liberté de parole de l'avocat et son immunité dans l'exercice de sa profession ». Le colonel Broussard, que Garçon a notamment traité de cagoulard, lui envoie ses deux témoins, avec le reproche de s'être « abrité derrière sa toge d'avocat pour expectorer insultes et calomnies[2] ». Le duel n'aura finalement pas lieu, mais l'affaire est en revanche loin d'être terminée, car Hardy a menti – « C'est hallucinant, dit Garçon. J'ai plaidé de grand cœur, absolument convaincu de son innocence. C'est incroyable. » Dans un premier temps, il se retire – mais « il apparaît bientôt que le mensonge du premier procès pouvait avoir été commandé par la plus dramatique des obligations[3] » : il reprend le dossier, plus que jamais convaincu de l'innocence de son client.

J'ai organisé une exposition en hommage à Maurice Garçon au musée du Barreau dont j'étais le conservateur, ai fait rééditer un de ses livres grâce aux Bibliophiles du Palais en qualité de secrétaire général, ai fait poser un médaillon géant en bronze le représentant au sein du palais de justice de l'île de la Cité…

1. C. Paley-Vincent, « Éloge de Me Maurice Garçon », *op. cit.*
2. G. Antonowicz, *Maurice Garçon*, *op. cit.*
3. C. Paley-Vincent, « Éloge de Me Maurice Garçon », *op. cit.*

Maurice Garçon ne peut être catalogué, sauf à le ranger du côté de l'audace. Catherine Paley-Vincent raconte d'ailleurs qu'André Siegfried, le recevant à l'Académie française en 1947, lui fait cette remarque : « Vous classerais-je, monsieur ? Ce serait bien difficile. » Si les juridictions pénales le passionnent, il devient aussi l'avocat des arts et des lettres – entre autres de l'académie Goncourt, de la Société des auteurs, de la Comédie-Française, etc. Ses liens d'amitié avec Montherlant, Malraux ou Utrillo sont connus. Il plaide pour la succession de Claude Bonnard – les notions de droit d'auteur et de droit moral de l'artiste sur son œuvre n'ont bientôt plus de secret pour lui –, ainsi que pour les œuvres condamnées des *Fleurs du mal,* pour l'appartenance au domaine public d'une œuvre posthume de Baudelaire. Féru d'histoire et d'ésotérisme, comme sa foisonnante bibliographie en témoigne (*Le Mystère de la mort de Jeanne d'Arc* ; *Louis XVII ou la fausse énigme*...), grand connaisseur du Diable[1], il publie aussi nombre de ses « plaidoyers ». Celui pour la défense de l'éditeur Jean-Jacques Pauvert[2], à l'occasion de la publi-

1. La bibliothèque de Maurice Garçon, connue du Tout-Paris, contenait plusieurs centaines d'ouvrages ayant trait au Malin et à la sorcellerie. En mai 1967, « les enchères de l'hôtel Drouot disperseront ces trésors », raconte Catherine Paley-Vincent. « Il a renoncé à Satan et à ses livres, qui, précieux et rares, vont voir le feu des enchères, eux qui, en d'autres temps, eussent pu voir le feu du bûcher. »

2. Jean-Jacques Pauvert est poursuivi pour « outrages aux bonnes mœurs et à la morale publique » pour avoir publié Sade. Maurice Garçon plaidera pendant quatre heures pour la liberté d'expression. « À droite, on accuse [Pauvert] de démoraliser la jeunesse, à gauche,

cation d'œuvres du marquis de Sade, est sans doute l'un des plus connus.

Pour ce qui fonde son éloquence propre, remarquons qu'il cite souvent saint Augustin ou saint Thomas d'Aquin, ses plaidoiries se réfèrent à l'Antiquité, « ce qui prend parfois les jurés populaires à rebrousse-poil », et « lorsque son discours tourne à la conférence, certains de ses confrères ont du mal à masquer leur irritation[1] ». Car si Maurice Garçon est craint et respecté, au palais il n'est pas aimé : c'est en vain qu'il se présentera cinq fois aux élections du Conseil de l'Ordre. À croire qu'il ne s'entêtera que « pour avoir le plaisir de s'entendre signifier qu'il ne fait pas partie du sérail[2] ». Son goût pour les canulars et les blagues potaches n'est sans doute pas étranger au peu de chaleur que lui témoignent les confrères. Par exemple, quand Abel Lefranc veut prouver que Shakespeare n'est pas Shakespeare, Maurice Garçon lui réplique en imaginant que Molière n'est pas Molière, mais Louis XIV. Il glisse des poissons rouges dans l'eau qu'il sert à ses invités, peint de faux Picasso sous le nom de Fernand

---

de contaminer les femmes du peuple par les vices des bourgeoises. » Traîné en justice, suspendu de ses droits civiques, l'éditeur parvient enfin, après que la cour d'appel a déclaré en 1958 que « Sade est un écrivain digne de ce nom », à poursuivre ses parutions sans entrave. « Dans le même temps, la cour confirme la condamnation de Pauvert mais sans amendes, ni destruction des livres. Bref, ce jugement historique, après "onze ans de luttes dans l'obscurité", délimite pour la première fois l'existence d'une littérature pour adulte », écrit Alain Beuve-Méry (dans *Le Monde*, le 27 septembre 2014).

1. G. Antonowicz, *Maurice Garçon*, *op. cit.*
2. *Ibid.*

Lelourd... « Garçon aime la vie et veut, à la manière d'Hemingway dans le Paris des années 1920, en faire une fête perpétuelle[1]. »

Il est aussi en quelque sorte inclus dans le tourbillon antisémite qui s'est emparé de la France au début de la Seconde Guerre mondiale, mais, dès 1940, il condamne toute forme de persécution : « Lorsqu'on cherche les raisons qui emportent l'opinion de la plupart des antisémites, on s'aperçoit qu'elles se résument pour une grande partie à la jalousie de médiocres qui ne pardonnent pas aux israélites de réussir mieux qu'eux[2]. »

Certes Maurice Garçon est déstabilisant, mais jamais il n'admettra les exclusions ou les discriminations quelles qu'elles soient. Ce qui ne l'empêche pas – et c'est bien là son ambiguïté – de prendre la défense de Sacha Guitry, lorsque celui-ci s'estime diffamé pour avoir été traité de juif dans le journal *La France au travail*. Il est intéressant d'observer le point de vue de l'avocat, qui estime que la diffamation peut être fondée car, en cette période (1941), dire publiquement qu'une personne est juive « constitue une imputation de nature à nuire à la considération » et en l'occurrence vise à « empêcher M. Sacha Guitry d'exercer sa profession et son art, les autorités allemandes en zone occupée interdisant le plus souvent la publication d'œuvres d'auteurs juifs et empêchant de manière absolue les artistes juifs de paraître sur les scènes théâtrales et de produire des films ». Il n'y aura pas de

1. *Ibid.*
2. *Ibid.*, prologue, pour cette citation et celle qui précède.

jugement, car Guitry fera intervenir les hautes autorités allemandes pour que le journal revienne publiquement sur son affirmation.

Considéré par certains comme manquant de courage, alors que pourtant il juge sévèrement la collaboration et Pétain (« Philippe le con-vaincu », le surnomme-t-il), il accepte de défendre Georges Mandel (« juif, antipathique » et qui a « de nombreux ennemis »), ou encore la revue *L'Europe nouvelle* contre *Je suis partout*, hebdomadaire clairement collaborationniste. Ce qui lui vaudra bien des attaques : « Si Maurice Garçon n'est pas juif, il est assurément l'un des plus enjuivés du barreau », est-il écrit à son propos – ce qui prouve bien que rien ni personne ne peut faire entrer Maurice Garçon dans la moindre case, car s'il n'avait aucune estime pour Pétain, de Gaulle, qu'il jugera « ridicule de prétention et de suffisance », ne trouvera pas davantage grâce à ses yeux.

Qu'il s'agisse de l'affaire Grynszpan (1938), où, dérogeant à sa règle de ne prendre aucun dossier politique, il accepte de défendre la mémoire d'Ernst vom Rath, conseiller culturel à l'ambassade d'Allemagne, assassiné par Herschel Grynszpan, jeune juif voulant ainsi dénoncer les persécutions des nazis contre les juifs allemands (mais le procès n'aura pas lieu), ou de celle des « piqueuses d'Orsay » (1942), ces quatre infirmières accusées d'avoir tué plusieurs malades avant de s'enfuir de l'hôpital au moment de la débâcle, ou encore de celle de l'assassinat du « collabo » notoire le docteur Guérin (1943), où il défendra l'un des auteurs de l'attentat, Maurice Garçon n'aura, durant sa vie entière, plaidé qu'au nom de la liberté « qu'il pose en corollaire à l'idée exigeante qu'il a de la justice », écrit Catherine Paley-Vincent[1].

Quelques esprits égarés m'ont quand même reproché d'avoir fait poser un médaillon en son honneur dans les couloirs du palais de justice de l'île de la Cité. L'ordre des avocats de Paris fut « collaborateur » mais, par des pudeurs étranges, aime fustiger ses pairs irréprochables plutôt que de rendre justice à ses histoires pestilentielles. Robert Badinter qui rechigne depuis des années à ce qu'on lui donne du « cher confrère » plutôt que du « Monsieur le ministre » avait tant raison.

1. C. Paley-Vincent, « Éloge de Me Maurice Garçon », *op. cit.*

6

Enfin, des avocates !

Dans ce monde des avocats si longtemps peuplé d'hommes, ces ténors dont il a été question jusqu'ici, les premières femmes apparaissent au tout début du XXe siècle, véritables pionnières et bientôt sopranos du barreau.

Lorsque j'étais conservateur du musée du Barreau, nous avons rendu hommage à ces femmes… de robe.

Car les avocats et les juges sont aujourd'hui, dans une très grande majorité, des femmes.

Si les places les plus en vue sont toujours occupées par une poignée d'hommes qui portent la robe, plusieurs « femmes de loi » ont déjà marqué l'histoire de leur empreinte.

Il en est ainsi des premières avocates de France qui ont su se battre pour obtenir, au début de XXe siècle, de prêter serment ; et ce bien avant de pouvoir voter et donc de siéger au sein du jury populaire d'une cour d'assises, composé… de citoyens inscrits sur les listes électorales.

Certaines ont défendu des causes retentissantes, telles Gisèle Halimi (plaidant pour les femmes ayant avorté clandestinement), Isabelle Coutant-Peyre (avocate de groupes terroristes comme de la république d'Iran et qui a « épousé », pour les médias, le terroriste Carlos en prison), la pénaliste Françoise Cotta, Frédérique Pons, qui a codéfendu Guy Georges, etc.

D'autres sont même devenues bâtonnières à partir des années 1990 : Dominique de la Garanderie, Christiane Féral-Schuhl, Dominique Attias, Marie-Aimée Peyron...

Les femmes avocates, ce sont aussi Hillary Clinton, Michelle Obama, Cherie Blair, Corinne Lepage, Christine Lagarde ou encore Shirin Ebadi, avocate iranienne devenue Prix Nobel de la paix.

Les femmes de loi deviennent aussi juges, comme Simone Rozès, qui a siégé comme plus haute magistrate de France ou encore Eva Joly, longtemps juge d'instruction.

Ce sont encore trois gardes des Sceaux au parcours marquant : Élisabeth Guigou, Rachida Dati et Christiane Taubira.

Dans une salle d'audience, il n'y a pas de sexe faible, mais des femmes qui sont passées du rôle d'accusées à celui d'actrices majeures de la justice.

Elles occupent depuis des décennies un lieu de pouvoir et de courage conçu par et pour les hommes.

La brillante étudiante Jeanne Chauvin obtient sa licence en 1890 puis devient docteur en droit – elle est la première femme en France à avoir gagné cet honneur. Mais le sexe dit faible étant exclu de la profession d'avocat, elle doit mener combat pour obtenir une modification des textes en vigueur – et ce sera chose faite le 1er décembre 1900 :

« À partir de la promulgation de la présente loi, les femmes munies des diplômes de licencié en droit seront admises à prêter le serment prescrit par l'article 31 de la loi du 22 ventôse an XII, à ceux qui veulent être reçus avocats et à exercer la profession d'avocat sous les conditions de stage, de discipline et sous les obligations réglées par les textes en vigueur. »

En ce début de décembre 1900, et bien qu'elle soit à l'origine du texte adopté, Jeanne Chauvin sera précédée de quelques jours, pour prêter serment, par Olga Balachowsky-Petit, connue pour avoir aidé nombre d'écrivains et d'artistes à émigrer en France après la Révolution russe.

Jeanne Chauvin sera cependant la première à plaider, pour une affaire de contrefaçon de corsets, et mènera d'autres combats féministes, comme celui permettant aux femmes mariées de jouir du fruit de leur travail ou d'être témoins dans les actes publics. Raymond Poincaré la nommera chevalier de la Légion d'honneur en 1926.

Une de ces remarquables pionnières, Hélène Miropolsky (cinquième femme à prêter serment au barreau de Paris), décrit son engagement : « Et pourquoi pas avocate ? Je sais qu'un peu de scepticisme souriant se mêle à la sympathie qui entoure une femme lorsqu'elle veut "usurper" une fonction masculine. Pourtant, je crois à l'utilité du rôle de la femme comme avocat. N'imaginez-vous pas que des confidences féminines iraient plus librement vers une femme ? Que l'épouse trahie ou coupable, la dévoyée, la prostituée ne trouveraient pas là une confession plus douce ? C'est peut-être la faute de ma jeunesse – je n'ai pas 20 ans – mais je crois encore au vieux cliché de "la défense de la veuve et de l'orphelin". J'ai réalisé un rêve longtemps chéri. Je ne sais si je réussirai, mais j'ai la foi[1]. »

Après quelques affaires plus ou moins courantes (parmi lesquelles une femme accusée de vol dans un grand magasin et qui sera condamnée à un mois de prison), Hélène Miropolsky plaide seule aux assises, dès 1908[2], au procès d'Hélène Jean, accusée d'avoir tué, pour cause de misère, son propre enfant âgé de 1 an. L'avocate parvient à convaincre le jury d'acquitter sa cliente.

De fait, les commentateurs lui reconnaissent une belle assurance et une parfaite maîtrise de ses émotions, ce qui ne signifie pas de la froideur, car elle sait toucher et faire mouche. Concomitamment à son activité d'avocate, Hélène Miropolsky est très engagée dans le féminisme et milite notamment pour que les femmes, dès l'instant où elles ont été acceptées au barreau, puissent aussi intégrer les jurys populaires – mais il faudra pour cela attendre 1944 et l'approche du droit de vote.

Sa consœur Maria Vérone sera d'abord institutrice avant de s'inscrire au barreau en 1907 et d'y fonder l'Union des avocates de France. C'est elle aussi une figure emblématique du féminisme, car elle est mili-

1. *Le Matin*, le 23 octobre 1907 ; https://gallica.bnf.fr/ark:/12148/bpt6k568492r/f2.item.r=%22miropolsky%221908.zoom.

2. Selon le site du musée du Barreau de Paris : https://www.museedubarreaudeparis.com/zoom-sur-me-helene-miropolsky-la-belle-helene/. Anne Sireyjol, comme nous le verrons par la suite, considère que la première à plaider aux assises fut Marguerite Dilhan. Pour Vincent de Moro-Giafferri, c'est Maria Vérone.

tante puis secrétaire générale et enfin présidente de la Ligue française pour le droit des femmes, conciliant sa vie d'avocate et celle de conférencière remarquée autant qu'engagée.

« La femme paie l'impôt, la femme doit voter, argumente-t-elle. Les femmes veulent voter : pour défendre leurs biens ; défendre leur dignité ; conquérir leurs droits de mères ; défendre leurs enfants ; assurer le complet développement de leurs facultés ; obtenir l'application du principe : à travail égal, salaire égal ; réclamer des réformes sociales ; lutter contre l'alcoolisme ; assurer la paix du monde[1]. »

L'immense avocat qu'a été Vincent de Moro-Giafferri croque Maria Vérone : « Petit bout de femme, pétillante, alerte, brave, avec sa toque en bataille sur des cheveux un peu fous. C'était la première fois qu'une femme plaidait aux assises. Ce fut un triomphe[2]. »

Marguerite Dilhan est joliment décrite par sa biographe comme la première avocate. De fait, elle est « la première avocate de Toulouse, en 1903, et aussi la première de France ». Maître Dilhan a « exercé la profession sans discontinuer pendant plus de cinquante ans », avant d'être ensuite « ensevelie dans le passé » –

1. « Pourquoi les femmes veulent voter », conférence du 24 avril 1914. Source : https://www2.assemblee-nationale.fr/decouvrir-l-assemblee/histoire/le-suffrage-universel/la-conquete-de-la-citoyennete-politique-des-femmes/ecrits-feministes-pour-le-vote-des-femmes.

2. Source : https://maitron.fr/spip.php?article134220, notice « VÉRONE Maria » par Christine Bard.

« elle était connue mais personne ne la connaissait[1] ». En 1903, elle est désignée par le bâtonnier pour assurer la défense de l'épouse dans l'affaire du couple Dumas, accusé du meurtre de leur gendre. L'avocat du mari veut plaider l'acquittement de ce dernier, les charges s'accumulant contre l'épouse, « femme de 62 ans, illettrée et maladroite », belle-mère de la victime qui avant d'expirer sous de multiples coups de couteau la désigne par un « M'a tuat ! », et que Marguerite Dilhan doit donc sauver. L'avocat général met aussitôt en garde les jurés « contre les séductions nouvelles qui s'ajouteront à la puissance habituelle du raisonnement de la défense... et qui, femme viendra leur demander l'acquittement d'une autre femme[2] ».

Marguerite Dilhan ne se laisse pas démonter, pointe le manque total de preuves, l'état d'ébriété avancé et chronique de la victime, « fieffé ivrogne » haïssant sa belle-mère : le drame de toute une famille « frappée par l'alcoolisme de leur gendre », « misère de Gervaise » aux prises avec la violence d'un homme de 40 ans qui rentre soûl tous les soirs. L'avocat général requiert 24 mois d'emprisonnement ; Marguerite Dilhan plaide l'acquittement. Le verdict tombe : le mari est acquitté ; la « femme Dumas » est condamnée à 18 ans de prison – et le président de s'adresser à Marguerite Dilhan : « Vous n'avez

1. Anne Sireyjol, *La Première Avocate, Marguerite Dilhan 1876-1956. Toulouse, 50 années de barre*, publié à compte d'auteur, 2019.

2. *Ibid.*

pas complètement gagné votre cause, mais… vous vous consolerez en pensant que la justice a triomphé de l'éloquence[1]. »

Les éloges cependant sont nombreux, même s'ils sont toujours plus ou moins accompagnés d'une connotation d'ordre physique : « Vous n'avez rien laissé passer ! et de surcroît vous êtes bien jolie » – et, cerise sur le gâteau : « Cette affaire sera un bon souvenir à raconter à vos petits-enfants » – ce à quoi Marguerite répond : « Vous parlez sans doute pour vous ! Je n'ai pas d'enfants et je fais juste mon métier ! » La presse évoque « la gracieuse silhouette de l'avocate qu'on voyait et entendait pour la première fois » et le fait qu'elle ait plaidé « comme un homme ». *La Gazette des tribunaux du Midi* la juge « très jolie… très coquettement arrangée… la toque gentiment posée » et ne manque pas de conseiller tout de même aux femmes de « rester des filles, des épouses et des mères[2] ».

Gisèle Halimi, avocate avec un e

Les avocates auront encore beaucoup de chemin à parcourir pour être estimées à l'aune de leur talent professionnel. La place qu'elles parviendront à occuper, non sans guerroyer face aux préjugés et aux immuables résistances des ardents défenseurs de l'épouse au foyer, sera conquise de haute lutte.

1. *Ibid.*
2. *Ibid.*

Mon amie Gisèle Halimi, expliquait, dans son récit *Avocate irrespectueuse*[1], ce « mélange inextricable » de deux parcours, l'un « au nom de la loi, du règlement », l'autre « empêtré dans sa vie de femme » – par exemple, « participer au pont aérien que les avocats parisiens avaient installé pour défendre les nationalistes algériens » et peut-être décider, de fait, que la vie de « mère de deux jeunes enfants » n'est plus prioritaire. Être à la barre des tribunaux militaires en Algérie et accomplir des « prouesses insensées » pour aller au chevet de son propre enfant dans un hôpital parisien pour une appendicite aiguë. Gisèle Halimi sera même arrêtée en 1958 à Alger, risquant d'être fusillée par des « putschistes en délire ».

Née en Tunisie « du mauvais côté », c'est-à-dire en tant que fille dans une famille juive modeste dont le père est si désespéré de sa naissance – « une catastrophe » pour la descendance – qu'il la nie durant presque trois semaines, Gisèle Halimi est tout de suite confrontée à l'injustice et à son « infériorité » supposée par rapport aux garçons – « échapper à ce qui apparaissait comme un destin tracé est vite devenu mon obsession[2] », dit-elle. Il s'agit de refuser le statut d'« inessentielle », au service des hommes de la maison, qui lui incombe ; « la rébellion a été viscérale », jusqu'à la grève de la faim : ses parents cèdent. « Je ne servirais plus mes frères – ni à

1. Gisèle Halimi, *Avocate irrespectueuse*, Plon, 2002.
2. Gisèle Halimi avec Annick Cojean, *Une farouche liberté*, Grasset, 2020.

table, ni dans la chambre, jamais ! [...] Ce fut au fond ma première victoire féministe[1]. »

Très tôt, Gisèle Halimi veut devenir avocate « avec un *e* » pour combattre les injustices auxquelles elle a été confrontée dès sa venue au monde. Sa famille cherche à lui imposer un mari, une religion – elle se jure de ne jamais devenir une « quémandeuse » : « Personne ne doit me faire vivre... Quand je serai avocate, j'aurai les moyens de me suffire. »

Gisèle Halimi arrive donc à Paris en 1945, son bac en poche. En 1949, elle obtient sa licence de droit, deux certificats de licence de philosophie, le certificat d'aptitude à la profession d'avocat et prête serment à Tunis. Mais quelle contrariété de découvrir le texte qu'elle doit prononcer : « Je jure de ne rien dire ou publier, comme défenseur ou conseil, de contraire aux lois, aux règlements, aux bonnes mœurs, à la sûreté de l'État et à la paix publique, et de ne jamais m'écarter du respect dû aux tribunaux et aux autorités publiques[2]. »

Lauréate d'un concours d'éloquence (où jamais aucune femme ne s'était encore présentée), elle est embauchée par l'un des meilleurs avocats de Tunisie, avant de s'établir à son compte. Elle n'a pas 25 ans et raconte s'être vieillie ainsi qu'enlaidie volontairement, afin que son « [s]on sexe ne nuise pas à [s]a cause » : « Je faisais donc ce que je pouvais pour faire oublier que j'étais une femme. Pour qu'ils m'écoutent. Pour qu'ils me prennent au sérieux.

1. *Ibid.*
2. *Ibid.*

Pour que j'aie une chance de capter leur attention uniquement par la force de mes mots et de mon raisonnement[1]. »

Arrivent les guerres d'indépendance de Tunisie et d'Algérie. Gisèle Halimi explique ne pas pouvoir se contenter de son rôle d'avocate et sentir en elle « l'exigence du témoin engagé, de la militante des droits et des libertés ». Nombre de militants pour l'indépendance se retrouvent devant les tribunaux où règnent « lois d'exception, tortures, audiences expéditives, condamnations ». L'avocate fait alors ses « premières armes au barreau », notamment en 1953 à l'occasion du procès de Moknine, où 57 Tunisiens sont accusés d'être mêlés au massacre de gendarmes lors d'une manifestation pour l'indépendance. Trois d'entre eux sont condamnés à mort. Gisèle Halimi se rend donc à l'Élysée pour plaider son premier recours en grâce auprès de René Coty, fraîchement élu président de la République. En 1959, à l'occasion du procès d'El Halia[2] en Algérie, c'est au général de Gaulle qu'elle demande la grâce de deux condamnés à mort. L'épisode est connu[3]. « Bonjour, madame », dit de Gaulle, puis il rectifie : « Madame ou mademoiselle ? » Gisèle Halimi n'apprécie pas (« Ma vie personnelle ne le regardait pas. ») Elle lui répond alors : « Appelez-moi maître, monsieur le président ! » Cette fois-ci, la grâce sera accordée.

Gisèle Halimi ne craint pas d'être considérée, en défendant les fellaghas, comme une « traîtresse à la France » ;

---

1. *Ibid.*
2. Des insurgés avaient tué une trentaine d'Européens.
3. G. Halimi avec A. Cojean, *Une farouche liberté*, *op. cit.*

elle brave les crachats, les coups, les insultes et les menaces de mort : « Sale pute à bicots, si tu n'fous pas l'camp par l'avion postal, tu partiras les pieds devant ! » – deux confrères sont d'ailleurs assassinés en 1961. Elle dit n'avoir eu peur qu'une seule fois, « au centre de torture du casino de la Corniche, à Alger, où des militaires [l']avaient jetée dans une cellule » et où elle a « attendu son exécution en pensant avec culpabilité à [s]es petits garçons de 3 et 6 ans[1] ».

Gisèle Halimi, c'est aussi la dénonciation de la torture des femmes par le viol, cet « acte de fascisme ordinaire » commis par la France au moment des événements en Algérie, et que l'affaire Djamila Boupacha incarne. Cette dernière est accusée d'avoir déposé un obus piégé dans un café d'Alger le 27 septembre 1959 – qui sera désamorcé et ne causera aucune victime. Mais le général Massu veut lui extorquer des informations et elle est soumise à la torture : « La première fois que je l'ai vue dans la prison de Barberousse à Alger, raconte Gisèle Halimi, elle boitait, elle avait les côtes brisées, les seins et la cuisse brûlés par des cigarettes. On l'avait atrocement torturée pendant trente-trois jours, on l'avait violée en utilisant une bouteille, lui faisant perdre ainsi une virginité à laquelle cette musulmane de 22 ans, très pratiquante, tenait plus qu'à sa vie[2]. » Djamila Boupacha risque la peine de mort. Gisèle Halimi remue ciel et terre, alerte de Gaulle, Malraux, Michelet, Mauriac… et surtout, elle s'ouvre de toute

1. *Ibid.*
2. *Ibid.*

l'affaire à Simone de Beauvoir, laquelle publie le 2 juin 1960, en une du journal *Le Monde*, son célèbre article : « Pour Djamila Boupacha ». Le gouvernement ordonne la saisie du journal à Alger, mais le monde entier est désormais au courant. Bien qu'une « chicane » ait eu lieu à propos du mot « vagin » – le rédacteur en chef adjoint du journal s'étant écrié : « On ne peut pas écrire le mot "vagin" dans *Le Monde*, c'est impossible[1] ! » –, les soutiens affluent, dont Aimé Césaire, Jean-Paul Sartre, Germaine Tillion, Louis Aragon, Françoise Sagan…

Djamila sera finalement amnistiée en 1962.

Pour Gisèle Halimi, l'*advocatus* ou l'*advocata* est celui ou celle qui « s'oppose à l'engrenage judiciaire » susceptible de broyer une personne seule « face à la société qui l'accuse », et qui se positionne contre une opinion publique « souvent exterminatrice ». Elle s'autorise la transgression et sort des prétoires pour prendre la société, nationale comme internationale, à témoin : « Pour obtenir la justice que je voulais, confie-t-elle, il fallait donc transgresser la loi, et même la déontologie […]. J'avais trahi le secret professionnel en divulguant devant l'opinion publique les détails du dossier Boupacha. »

Quand il faut défendre Landru, Violette Nozière, Patrick Henry, Louis XVI ou Pétain, explique-t-elle encore, « l'avocat doit aussi se battre contre l'opinion publique déchaînée, transformée en foule lyncheuse ». Et les mots sont sa seule arme. « Pour qu'ils expliquent, frappent, l'emportent, ou, à défaut, sauvent la liberté ou

1. *Ibid.*

l'honneur de l'accusé, les mots doivent dire, se mouvoir, se nouer, courir, s'appesantir, s'arrêter, se répéter [...]. Dans l'irrespect total des tribunaux, des institutions. Dans le rejet de ce fatras qu'on veut nous contraindre à intérioriser comme une limite, une autocensure[1]. »

Il y aurait tant à dire sur Gisèle Halimi, une consœur et amie que j'ai admirée jusqu'à son dernier souffle et dont les fils m'ont permis de lui dire adieu en me faisant asseoir dans la grande salle du cimetière du Père-Lachaise, où peu d'avocats s'étaient déplacés alors que des centaines d'autres citoyens lui rendaient hommage avec des drapeaux et des chants !

Les engagements de Gisèle Halimi ne se résument pas à ses plaidoiries : en 1971, elle est la seule avocate à signer le manifeste des 343 femmes déclarant avoir avorté, alors que la loi l'interdit[2]. Elle crée dans la foulée, avec Simone de Beauvoir, Delphine Seyrig, Jean Rostand, Christiane Rochefort et bien d'autres, le mouvement Choisir la cause des femmes qui assurera la défense gratuite de toutes les femmes inculpées au célèbre procès de Bobigny, en octobre 1972 – lequel aura « pour conséquence lointaine le vote de la loi instituant en France l'interruption volontaire de grossesse[3] », analyse le journaliste judiciaire Jean-Marc Théolleyre.

1. G. Halimi, *Avocate irrespectueuse*, *op. cit.*

2. « Manifeste des 343 », *Le Nouvel Observateur*, 5-11 avril 1971. Marguerite Duras, Françoise Sagan, Catherine Deneuve, entre autres célébrités, sont également signataires.

3. Jean-Marc Théolleyre, *L'Accusée. 45 ans de justice en France, 1945-1990*, Robert Laffont, 1991.

Car, en 1972, le Code pénal condamne encore, par son article 317, la pratique de l'avortement, la peine encourue pouvant être de 1 à 5 ans de prison et de 1 800 à 36 000 francs d'amende. Et, quand la femme « s'est procuré l'avortement à elle-même », la loi la punit d'un emprisonnement de 6 mois à 2 ans et d'une amende de 360 à 7 200 francs. Ce procès de Bobigny – celui d'une jeune fille de 17 ans, Marie-Claire Chevalier, « rendue enceinte » et qui, avec l'aide de sa mère entre autres, trouve à se faire avorter par une « spécialiste », Mme Bambuck – prend, grâce à Gisèle Halimi, « la dimension d'un exemple propre à illustrer le cas de toutes les femmes qui choisissaient de mettre fin à une grossesse au nom d'une liberté et en prenant des risques graves », poursuit Jean-Marc Théolleyre. Marie-Claire Chevalier sera condamnée à 500 francs d'amende avec sursis, les personnes qui l'ont aidée bénéficieront d'une relaxe et celle qui a pratiqué l'avortement récoltera 1 an de prison avec sursis. Au-delà des verdicts prononcés, la portée du procès est clairement politique. Ont défilé à la barre des comédiennes connues, telles Delphine Seyrig et Françoise Fabian, qui n'ont pas hésité à indiquer les dates de leurs avortements.

Gisèle Halimi elle-même prononce cette déclaration qui fera grand bruit :

« Monsieur le président, messieurs du tribunal,

Il m'échoit, aujourd'hui, un très rare privilège. Je ressens avec plénitude un parfait accord entre mon métier qui est de plaider, qui est de défendre, et ma condition de femme.

Jamais autant qu'aujourd'hui je ne me serai sentie

– comme nous disons dans notre jargon – “toutes causes confondues” à la fois inculpée dans le box et avocate à la barre.

Si notre très convenable déontologie prescrit aux avocats le recul nécessaire, la distance d'avec son client, sans doute n'a-t-elle pas envisagé que les avocates, comme toutes les femmes, pouvaient aussi avorter, qu'elles pouvaient le dire, et qu'elles pouvaient le dire publiquement comme je le fais moi-même aujourd'hui.

J'ai avorté. Je le dis. Messieurs, je suis une avocate qui a transgressé la loi[1]. »

Il a été reproché à Gisèle Halimi de transformer la justice en un espace de communication donnant lieu à un « procès-spectacle » où télévisions et journaux deviennent en quelque sorte des assistants du jury. À l'époque où elle plaide l'affaire du viol de deux jeunes filles lesbiennes, Anne Tonglet et Araceli Castellano, par trois hommes en août 1974, les réseaux sociaux n'existent pas. Le président de la cour d'assises précise d'emblée : « Ici, c'est le procès des accusés. Pas du viol[2] ! » Le calvaire des victimes a duré cinq heures. Lors du procès, auquel l'association de Gisèle Halimi, Choisir la cause des femmes, participe, elles sont insultées, traitées de « salopes, putains, gouines, enculées » – et ce « avec la complicité des forces de l'ordre[3] ». Une des collaboratrices de Gisèle Halimi est giflée ; on crache au visage d'une autre. Elle-même est frappée et reçoit des

1. G. Halimi, *Avocate irrespectueuse*, *op. cit.*
2. G. Halimi avec A. Cojean, *Une farouche liberté*, *op. cit.*
3. *Ibid.*

menaces : « Si tu les fais condamner, on aura ta peau » – jusqu'au policier de garde au palais de justice d'Aix qui lance : « Eh, Matteo, tu fais l'amour et tu te retrouves aux assises. Tu te rends compte[1] ? »

Un incident doit être ici remis en mémoire : Arlette Laguiller, que Gisèle Halimi a citée comme témoin, est refusée par le président, au motif qu'elle n'était pas sur place au moment des faits. Il lui ordonne de sortir. « Mais ce sont mes sœurs ! » s'exclame-t-elle en se cramponnant. Les gardes veulent l'expulser – Gisèle Halimi s'interpose : « Ne la touchez pas ! – Et ne me touchez pas[2] ! » L'audience est suspendue. Mais les violeurs sont condamnés : 6 ans de prison ferme pour le meneur, 4 ans pour les autres.

La défense des accusés est alors assurée par Gilbert Collard (aujourd'hui député du Rassemblement national)[3]. C'est donc soprano contre ténor. Gisèle Halimi fait témoigner dehors, sur les marches du palais, devant les caméras de télévision, les personnalités qui sont retoquées par le président.

Un phénomène qui par la suite prendra de l'ampleur et qu'évoquent les journalistes Valérie de Senneville et Isabelle Horlans :

« Depuis quelques années, une mutation notable s'est opérée : le procès est sorti du prétoire pour se jouer aussi,

1. *Ibid.*
2. *Ibid.*
3. Source : https://www.lexpress.fr/actualite/societe/en-1978-le-proces-de-mon-viol-a-fait-changer-la-honte-de-camp-pour-la-premiere-fois_1967972.html.

de plus en plus souvent, dans la salle des pas perdus ou sur les marches du palais de justice face aux caméras et micros. La voix des avocats y porte haut, les accusations et plaidoyers s'y déversent au grand dam des juges qui ne jouissent pas de la même liberté de parole. Tout aussi fréquents sont les rendez-vous au cabinet où l'on édifie les chroniqueurs au motif que, sinon, la partie adverse les “embobinera”. Par l'entremise des reporters, conseils des victimes et accusés distillent habilement ou grossièrement leur version des faits. Ils occupent ainsi le terrain de l'opinion publique qui, à l'occasion, peut être la plus précieuse des alliées[1]. »

Cette « mutation » dont Gisèle Halimi a déjà, de façon prémonitoire, saisi l'importance permettra, à la suite de ce retentissant procès d'Aix, de remanier le Code pénal. Gisèle Halimi, qui a toujours assumé sa tactique du « procès-débat » ou « procès-tribune », a ainsi permis que soit écrit « un nouvel épisode de la longue lutte des femmes[2] ».

Lors de ses obsèques, très laïques, début août 2020, au funérarium du Père-Lachaise, j'étais le seul homme en robe – comme c'est l'usage –, avec le bâtonnier en titre. Quelques avocates de renom étaient présentes et la plupart de nos confrères et consœurs absents (car en vacances ou peu avides d'interrompre la torpeur estivale) ont préféré ricaner sur les réseaux sociaux avant de se draper de l'histoire militante de Gisèle. La mesquinerie est ce qu'elle détestait le plus.

---

1. Valérie de Senneville et Isabelle Horlans, *Les Grands Fauves du barreau*, Calmann-Lévy, 2016.
2. G. Halimi avec A. Cojean, *Une farouche liberté*, *op. cit.*

Défenseuses d'ennemis publics

Dans ce panorama des personnalités qui ont marqué la vie de la justice par leur éloquence et fondé les étapes cruciales de son histoire, il faut bien entendre que les femmes ne sont pas les dernières à considérer leur profession comme un engagement – qu'il soit personnel, politique, humanitaire, ou le tout réuni.

J'ai beaucoup d'affection et d'amitié pour Isabelle Coutant-Peyre, parfois surnommée… « l'avocate de la terreur » ou, selon *Le Monde*, « la défenseuse d'ennemis publics ». Elle a dernièrement prouvé qu'entre celle qui a longtemps été associée avec Jacques Vergès, cette autre que l'on a dit avoir épousé le terroriste Carlos[1] en prison, et celle qui en 2020, à l'âge de 67 ans, défend Ali Riza Polat, le principal accusé dans le procès des attentats de janvier 2015 contre *Charlie Hebdo* et l'Hyper Cacher, où 17 personnes ont trouvé la mort, il existe une cohérence certaine. Ali Riza Polat a été condamné à 30 ans de réclusion avec une période de sûreté des deux

1. Ilich Ramírez Sánchez, dit Carlos, est condamné le 28 mars 2017, soit plus de quarante-trois ans après les faits, par la cour d'assises de Paris à la réclusion criminelle à perpétuité pour l'attentat du Drugstore Publicis en 1974. La justice le désigne comme étant l'auteur de l'attaque terroriste à la grenade qui a causé 2 morts et 34 blessés. La Cour de cassation a jugé que la prescription criminelle de 10 ans a été interrompue par des actes de procédure dans ses autres dossiers judiciaires, les faits s'inscrivant « dans la persévérance d'un engagement terroriste ».

tiers, mais il faudra attendre le procès en appel puis les pourvois en cassation et autres recours devant la Cour européenne des droits de l'homme et de sauvegarde des libertés fondamentales pour connaître le verdict définitif.

« L'avocat doit traverser le temps », dit Isabelle Coutant-Peyre en juin 2021[1], ajoutant, quitte à froisser, que les résistants d'hier, devenus des héros, étaient sur le moment considérés comme des terroristes. Elle qualifie d'ailleurs ce procès de 2020 de « spectacle pénible », de « tournage de film organisé à l'avance » – car selon elle, « les grands terroristes, ce sont les États » qui disposent d'un « droit à la violence légal ».

C'est en 1981 qu'Isabelle Coutant-Peyre s'associe à Jacques Vergès – ensemble ils créent l'Association internationale des prisonniers politiques : « On faisait des réunions avec des gens de la Fraction armée rouge, c'était poilant [...]. À cette époque, l'avocat avait un peu de pouvoir : celui de faire chier l'État[2] », dit-elle encore. Ils défendent, entre autres, des membres d'Action directe, le négationniste Roger Garaudy, le nationaliste breton Alain Solé, etc. Isabelle Coutant-Peyre « fait partie de ce petit nombre d'avocats qui savent qu'une défense conventionnelle est sans espoir dans les dossiers politiques. Alors elle fait vivre la cause. Elle avait en commun avec Jacques Vergès de provoquer des exaspérations et

1. Source : https://www.youtube.com/watch?v=1_R-huMyGzE.
2. France Inter, le 20 août 2020 : https://www.franceinter.fr/justice/les-acteurs-du-proces-des-attentats-de-janvier-2015-isabelle-coutant-peyre-robe-noire-et-cigarillos.

de pousser à la faute ses adversaires[1] », remarque Dominique Tricaud, un ami commun, avocat marqué à gauche. Isabelle Coutant-Peyre et Jacques Vergès recourent à la même forme d'éloquence parfois nommée « défense de rupture[2] » – diversement appréciée au moment du procès (qu'elle qualifiera de « truqué », « soviétique » ou « stalinien ») des attentats de 2015 : « C'était début septembre, les débats venaient de s'ouvrir, Isabelle Coutant-Peyre dévoilait sa partition pour les deux mois d'audience qui allaient suivre : maladroite et outrancière », écrit Henri Seckel dans *Le Monde*[3].

Dans la liste de ses clients : Jean-Edern Hallier, Dieudonné, mais aussi le tueur en série Charles Sobhraj (dit « le Serpent »)… et en 2012 le père de Mohamed Merah, qui a porté plainte contre X après que son fils, assassin de sept êtres humains, dont trois enfants juifs, a été abattu par le Raid.

« Je ne suis pas une militante, explique Isabelle Coutant-Peyre, mais j'ai mes points de vue sur la société. J'ai toujours défendu des militants radicaux, car je considère que l'on est dans une démocratie artificielle : il y a une censure sur l'opposition. Lorsqu'elle est non institution-

1. Source : https://www.marieclaire.fr/,carlos-le-coeur-de-sa-defense,846508.asp.

2. La « défense de rupture » et le débat suscité au sujet de sa paternité attribuée à Vergès sont à retrouver dans le portrait consacré à ce dernier au chapitre 8.

3. Source : https://www.lemonde.fr/m-le-mag/article/2020/12/07/isabelle-coutant-peyre-defenseuse-d-ennemis-publics_6062424_4500055.html.

nelle, elle est criminalisée[1]. » Nous avons très souvent parlé de tout cela car nous sommes très amis et qu'elle est toujours là où, finalement, quoi qu'en pensent nos confrères, on ne l'attend pas.

Les grandes avocates, comme leurs confrères masculins, n'hésitent pas à défendre ceux qui sont le plus difficilement défendables.

Frédérique Pons est devenue ainsi encore plus connue du grand public pour avoir codéfendu le tueur en série (dit « le Tueur de l'Est parisien », auteur de sept viols et meurtres) Guy Georges – et surtout facilité ses aveux.

« Je suis pourtant devenue avocate par hasard. J'avais raté HEC, réussi Sup de co, mais le monde de l'entreprise ne me tentait pas », explique celle qui a été élue au Conseil de l'Ordre, mais aussi secrétaire de la Conférence après avoir décroché le concours d'éloquence en 1986. Elle peut être regardée comme « froide et tactique » par les uns, « cérébrale et rigoureuse » par les autres, en tout cas capable d'émotion et connaissant toujours impeccablement ses dossiers[2].

Les réussites ponctuent son parcours, comme l'acquittement de Sarhadi en 1994, poursuivi pour l'assassinat de Chapour Bakhtiar. Elle est aussi une spécialiste en droit des affaires et en affaires politico-financières : Pierre Botton, ex-gendre de Michel Noir, a fait partie de ses clients.

1. Source : http://www.esj-paris.com/index.php/news/isabelle-coutant-peyre-avocate-de-la-terreur.

2. *Le Parisien*, le 1er avril 2001 ; https://www.leparisien.fr/economie/la-femme-qui-a-fait-avouer-guy-georges-01-04-2001-2002070072.php.

Le procès du Tueur de l'Est parisien la place sur le devant de la scène : c'est, assurent les médias, « la femme qui a fait avouer Guy Georges[1] » – propos qu'elle nuance, confiant l'avoir « juste amené à aller jusqu'au bout », jusqu'à la « phasc d'apaisement[2] ».

« Je ne crois pas aux monstres[3] », dit l'avocate quand on lui demande comment elle a pu défendre Guy Georges, également appelé « la Bête de la Bastille », qui dans les années 1990 a créé une véritable psychose dans la capitale par la sauvagerie de ses crimes.

« J'ai vu un homme en souffrance. Je le sentais en proie à une tension extrême. Il tremblait. Les drames des familles des victimes sont tels qu'il y a un côté indécent à parler de la douleur de Guy Georges, mais on est dans un procès, et chacune des parties doit être défendue. Alex Ursulet et moi l'avons aidé à avouer, c'était comme s'il enlevait une camisole de force. Cela m'a touchée[4]. »

Elle ajoute que « ce que croit l'avocat n'est pas impor-

1. *Ibid.* Guy Georges a été condamné en 2001 à la réclusion criminelle à perpétuité, assortie d'une période de sûreté de 22 ans. À noter qu'à la suite de cette affaire et sous l'impulsion d'Élisabeth Guigou, alors ministre de la Justice, la loi du 17 juin 1998 actera la création du fichier national automatisé des empreintes génétiques qui visera dans un premier temps les seuls délinquants sexuels, puis tous les individus condamnés ou mis en cause pour des crimes et délits d'atteinte aux biens et aux personnes.

2. Interview sur Europe 1, le 6 janvier 2015 ; https://www.youtube.com/watch?v=Q9oehU2BwSU.

3. *Ibid.*

4. *Le Parisien*, le 1er avril 2001, art. cit.

tant ; ce qui compte, c'est ce qu'il croit pouvoir plaider[1] » à l'appui des éléments que contient le dossier. Mais, femme de conviction, elle soutient qu'« on ne naît pas psychopathe, on le devient[2] ».

Voilà une affirmation que ne dénigrera pas Françoise Cotta, laquelle se revendique quant à elle avocat « sans *e* ».

Pénaliste de dizaines de « déglingués » qui ont « poussé de travers ou pris le mauvais embranchement de la vie[3] », de trafiquants de drogue, mères infanticides, pères incestueux, pédophiles, etc., elle a publié en 2019 *La Robe noire* aux éditions Fayard, qui retrace un parcours tout à fait unique. Françoise Cotta a en effet plaidé, pendant trente-huit années de barreau, près de 950 fois devant une cour d'assises – et croit « n'avoir vu condamner qu'un seul innocent, accusé à tort d'avoir violé sa fille[4] ».

Comme Frédérique Pons, elle considère que « les monstres n'existent pas ». Elle ajoute même que l'avocat doit « servir de rempart aux lynchages médiatiques organisés par les patrons de presse qui ont transformé les affaires judiciaires en produits juteux[5] ». Parmi les accusés « médiatiques », justement, il y a le gardien d'immeuble qui, dans l'affaire Fofana (dite « du gang des barbares »), a prêté les clés du local où Ilan Halimi est assassiné en 2006, ou encore le frère d'un des terroristes kamikazes

1. Interview sur Europe 1 du 6 janvier 2015.

2. *Ibid.*

3. *Libération*, le 7 février 2019 ; https://www.liberation.fr/france/2019/02/07/francoise-cotta-defense-de-plier_1708006/.

4. Françoise Cotta, *La Robe noire*, Fayard, 2019.

5. *Ibid.*

ayant pris pour cible le Bataclan en 2015, et qui était de retour en France après un séjour en Syrie dans un camp d'entraînement de l'État islamique. C'est elle aussi qui défendra le tueur en série Ulrich Muenstermann[1]. Les cours d'assises où les procès sont faits « de chair et de sang » l'attirent. « Je sais l'être humain fait de passions ; j'aime simplement en explorer les limites, précise-t-elle. Et je constate qu'il n'y en a quasiment pas. Et puis, prendre la défense de personnes que la société juge bien souvent monstrueuses représente une forme de défi[2]. »

Quand on aborde la question de l'éloquence, Françoise Cotta peut dérouter les avocats qui aspirent à rivaliser avec elle :

« Devant les assises, je plaide comme je parle dans la vie [...]. Je n'écris pas mes plaidoiries. Je suis libre jusqu'au bout. Une audience bouge tout le temps. Un regard, un geste, une intonation peuvent tout faire basculer. Je ne vois pas ce que je pourrais écrire avant, tout au plus puis-je préparer un plan, voire quelques phrases clés... La majeure partie du temps, j'improvise. Une plaidoirie, c'est tellement vivant ! Il n'y a pas de recette, pas de mode d'emploi[3]. »

Pas de « recette » toute faite non plus pour les engagements d'une femme, que ce soit au côté des Gilets jaunes

1. Notamment condamné en appel (en septembre 2012) à la réclusion criminelle à perpétuité pour le meurtre et le viol de Sylvie Bâton en mai 1989 à Avallon (Yonne).

2. *Grazia*, le 2 février 2019 ; https://www.grazia.fr/news-et-societe/societe/francoise-cotta-la-defense-sans-limites-913182.

3. F. Cotta, *La Robe noire*, *op. cit.*

sur les ronds-points ou dans sa décision d'accueillir des migrants dans sa maison de Breil-sur-Roya en 2015.

À ceux qui s'insurgent, elle répond : « Si une loi est inique, il est de mon devoir de ne pas l'appliquer. Laisser ces gamins mourir le long de la route, je ne le pouvais pas. Et puis, je l'ai fait aussi pour moi. Je ne suis pas contente de l'état de la société que j'ai contribué à élaborer. J'ai réparé comme j'ai pu[1]. »

1. *Grazia*, le 2 février 2019, art. cit.

7

Les « meilleurs ouvriers de la parole » Au sortir de la guerre

L'aventure des ténors du barreau reprend de plus belle après la Seconde Guerre mondiale, avec des avocats aux profils, aux opinions et aux causes pour le moins contrastés.

Ainsi, à la droite de la droite domine Jean-Louis Tixier-Vignancour, « l'avocat le plus avocat qui ait été créé depuis Démosthène et Cicéron », selon Jacques Trémolet de Villers[1], son collaborateur entre 1967 et 1974.

Avocat des causes extrêmes, « Tixier » suscite toutefois bien vite une admiration unanime. Son talent a quelque chose de « miraculeux », tenant à son irrésistible et captivante voix, mais avant tout à sa connaissance hors pair du dossier qu'il défend, à la clairvoyance de son raisonnement, et à la force émotionnelle qu'il déploie dans la péroraison. Au point que nombre d'observateurs, qui lui sont pourtant hostiles, sont « incapables de retenir leurs larmes », écrit l'académicien Jean-Denis Bredin[2].

1. Jacques Trémolet de Villers, *Tixier-Vignancour. Hommage*, DMM, 1992.

2. J.-D. Bredin et T. Lévy, *Convaincre*, *op. cit.*

À la mort de Tixier-Vignancour pourtant, s'interrogera le journal *Le Monde*, « quel souvenir gardera la postérité de ce bretteur incorrigible jusqu'à la fin ? Retiendra-t-elle l'"anarchiste de droite" tant de fois décrit et auquel cette appellation convenait si bien parce qu'elle était à ses yeux la plus flatteuse, sinon la plus acceptable ? Ou seulement l'avocat politique si habile dans le sous-entendu, si venimeux dans l'insolence instinctive, comme s'il avait pu être de tous les complots, de toutes les intrigues ? Ou encore l'avocat tout court qui, lui, savait fort bien, sûr d'un talent plus que reconnu, s'en tenir au classicisme de bon aloi, dès lors qu'il n'éprouvait plus le besoin de céder à ses démons ? Le tribun dont la voix de plein air, "la voix de Tolède", savait si bien manier des façons de dire, héritières d'une éloquence naturelle que prisait le siècle précédent ? Ou seulement le défenseur de Raoul Salan[1] qui, fort de ce succès, se trouva mis au pinacle

1. L'affaire Salan (1962) signe l'éclatante victoire de la défense menée par Tixier-Vignancour, qui sauve la tête de ce général devenu chef de l'OAS pour le maintien de l'Algérie dans la France et qui en 1961 a participé au fameux putsch des généraux (tentative de coup d'État contre la politique « d'abandon » de l'Algérie française). Le procès, comme l'explique Thierry Lévy, était pourtant « perdu d'avance », le Haut Tribunal ayant été composé de sorte que tous les responsables de la sédition soient condamnés à mort : le numéro 2 de l'OAS, le général Jouhaud, l'avait été ; le général Salan étant le numéro 1, il devait logiquement subir le même sort. Mais – et c'est là tout son talent – Tixier-Vignancour « ne va pas plaider pour justifier Salan, il va plaider pour arracher Salan à la mort », complète Jean-Denis Bredin. « Il s'est mis, en quelque sorte, à contre-emploi, s'enfermant dans un rôle appa-

par les tenants de l'Algérie française au point de pouvoir se porter candidat contre de Gaulle à l'élection présidentielle de 1965[1] ? »

Le parcours de Tixier-Vignancour est aussi inouï que le talent qu'on lui prête. Quand la guerre éclate, il fait son devoir : « Il y gagnera deux citations sur sa croix de guerre... et le dégoût définitif de ceux qui, n'ayant pas combattu, jouent, derrière les micros ou sur les pages blanches, les bravaches jusqu'au-boutistes[2] », explique Jacques Trémolet de Villers.

Il se range du côté du maréchal Pétain et reçoit la francisque – mais c'est pour mieux rompre en 1941, et d'une façon spectaculaire qui lui vaudra un emprisonnement. Emprisonné, il le sera d'ailleurs à de multiples reprises, y compris par la police allemande en 1942. Et fatalement à Fresnes, en 1945. Le parquet conclut alors en

---

remment secondaire. On ne fera pas le procès de la politique algérienne du général de Gaulle, on démontrera seulement que la condamnation à mort de Salan est moralement impossible. » Thierry Lévy raconte la fin du procès : « Quand, après deux heures et demie de délibération, le Haut Tribunal militaire est revenu, accordant des circonstances atténuantes à Salan, c'est-à-dire refusant de prononcer la peine de mort, Tixier-Vignancour a lancé *La Marseillaise*, qui a gagné les galeries du palais, tandis que l'avocat, tendant les mains vers les juges, leur criait : “Merci, merci”, et puis s'écroulait terrassé par un malaise. » J.-D. Bredin et T. Lévy, *Convaincre*, *op. cit.*

1. *Le Monde*, le 1er octobre 1989 ; https://www.lemonde.fr/archives/article/1989/10/01/la-mort-de-me-jean-louis-tixier-vignancour-un-incorrigible-bretteur_4128042_1819218.html.

2. J. Trémolet de Villers, *Tixier-Vignancour*, *op. cit.*

ces termes : « En 1939-1940, il fit la guerre comme officier d'artillerie d'une unité antichar et obtint deux citations. En 1943, il partit comme volontaire pour accompagner un convoi d'explosif en Tunisie. En 1944, il demanda à servir dans une unité parachutiste mais fut refusé à cause de son âge. Il est donc établi qu'il s'est efforcé par tous les moyens de se battre contre l'ennemi[1]. »

Le non-lieu est prononcé, comme il le sera de la part du Conseil de l'Ordre le 23 juillet 1946, à qui on avait demandé de le radier du barreau de Paris eu égard aux lois dites d'« épuration ». « Mais le bâtonnier lui demande officieusement de ne pas reparaître au palais, car des pétitions circulent[2]... »

Est-ce ce qui le motivera à défendre tous ceux que la vindicte populaire voudrait bien lyncher, tels les « collabos », les épurés, certains officiers de l'armée allemande, de la Gestapo de Paris, et de Lyon ? Il le fait en tout cas « avec un talent, un cœur, une connaissance de la guerre et des mœurs militaires qui créent une véritable complicité entre le tribunal militaire et lui[3] ».

Rien ne l'effraie : dans l'affaire des fuites[4] (1956), il cite à la barre des témoins le ministre de l'Intérieur qui n'est autre que François Mitterrand.

« Il défend les députés poujadistes invalidés, des heures

---

1. *Ibid.*
2. *Ibid.*
3. *Ibid.*
4. Sombre trafic d'influence politique sur fond d'espionnage et de trahison impliquant nombre de personnalités, dont Pierre Mendès France, Edgar Faure et François Mitterrand.

durant, à la tribune. Il en récoltera une ingratitude qui ne le surprenait pas. Il l'appelait : "le complexe du saint-bernard", raconte Trémolet de Villers. Lorsqu'un malheureux perdu en montagne a été sauvé par un saint-bernard, il ne peut plus supporter la vue d'un chien. Il fut leur saint-bernard, il était normal qu'ils le détestassent… hormis un certain Jean-Marie Le Pen[1]. »

Ces années verront la vie professionnelle de Tixier-Vignancour se confondre avec sa vie publique, la salle d'audience sera « sa véritable tribune politique » et c'est là qu'il portera « au pouvoir et à ce Charles de Gaulle dont il restera l'adversaire passionné, ses coups les plus terribles[2] ». Par la suite, il sera candidat à la présidence de la République (1965) et aura pour directeur de campagne Jean-Marie Le Pen. Et c'est encore lui qui, en 1973, organisera l'enlèvement du cercueil du maréchal Pétain pour le conduire à Douaumont…

Tixier-Vignancour considère qu'il y a toujours « une parole à tenter, un juge à convaincre, un officier à rappeler à son honneur » – mais, précise Jacques Trémolet de Villers, « jamais sa parole ne déborde ». Alors que sa plume, elle, peut « déraper » : cela lui vaut quelques condamnations et amendes – comme quand il traite le général de Gaulle de « Connétable du Déclin[3] » dans un éditorial paru dans *L'Écho des Basses-Pyrénées*. Il est poursuivi et condamné pour offense au chef de l'État.

1. J. Trémolet de Villers, *Tixier-Vignancour*, *op. cit.*
2. *Ibid.*
3. *Ibid.*

Qu'il s'agisse de défendre Raymond Rolland, l'un des kidnappeurs du fils de Roland Peugeot (1960), Roger Degueldre, bras armé de l'OAS (1962), l'écrivain Louis-Ferdinand Céline[1], ou encore les auteurs de l'attentat du Petit-Clamart contre le général de Gaulle, Tixier-Vignancour manie de façon remarquable l'art de l'orateur qui consiste, selon l'académicien Jean-Denis Bredin, « non pas à faire valoir les qualités de sa personne » mais au contraire à en faire abstraction, « les retirer du jeu et laisser l'audience parler à sa place[2] ». L'éloquence implique alors de suivre le « mouvement de l'audience », d'en respecter l'autonomie et l'énergie propres. « Plus l'avocat a de talent, et plus le respect de l'audience prend de poids et de signification » – par voie de conséquence, et c'est ce qui illustre à merveille le talent de Tixier-Vignancour, « la grande ambition de l'avocat, ce n'est pas de faire triompher sa cause contre l'audience, c'est de faire en sorte que sa cause devienne le triomphe de l'audience[3] ».

L'avocat François Gibault[4], venu lui aussi de l'extrême droite et dont je parlerai sous peu, déclare d'ailleurs que la plus belle plaidoirie qui lui ait été donné à entendre est

1. Tixier-Vignancour obtiendra l'amnistie de Céline en tant que grand invalide de guerre, alors que ce dernier avait été condamné par contumace, pour ses pamphlets antisémites, à 1 an de prison et 50 000 francs d'amende, frappé à vie d'indignité nationale, la moitié de ses biens présents et à venir confisqués.

2. J.-D. Bredin et T. Lévy, *Convaincre*, *op. cit.*

3. *Ibid.*

4. François Gibault, *Libera me*, Gallimard, 2014.

celle prononcée par Tixier-Vignancour, selon lui l'un des plus grands ténors français « avec Berryer fils et Fernand Labori », dans l'affaire Salan.

Peut-être que tout compte fait, pour répondre à la question que posait le journal *Le Monde* – Quel souvenir gardera la postérité de ce bretteur incorrigible jusqu'à la fin ? –, devrons-nous nous souvenir qu'en 1962 Jean-Louis Tixier-Vignancour, défenseur du lieutenant Degueldre devant une cour de militaires et de magistrats mobilisés, dépose sa robe avant de commencer à plaider : « Un avocat général est en uniforme, les avocats sont sans robe, nous sommes à égalité », déclare-t-il. « Il plaida en civil dans un silence sans oreilles », raconte l'autre avocat d'importance qu'a été Jean-Marc Varaut[1]. « Je me sentais tout nu », confiera Tixier-Vignancour après l'audience. « Aucun manteau de droit n'a couvert de son ordre cet assassinat judiciaire. »

Le Grand Moro

Autre orateur parmi les « meilleurs ouvriers de la parole », Vincent de Moro-Giafferri, avocat au barreau de Paris mais aussi député, et même sous-secrétaire d'État, mais avant tout un génie du verbe et un défenseur de la liberté – de « toutes les libertés », celle des innocents comme celle des coupables, dit Jean-Louis Weil dans

1. Jean-Marc Varaut, *Un avocat pour l'Histoire. Mémoires interrompus, 1933-2005*, Flammarion, 2007.

l'éloge[1] qu'il lui consacre. C'est le « Don Quichotte d'un malheur que personne ne peut saisir dans sa racine monstrueuse », avec d'un côté « l'âme de Gavroche, l'humour et l'émotion », et de l'autre « la supplique à la pitié des hommes ». Il dispose d'une « palette incomparable, une palette impressionniste » pour « créer un climat », comme en témoignent ces quelques mots : « L'opinion publique est parmi vous ? Chassez l'intruse ! C'est elle qui, au pied de la Croix, criait : "Crucifie-le" ; c'est elle qui, d'un geste de la main renversée, immolait le gladiateur agonisant dans l'arène [...] ; c'est elle, enfin, qui a déshonoré la Révolution française par les massacres de septembre[2]. »

Moro-Giafferri est un passionné de littérature. À la lecture des grands écrivains, « il s'exalte et palpite », enclin à « compatir, comme eux, au sort des malheureux et à répandre partout le sublime ferment de la pitié sociale[3] » – mais sa préférence va à Victor Hugo. « Avant de plaider, confie-t-il à un confrère qui désire connaître le secret de son éloquence, je me reporte toujours à quelque grand poème de Victor Hugo. J'y puise la cadence, le verbe, l'image et je m'installe comme cela dans le sujet[4]. » Sa verve est fluide, il s'exprime avec aisance « mais sans cabotinage ni le moindre apprêt »,

1. Y. Ozanam, S. Lataste, *La Conférence des avocats de Paris*, *op. cit.*

2. *Ibid.*

3. Henri Rossi, *D'enceintes judiciaires en arènes politiques, c'était le Grand Moro. Ou l'éloquence en marche*, EGC, 1999.

4. *Ibid.*

faisant alterner « subtiles attaques et dérobades, esquives et pirouettes tout au long de ses jongleries avec le provocant, le cocasse, l'absurde ».

Et c'est ainsi que lui arrive le premier grand procès du siècle : celui de la « bande à Bonnot », ces anarchistes partisans de l'illégalisme, qui pratiquent le banditisme révolutionnaire et le « hold-up motorisé » – technique jusqu'à présent inédite en France en matière d'agression. Vols avec violence, braquages, meurtres : à partir de décembre 1911, ils enchaînent une trentaine de crimes et délits. Le procès s'ouvre le 3 février 1913, pour les vingt survivants de cette bande, Jules Bonnot ayant été abattu à l'issue d'un siège, dans un pavillon de Choisy-le-Roi, qui durera cinq heures et mobilisera cinq cents hommes. Si certains des accusés revendiquent leur idéologie anarchiste et ne se considèrent pas comme des criminels, Eugène Dieudonné, défendu par Moro-Giafferri, clame son innocence et critique l'illégalisme. Mais malgré une plaidoirie mémorable – « Moro-Giafferri, léonin, un profil de Bonaparte planté dans la cravate [...] sa grande éloquence aux manches agitées invoquant le Crucifié, la Révolution française, la douleur des mères, le doute enfanteur des cauchemars[1] » –, il n'échappe pas à la peine de mort. L'avocat présente alors un recours en grâce auprès du président Raymond Poincaré : la peine est commuée en travaux forcés à perpétuité – et quinze ans plus tard, soutenu dans sa cause notamment par le journaliste et écrivain

1. *Ibid.*

Albert Londres[1], Moro-Giafferri obtient la grâce de son client.

Le Grand Moro, comme il est surnommé, participe ensuite à tous les procès, qu'ils soient criminels ou politiques, qui ont encore un retentissement aujourd'hui, car l'Histoire avec un grand H les a intégrés en tant qu'étapes marquantes dont il a été acteur. Affaires Stavisky, Seznec, Grynszpan… impossible de les citer toutes, mais lui-même les réunissait sous la bannière : « Défendre l'homme, toujours. » Et cette devise n'est pas du vent, puisque l'avocat de Landru, c'est lui aussi ! Ce procès, qui s'ouvre en 1921 – Henri Désiré Landru[2] est accusé du meurtre de dix femmes et du fils de l'une d'entre elles –, est l'un des plus illustres de l'entre-deux-guerres.

De fait, défendre Henri Désiré Landru, le plus célèbre

---

1. Tous les détails de l'implication d'Albert Londres dans cette affaire sont sur le site Gallica de la BNF : https://gallica.bnf.fr/blog/09112020/forcats-ou-lenfer-du-bagne?mode=desktop.

2. Landru est l'un des premiers tueurs en série français. Surnommé « le Barbe-Bleue de Gambais », il utilise plus de 90 pseudonymes pour appâter près de 300 femmes, dont il sélectionne méticuleusement celles susceptibles de l'intéresser en fonction de leur situation familiale et de leur fortune. Puis il les invite à séjourner à la campagne, d'abord à Vernouillet puis à Gambais. Les corps des victimes n'ayant jamais été retrouvés, il est supposé que Landru en découpait le tronc, les jambes et les bras pour les enterrer tandis que les têtes, mains et pieds étaient incinérés dans la cuisinière. L'affaire fera la une des journaux et aux élections législatives de 1919, près de 4 000 bulletins de vote seront ornés du nom de Landru ! Au moment de son exécution, et alors que son avocat lui demande s'il a bien assassiné ces femmes, Landru répond : « Cela, maître, c'est mon petit bagage… »

tueur en série que la France a connu, n'est pas une mince affaire.

Lorsque l'affaire éclate, Landru est père de quatre enfants et marié à sa cousine. Il n'a pas un métier, mais plusieurs. Il est comptable, fait des cartes, est employé dans un cabinet d'architecture, etc. Un jour, il fonde une fabrique de bicyclettes à pétrole.

Mais il commence surtout à voler et à escroquer à tout-va… Entre 1900 et 1912, il est condamné à sept reprises à des peines d'emprisonnement ou d'amende. Il s'arrange souvent pour se faire passer pour fou et diminuer la durée de ses séjours en prison.

Parmi ses escroqueries les plus notoires, celle concernant Mme Izoret est inouïe. Cette dernière publie des annonces dans des journaux pour trouver un mari. Landru répond. Ils se rencontrent puis se fiancent assez rapidement. Et là, il disparaît… avec l'argent de sa fiancée.

Il est ensuite arrêté et passe quelques mois en prison. À sa sortie, il achète un garage et le revend immédiatement. Il encaisse l'argent de la vente, mais n'a jamais payé son achat… Identifié par les services de police, il décide de prendre la fuite.

Vers 1915, Landru a besoin d'argent pour sa famille. Il décide de continuer ses escroqueries, mais en toute discrétion. Sa stratégie est simple : il se fait passer pour un homme qui a de l'argent, à la recherche d'une épouse, riche si possible. Afin que ses victimes croient à son histoire, il loue de belles maisons. Les femmes qu'il rencontre sont séduites et acceptent de l'épouser. Elles autorisent aussi Landru à accéder à leurs comptes bancaires…

Des femmes commencent alors à disparaître étrangement dans la petite ville de Gambais, dans les Yvelines, non loin de Paris. Personne n'est soupçonné. En revanche, les proches des victimes s'inquiètent. Un jour, quelqu'un écrit au maire de la ville pour lui demander des nouvelles d'un jeune couple qui s'est installé dans une maison des environs. Cela fait en effet quelque temps qu'on ne les a pas vus.

Le maire fouille un peu dans ses dossiers et fait une découverte surprenante : un certain M. Dupont et un M. Fremyet, apparemment mariés avec plusieurs femmes, habitent à la même adresse. Alerté par ces indices troublants, il contacte ces différentes familles dont il possède les noms. Malgré les multiples identités, les deux familles ne font qu'une : M. Dupont et M. Fremyet ne sont qu'une seule et même personne !

Entre-temps, Landru s'est installé à Paris sous le pseudonyme de M. Guillet.

Il est arrêté le 12 avril 1919, au départ pour des escroqueries diverses et variées. Puis l'enquête permet de découvrir, dans un garage, des meubles, des vêtements et des papiers d'identité appartenant à dix femmes déclarées disparues ! Enfin, la maison de Gambais est perquisitionnée : les policiers restent perplexes devant les tuyaux très usagés de la cuisinière ; et des fragments d'os humains sont retrouvés dans un hangar…

Le procès de Landru commence en novembre 1921 devant la cour d'assises des Yvelines. Landru est accusé du meurtre de onze personnes, dont dix femmes, disparues les unes après les autres, après l'avoir rencontré.

Toutefois, les enquêteurs n'ont jamais pu retrouver les corps des victimes. Il ne sera jamais prouvé que Landru les a tuées, ni comment.

Les enquêteurs ont cependant supposé qu'il avait fait disparaître les corps de ses conquêtes en les faisant brûler dans le four de sa maison. Les voisins ont par exemple indiqué aux policiers qu'une odeur étrange s'échappait de sa cheminée et que, d'ailleurs, de la fumée sortait de la cheminée de Landru en plein été, quand le chauffage n'est pas nécessaire.

Le dossier repose donc sur de simples indices et non sur de vraies preuves. D'ailleurs, Landru dira au juge : « Montrez-moi les cadavres ! » ou encore « Si les femmes que j'ai connues ont quelque chose à me reprocher, elles n'ont qu'à déposer plainte ! »

Le procès est donc un spectacle saisissant, que les journalistes relatent à travers tout le pays. Landru et son avocat ont presque réponse à tout. Cela ne suffit pas.

Le 30 novembre 1921, Landru est condamné à mort. Il dépose un recours en grâce devant le président de la République, Alexandre Millerand, qui lui sera refusé. Le 25 février 1922, Landru est guillotiné dans la cour de la prison de Versailles.

Si Landru ne sauvera pas sa tête, bien que n'ayant jamais avoué et en l'absence totale de cadavre, la plaidoirie de Moro-Giafferri, s'appuyant sur le doute, est considérée comme un monument – une référence absolue. « Ah ! dites-vous, messieurs, lance-t-il ultimement aux jurés, qu'en marge de votre arrêt, on pourrait inscrire ces mots : ils ont donné la mort et ils se sont trompés [...].

Que demain une seule de ces femmes reparaisse, une seule, alors quelle fierté robuste vous permettra d'affronter le revenant glacé qui s'approchera de vous la nuit et vous dira : Je n'ai pas tué et vous m'avez tué » – et de leur demander ensuite d'entrer en lutte contre « l'imagination », d'écarter les « médiocres facéties » de l'accusé, pour constater qu'il ne reste qu'un « squelette d'accusation[1] ».

À la mort du Grand Moro, le journaliste et chroniqueur judiciaire Jean-Marc Théolleyre écrit dans *Le Monde* daté du 24 novembre 1956 que « la politique[2] ne lui fit jamais oublier le prétoire », car c'est « à la barre, face à une accusation ardente, qu'il se sentait vraiment à l'aise », avec cette « éloquence spontanée, ce sens de l'improvisation, ce goût pour l'incident qu'il cultivait comme pour s'en faire un tremplin » et qui « ne s'entachaient d'aucune négligence de forme ». Du grand talent, que d'aucuns considèrent comme inégalé, au service d'un honnête homme qui « avait réussi ce tour de force : on l'aimait... ».

1. H. Rossi, *D'enceintes judiciaires en arènes politiques*, *op. cit.*

2. Vincent de Moro-Giafferri fut, entre autres, élu député de la Corse en 1919 et président du conseil général en 1920 ; nommé secrétaire d'État à l'Enseignement technique dans le gouvernement Édouard Herriot en 1924 ; puis député de Paris sous la IVe République, de 1946 à 1956. Officier de la Légion d'honneur, il fut titulaire de la croix de guerre 1914-1918.

Les défendre tous

Les ténors du barreau se sont saisis, de tout temps, des plus grandes causes, et certains mourront sans avoir vu « l'œuvre de [leur] vie achevée ».

C'est le cas d'Albert Naud qui, bien avant d'être avocat, a déclaré la guerre « à la barbarie des siens » : tout en lui se « révolte contre la peine capitale », et partout, là où il le pourra, il n'aura de cesse de dénoncer « l'inutilité d'une telle cruauté ». L'éloge que lui rend Louis Rheims, premier secrétaire de la Conférence, le 31 janvier 1981, se termine très exactement ainsi : « Pour que vive Albert Naud une dernière fois parmi nous, monsieur le garde des Sceaux, abolissons la peine de mort[1]. »

Albert Naud raconte lui-même la première exécution à laquelle il lui a été imposé d'assister : celle du commissaire Fernand David, surnommé « David les Mains Rouges » ou « l'homme aux 80 000 fusillés », pourchasseur de juifs, de communistes et de francs-maçons pendant la collaboration, et dont il assure la défense en 1945 : « David resta un instant debout, le menton haut, comme s'il bravait encore la justice impitoyable des hommes, et la mort. Puis ses jambes cédèrent d'un seul coup et il tomba, le torse raide, la face contre terre. Le coup de

1. Y. Ozanam, S. Lataste, *La Conférence des avocats de Paris*, *op. cit.* La peine de mort sera effectivement abolie le 18 septembre 1981, sous l'impulsion du garde des Sceaux Robert Badinter (369 députés votent pour, 113 contre).

grâce fit de sa cervelle un gros flocon d'ouate rose sur le sommet de son crâne. [...] Ainsi c'était cela le sommet de la justice ! Cette barbarie se voulait utile, exemplaire, rédemptrice[1]. »

L'avocat fait alors le serment de « lutter contre cette mort infligée[2] », dont il a été le témoin et qu'il n'a pu empêcher. « Un but dorénavant : les défendre tous. »

Albert Naud, né à la campagne (en Charente) et dans un milieu « modeste » – ce qui lui vaudra ce descriptif de la part de notre confrère François Gibault : « petit, râblé, bâti un peu comme un tracteur, avec la voix rauque d'un paysan qui rameute ses bœufs [...] madré selon tous les sens du terme et paysan dans l'âme[3] » –, doit franchir de nombreuses étapes, et non des moindres, avant de discerner son exacte mission : convaincre. C'est ainsi que « grâce à une syntaxe parfaite héritée de l'enseignement primaire, alliée à un sens de l'humain exacerbé, il sait mieux que tout autre séduire et persuader ». Par la suite, il saura aussi « sonder, jauger l'âme de chaque juré, deviner ses faiblesses », et plaider de façon presque intime, car il n'ignore pas que « la tête d'un homme dépend souvent d'une seule voix[4] ».

Mobilisé puis blessé à la guerre de 1939-1945, il rejoint la Résistance, est arrêté par la Gestapo : durant deux

1. Albert Naud, *Les défendre tous*, Robert Laffont, 1973.
2. Louis Rheims, dans Y. Ozanam, S. Lataste, *La Conférence des avocats de Paris*, *op. cit.*
3. F. Gibault, *Libera me*, *op. cit.*
4. Louis Rheims, dans Y. Ozanam, S. Lataste, *La Conférence des avocats de Paris*, *op. cit.*

mois, brimé, affamé, physiquement atteint, il s'attend à être fusillé. De cette épreuve il tirera de la substance pour ses plaidoiries. Inscrit aux « commissions d'office », Albert Naud, avocat résistant, se met alors à défendre les « collabos » – « devant des cours qui ne sont pas à l'honneur de notre Histoire », la haine et le désir de vengeance faisant fi des lois et de toute notion de justice. « Des jurés, serviles et honteux d'avoir crié en d'autres temps "Vive le Maréchal", se lavaient de toute culpabilité dans le sang des condamnés[1]. »

Albert Naud est de ceux – rares – qui tentent, même si la défense est totalement muselée, de « faire rempart contre la vindicte d'un peuple exorcisant ses démons ». Il obtient la grâce du général Mangeot – mais n'imagine pas pour autant ce qui l'attend, à savoir être commis d'office pour défendre l'homme qui a livré la France à l'ennemi et souhaité la victoire de l'Allemagne : Pierre Laval[2].

---

1. *Ibid.*

2. Pierre Laval (1883-1945), élu député socialiste de la Seine dès 1914, est d'abord connu pour être « pacifiste » et se préoccuper « avant tout de lutter contre la misère ». Au moment de la Seconde Guerre mondiale, il est « résolument dans une politique de collaboration », car persuadé d'œuvrer ainsi dans l'intérêt de la France, dont il pense que l'avenir dépend d'une entente avec l'Allemagne. En ce sens, il rencontre Hitler en 1940, dans une « atmosphère » dont il écrit qu'elle fut « extrêmement amicale ». Lors de cet entretien, il « affirm[e] au chancelier que la seule politique pour la France vaincue [est] de s'entendre avec l'Allemagne, et d'aspirer à sa victoire ». Il rencontre aussi le maréchal Göring, pendant que 1 100 juifs du camp de Drancy constituent, en mars 1942, le premier convoi en direction d'Auschwitz et dont il approuve la

Au cours de ce qu'il qualifie de « faux procès », toutes les règles de la procédure pénale vont être violées, et pire encore, ce qui conduira à l'abstention de la défense : Albert Naud refuse de cautionner pareille comédie de justice et demande au bâtonnier d'être relevé de sa commission d'office. « Plus d'avocats, plus de témoins de la défense, un fauteuil vide devant lequel défilent les témoins de l'accusation, voilà le spectacle burlesque et tragique qu'offr[e] désormais la poursuite du procès[1]. » Un désastre judiciaire qui s'achève par la consécration de la haine. Alors que Laval a pris du cyanure et que ses yeux sont déjà vitreux, pas question de le laisser mourir : « Tu iras au poteau, vieux salaud », est-il assené, ainsi que nous le rapporte Naud[2]. Deux heures durant, les « hommes en blanc » s'acharnent à lui pratiquer un lavage d'estomac – il est envisagé de le fusiller sur un brancard appuyé

---

déportation globale, « non sans tenter de protéger ceux qui avaient la nationalité française ». Sur les ondes de la radio, il formule « le vœu de la victoire de l'Allemagne, seule apte à empêcher le triomphe du communisme ». À la Libération, Laval, après avoir vainement tenté de négocier avec Herriot « afin de ressusciter la IIIe République et barrer ainsi la route à de Gaulle », essaie de fuir. La Suisse s'oppose à sa venue, de même que le Liechtenstein – et c'est à son arrivée à Barcelone qu'il est arrêté, puis remis aux autorités françaises. Le 9 octobre 1945, la Haute Cour le condamne à la peine capitale et le déclare « convaincu d'indignité nationale ». (Toutes les citations sont extraites du chapitre : « Laval, ou le procès de la collaboration », par D. Amson *et al.*, dans *Les Grands Procès*, *op. cit.*)

1. *Ibid.*
2. A. Naud, *Les défendre tous*, *op. cit.*

contre le poteau d'exécution. Mais Laval se redresse. Il a le temps de dire une dernière fois « Vive la France ! » – avant d'être défiguré, une fois l'exécution menée, par le coup de grâce d'un sergent en plein front. « Pierre Laval ! ils ont voulu détruire ton identité, écrit Naud. Qui a décidé de cette exécution[1] ? »

Albert Naud sera l'avocat d'autres collaborateurs, comme le journaliste et essayiste Robert de Beauplan, condamné à mort en 1945 mais dont la peine sera commuée à la prison à perpétuité. Il défendra, avec Tixier-Vignancour, l'écrivain Louis-Ferdinand Céline – ce dernier n'épargnant ni l'un ni l'autre dans ses jugements, traitant Tixier d'« hurluberlu » et Naud de « peau de zébi[2] », mais s'en étant sorti avec une amnistie. Il intervient également dans l'affaire de l'enlèvement puis de l'assassinat de Mehdi Ben Barka (1965), où il fait acquitter le colonel des forces armées marocaines Ahmed Dlimi, soupçonné d'y avoir participé.

« Albert Naud défendit tous ceux qui vinrent à lui avec la même âpreté, le même courage », dit encore Louis Rheims. Il sauve ainsi la tête de Lucien Léger, dit « l'Étrangleur », meurtrier d'un enfant, et qui sera longtemps le plus ancien détenu de France, avec quarante et un ans passés derrière les barreaux. Mais il assiste au drame que vit Gabrielle Russier[3] avec une impuissance

1. *Ibid.*

2. Propos rapportés par Louis Rheims dans Y. Ozanam, S. Lataste, *La Conférence des avocats de Paris*, *op. cit.*

3. Gabrielle Russier (fille d'avocat, par ailleurs !) est une professeure de lettres ayant eu une relation amoureuse avec un de ses

qu'il exprimera en étant coscénariste du film *Mourir d'aimer*, réalisé en 1971 par André Cayatte à propos de cette tragédie. Quand Claude Lelouch lui propose de devenir acteur dans son film *La Vie, l'Amour, la Mort* (1968), il accepte et joue son propre rôle d'avocat. « Alors, monsieur Naud, vous faites du cinéma maintenant[1] ! » s'exclame une de ses consœurs au palais, alors que d'autres, le suspectant d'hypocrisie et de fausse modestie, s'indignent voire alertent le bâtonnier. Mais justement, « c'est peut-être parce qu'il n'était pas du sérail que ce fils d'agriculteur de Charente devait apporter dans sa vie professionnelle ce quelque chose de l'humaine tendresse qui trop souvent paraît artificielle chez les gens des familles de robe », conclut ce témoin hors pair du monde judiciaire qu'est Jean-Marc Théolleyre[2].

La liberté pour culte

Je suis pleinement avocat, dans le respect d'une longue tradition de défense, mais ne me cache pas d'être aussi un défenseur médiatique et numérique.

Les journaux, la télévision, la radio et les sites Internet

élèves âgé de 16 ans, alors qu'en 1968 la majorité sexuelle est encore fixée à 21 ans et qu'elle a, juridiquement, autorité sur lui. Elle est poursuivie pour détournement de mineur et enlèvement, écopant de 1 an d'emprisonnement. Elle se suicide en 1969, alors que le parquet a interjeté l'appel de sa condamnation.

1. A. Naud, *Les défendre tous*, *op. cit.*

2. Dans *Le Monde*, le 22 février 1977.

sont puissants. Les Français s'informent grâce à ces différents médias, qui sont du coup tous influents. Les journalistes, par exemple à la télévision ou à la radio, ont souvent besoin d'interviewer un avocat, pour lui poser des questions sur une affaire criminelle.

Mais il est interdit de filmer, d'enregistrer ou de prendre des photographies dans les salles du tribunal. C'est pourquoi, lors des procès les plus retentissants, les journalistes patientent devant la salle. Quand l'avocat sort de celle où se déroule le procès, les micros et les caméras l'attendent. Il doit alors parler aux journalistes, pour défendre son client devant la France entière.

Les médias me posent souvent des questions pour leurs articles, ou leurs reportages télé, car j'ai notamment écrit de nombreux livres pour expliquer le fonctionnement de la justice. Ils aiment interroger les avocats, qui viennent assez facilement sur les plateaux commenter, voire prolonger leur défense, quand ils n'expliquent pas les rouages de la procédure à l'œuvre dans les faits divers ou les affaires politico-financières.

Nombre de gens de robe sont d'ailleurs aussi engagés par le grand et le petit écran comme conseillers pour aider à la vraisemblance du scénario, des dialogues entre professionnels et des scènes de vie du palais de justice.

Le temps a vite coulé sur des usages obsolètes. Jusque dans les années 1950-1960, pour communiquer officiellement avec les médias, les avocats doivent, en théorie, solliciter l'autorisation du bâtonnier ; la sphère publique est le privilège et le terrain de jeu des journalistes – les Kiejman, Vergès, Leclerc et autres Lombard n'ont pas encore « inauguré le procès moderne sans imaginer qu'ils créaient un monstre[1] ».

Le ténor Georges Izard précède de peu cette nouvelle ère de l'avocature, bien qu'il ait laissé après lui, « dans l'esprit de ses confrères qui n'avaient point été ses proches, une impression considérable et mitigée », relate Christian Charrière-Bournazel[2] dans l'éloge[3] qu'il lui a consacré. « Qu'il ait été poète, écrivain, journaliste et parlementaire ne lui conférait pas une gloire distincte. Avocat pour finir, mais avocat par-dessus tout, Georges Izard appartenait à l'Ordre depuis le jour de sa naissance. » Et en effet, sa petite-fille et remarquable biographe Emmanuelle de Boysson[4] explique que les études de philosophie ne constitueront pas pour lui un aboutissement, car débouchant sur trop d'abstraction, alors qu'il a besoin de cet ancrage paysan si fondamental à la conscience du quotidien banal. En parallèle de ses études à la Sorbonne, Georges Izard décroche donc une équivalence en droit – « conscient d'avoir un don d'éloquence », ainsi qu'il l'écrit à Jean Daniélou[5] : « L'éloquence est un moyen prodigieux d'ac-

---

1. V. de Senneville et I. Horlans, *Les Grands Fauves du barreau*, *op. cit.*

2. Premier secrétaire de la Conférence (1974-1975) et bâtonnier (2008-2009).

3. Dans Y. Ozanam, S. Lataste, *La Conférence des avocats de Paris*, *op. cit.*

4. Emmanuelle de Boysson, *Georges Izard. Avocat de la liberté*, Presses de la Renaissance, 2003.

5. Jean Daniélou (1905-1974), prêtre, théologien, sera fait cardinal en 1969 et élu en 1972 à l'Académie française. Il est le fils du romancier et homme politique devenu ministre Charles Danié-

tion parce que presque toutes les expressions humaines y participent : les gestes, la voix, dans leurs nuances les plus variées, la présence avec tout ce qu'on peut arriver à lui donner, pour l'œil, d'autorité et de séduction. Un orateur prend partout et surtout par les mouvements du sang, il capte à son profit la force collective de la foule et il finit par accabler chaque individu du poids de l'émotion générale. Pour un moment, il est le Verbe, lui seul vit dans l'univers, et toute la passion de l'auditoire, quand il sait la susciter et la manier, vient le frapper pour rebondir sur l'assemblée. Techniquement, c'est une espèce de prestidigitateur de la conscience sociale. [...] Pour moi, la parole est tout mon talent[1]. »

Pour ce qui est de son allure, tous ses contemporains, ou presque, s'accordent à la trouver saillante – Christian Charrière-Bournazel évoque la silhouette « longue et racée » de Georges Izard, son front de « moine cistercien », son profil de « gypaète qu'illumine un regard sans ombre, tour à tour ironique ou cordial », sa bouche aux lèvres mobiles « exactement faites pour le discours[2] ». François Gibault[3], qui le connaîtra en 1966, « avant qu'il n'entre à l'Académie française, en 1971 », évoque quant à lui un « grand nez d'aigle » à l'avant-poste d'un « regard sans illusion ».

---

lou (1878-1953). Une de ses sœurs, Catherine, épousera Georges Izard en 1929.

1. E. de Boysson, *Georges Izard. Avocat de la liberté*, *op. cit.*

2. Y. Ozanam, S. Lataste, *La Conférence des avocats de Paris*, *op. cit.*

3. F. Gibault, *Libera me*, *op. cit.*

Reconnu très tôt comme ayant des qualités hors du commun pour exercer la profession d'avocat, Izard n'est cependant « pas pleinement satisfait et s'engage de plus en plus en politique ». Très imprégné des idées de Charles Péguy (notamment la conscience de la misère et de la détresse quelle qu'en soit l'origine), il veut « mettre en œuvre son idéal social, vivre son éthique chrétienne » : pour lui la foi, qui ne se restreint pas à la prière, doit prendre sa dimension évangélique dans « une conception révolutionnaire de l'engagement chrétien[1] ». Car bien qu'issu d'une « forteresse laïque », Izard sera « empoigné par la Grâce », et de cet « éblouissant secret, de ce radieux itinéraire qui lui fera concevoir *Esprit* et découvrir sainte Catherine de Gênes, il taira tout jusqu'à la fin[2] ».

C'est en 1932, précisément, que Georges Izard, Emmanuel Mounier, André Déléage et Marcel Péguy, intellectuels catholiques réformateurs rêvant d'une « véritable révolution humaniste », et dans un « culte commun de la liberté[3] », créent la revue *Esprit*, avec pour objectif de chercher « comment restituer aux hommes une espérance qui ne soit ni matérialiste ni trompeuse[4] ». Parallèlement, Izard lance, en 1933, le mouvement la Troisième Force, qui se défend d'être un parti : « Nous sommes une force nouvelle, la troisième force, au-delà du capitalisme mou-

1. E. de Boysson, *Georges Izard. Avocat de la liberté*, *op. cit.*
2. Christian Charrière-Bournazel, dans Y. Ozanam, S. Lataste, *La Conférence des avocats de Paris*, *op. cit.*
3. E. de Boysson, *Georges Izard. Avocat de la liberté*, *op. cit.*
4. C. Charrière-Bournazel, dans Y. Ozanam, S. Lataste, *La Conférence des avocats de Paris*, *op. cit.*

rant et du marxisme repensé[1]. » Ce mouvement fusionne ensuite avec le Front commun, pour créer le Front social, ce que Mounier considère comme une trahison, et Izard quitte « sans rupture » la revue *Esprit*. « Que cherche-t-il ? L'impossible : une révolution sans dommages[2]. »

Il mène alors une intense vie politique, notamment élu député du parti de la Gauche indépendante (frontiste) en 1936. Il dirige un temps l'hebdomadaire et organe du parti frontiste *La Flèche de Paris*, et collabore à *L'Incorruptible*, où « on traque le capitalisme, on dénonce la menace fasciste, on conspue le bolchevisme[3] ». Il participe aussi à la fondation, en 1939, des *Cahiers socialistes* et devient rédacteur en chef de l'hebdomadaire *Clartés*.

La guerre venue, Georges Izard s'y engage : volontaire au front, il connaît la captivité, l'hôpital militaire, la prison de Fresnes, l'engagement dans la Résistance. En 1946, arrivé à l'échéance de son mandat parlementaire et ayant « épuisé l'amertume des luttes politiques », il ne se représente pas.

Désormais, c'est au prétoire qu'il s'exprimera – où l'attend en 1949 le colossal et retentissant procès Kravchenko. Au moment où Izard s'y investit, il est déjà un avocat réputé, mais cette affaire[4] l'amènera à la grande notoriété.

1. E. de Boysson, *Georges Izard. Avocat de la liberté*, *op. cit.*

2. C. Charrière-Bournazel, dans Y. Ozanam, S. Lataste, *La Conférence des avocats de Paris*, *op. cit.*

3. *Ibid.*

4. Cette affaire, mettant directement en cause le système soviétique, devient aussi « le procès du communisme français ». Il faut se souvenir qu'après guerre le Parti communiste est en France « auréolé

C'est l'agent littéraire de Viktor Kravchenko pour la France, Gérard Boutelleau, qui a choisi de confier le dossier à Georges Izard, parce qu'il fut l'avocat de son père – l'écrivain Jacques Chardonne (né Jacques Boutelleau). Du côté communiste, c'est le redouté Joë Nordmann, sur lequel je reviendrai sous peu, qui est choisi.

Le grand match URSS/États-Unis peut commencer[1].

Les audiences de ce procès historique, qui s'est tenu en 1949 devant la 17e chambre correctionnelle de Paris – cette même chambre qui est toujours spécialisée dans les affaires dites « de presse », c'est-à-dire de diffamation –, ont duré deux mois.

De fait, ce procès « Kravchenko », qui connut en son temps un retentissement considérable, conservera, au regard de l'histoire, une place prépondérante dans la chronologie de la dénonciation des atrocités du stalinisme. Ce procès eut en effet lieu en 1949 – alors que Staline était encore vivant –, soit sept ans avant le fameux rapport Khrouchtchev (en 1956) et treize ans avant la publication d'*Une journée d'Ivan Denissovitch* (en 1962),

---

du prestige de la Résistance ». Il représente une importante force politique qui compte près d'un million d'adhérents. Persécutés sous l'Occupation, les communistes ont constitué la force vaillante de la Libération. Par ailleurs ils incarnent une idéologie qui « exerce un attrait puissant sur la classe intellectuelle », ce qui explique que « toute une partie de l'opinion considère avec méfiance le récit de Kravchenko ». (Dans *Les Grands Procès du XXe siècle*, édition établie et présentée par Stéphanie de Saint Marc, Robert Laffont, « Bouquins », 2016.)

1. Dans son ouvrage déjà cité, *Georges Izard. Avocat de la liberté*, Emmanuelle de Boysson donne le compte rendu complet du procès.

d'Alexandre Soljenitsyne, qui préfigurait son *Archipel du Goulag*, paru en 1973. Par ailleurs, ce procès eut lieu à Paris, soit à des milliers de kilomètres du pays où s'étaient produits les crimes évoqués : par là, certains historiens voient dans cette affaire une préfiguration, *mutatis mutandis*, des tribunaux à compétence universelle – comme la Cour internationale de justice de La Haye – que nous connaissons aujourd'hui, même si les accusés n'étaient pas des bourreaux du Goulag, mais de simples journalistes communistes français. Quoi qu'il en soit, le procès Kravchenko demeure l'un des plus grands procès politiques du XXe siècle. Alors qu'il ne s'agissait, au départ, que d'un simple procès… en diffamation.

Viktor Andreïevitch Kravchenko était un transfuge soviétique. Né en 1905, en Ukraine, il est issu d'un milieu acquis à la révolution : son père a participé aux insurrections de 1905, qui annonçaient, avec douze ans d'avance, les événements de 1917 et la chute du tsar. Viktor appartient à la génération qui se charge d'installer la révolution dans tous les rouages du pays. Membre des Komsomols (les jeunesses communistes), puis du Parti bolchevique, il est capitaine dans l'Armée rouge à l'issue de son service militaire, ingénieur et, enfin, commissaire politique. Mais la dékoulakisation (cette répression féroce, et plus particulièrement en Ukraine, de la paysannerie, supposée hostile au nouveau régime, qui provoquera, dans les campagnes, une famine sans précédent) l'éloigne peu à peu de l'idéal soviétique. En avril 1944, profitant de ce qu'il a été nommé à la chambre de commerce soviétique aux États-Unis, il abandonne son poste à Washington et demande l'asile politique. En 1946, il raconte son histoire dans *I chose freedom* (*J'ai choisi la liberté !*), un récit sans concession, de 600 pages, dans lequel Kravchenko dénonce la collectivisation des terres et les camps de prisonniers. Le livre, d'abord publié en Amérique, est très vite un succès planétaire : traduit en vingt langues, il paraît dès l'année suivante en France, aux éditions Self, une petite maison récemment créée, dirigée par René Wittmann, un maurrassien bon teint, qui le publie au mois de mai 1947 et connaît là son premier best-seller. Le succès de l'ouvrage est en effet considérable : en tout, près de 500 000 exemplaires seront écoulés entre 1947 et 1955, un chiffre colossal pour l'époque.

Avant *J'ai choisi la liberté !*, d'autres auteurs autorisés ont, dès l'entre-deux-guerres, critiqué le régime stalinien. C'est André Gide qui a, d'une certaine manière, ouvert la voie avec son *Retour de l'U.R.S.S.*, publié en 1936. En 1940, *Le Zéro et l'Infini*, d'Arthur Koestler (*Darkness at Noon*, dans son titre original), était bien plus implacable. Mais André Gide n'avait d'audience que chez les intellectuels. Et le livre de Koestler était un roman. Kravchenko parle de ce qu'il a vu, pousse la dénonciation des crimes du stalinisme plus loin qu'elle ne l'avait jamais été et rencontre un succès grand public.

Pour ne pas démoraliser Billancourt, les staliniens français se doivent donc de riposter. Le 13 novembre 1947, *Les Lettres françaises* publient un article intitulé « Comment fut fabriqué Kravchenko », qui, pour le décrédibiliser, accuse celui-ci d'être traître à sa patrie, alcoolique, affabulateur, de « mœurs dissolues » et asservi aux services secrets américains. Kravchenko riposte en attaquant l'hebdomadaire en diffamation. L'affaire est lancée.

Les Lettres françaises sont une émanation de la Résistance. Elles ont été fondées, durant l'été 1941, par Jean Paulhan et Jacques Decour (qui sera fusillé par les nazis). Publication illégale (et donc, clandestine) jusqu'à la Libération, *Les Lettres françaises* incarnaient la résistance intellectuelle à l'occupant. À la fin de la guerre, la revue est noyautée par les communistes. Ceux-ci, du reste, jouissent à l'époque d'un grand prestige dans la communauté intellectuelle française : le Parti communiste français n'est-il pas, comme il se revendique, le « parti des 75 000 fusillés », celui qui a payé le plus lourd tribut de sang au nazisme ? En 1953, Louis Aragon deviendra le directeur de la revue. À partir de 1962, *Les Lettres françaises* connaissent une « renaissance morale » qui prend la forme d'un revirement progressif de sa ligne éditoriale : l'hebdomadaire prend de plus en plus souvent parti pour les intellectuels persécutés à l'Est. C'est insupportable pour le PCF, qui supprime la revue dix ans plus tard, en 1972.

Mais, à l'époque qui nous intéresse, *Les Lettres françaises* sont la vitrine du stalinisme pur sucre. Et l'article du 13 novembre 1947, signé du nom d'un « journaliste » inventé pour la circonstance, était directement téléguidé par le PCF, lui-même manipulé par son grand frère soviétique. L'hebdomadaire reçoit son assignation en diffamation le 12 février 1948. Comme il est de règle dans les procès en diffamation, la charge de la preuve incombe à la défense, qui doit justifier les termes employés à l'encontre du plaignant. Et ce travail, ce sera celui de

Joë Nordmann, que *Les Lettres françaises* ont choisi pour les défendre. Inconnu du grand public, Joë Nordmann (1910-2005) n'en fut pas moins un avocat réputé, ancien résistant, défenseur inlassable des droits de l'homme – et qu'on retrouvera dans le procès Papon. À ceci près que, pour Joë Nordmann, la défense des droits de l'homme contournait les frontières du bloc de l'Est. Adhérent du PCF depuis 1933, le procès Kravchenko lui valut du reste une solide réputation de « stalinien » : Joë Nordmann, pour reprendre la savoureuse formule de la journaliste Annette Lévy-Willard dans *Libération* (du 27 mai 1996), c'était un peu « la faucille et le barreau »…

Le procès s'ouvre le 24 janvier 1949, devant la 17e chambre correctionnelle de Paris, celle-là même qui juge toujours, aujourd'hui, la majorité des affaires de presse. Il va durer deux mois – et, tout du long, devant une salle comble. Dès la première audience, le président Henri Durkheim (le neveu du sociologue Émile Durkheim) rappelle au rédacteur en chef des *Lettres françaises* Claude Morgan et au journaliste André Wurmser, qui doivent répondre de la diffamation, que ce n'est pas à Viktor Kravchenko « de démontrer qu'il n'est pas un menteur : c'est à vous de faire la preuve des faits dont vous l'avez incriminé ». « Nous le ferons », promet Joë Nordmann. L'avocat de l'hebdomadaire s'est beaucoup démené, durant les onze mois qui ont séparé l'assignation en diffamation du procès. Sa stratégie est claire : la défense entend se faire accusation, et montrer que l'ouvrage de Viktor Kravchenko s'inscrit dans un vaste mouvement de dénigrement de l'Union soviétique. Ce procès pour diffamation sera un procès politique. Pour ce faire, Joë Nordmann n'a pas hésité à entrer en contact avec des fonctionnaires de l'ambassade d'URSS à Paris, pour que le régime stalinien l'abreuve en témoins à charge contre Kravchenko. Par ailleurs, *Les Lettres françaises* ont fait appel à tous leurs soutiens intellectuels – et ils sont nombreux, à l'époque – pour témoigner en leur faveur.

Car, pendant deux mois, les deux parties s'affrontent par avocats mais aussi par témoins interposés, dans une salle d'audience de la 17ᵉ chambre bondée, tendue, toujours prête à manifester son hilarité comme son émotion…

Globalement, l'audition des témoins de la défense vise à démontrer deux faits : d'une part que Kravchenko est un traître à la cause antifasciste et patriotique et que, en outre, il n'est pas l'auteur du livre qu'il a signé.

Vient notamment à la barre Louis Martin-Chauffier, résistant et déporté pendant la guerre, président en exercice du Comité national des écrivains, institution ouvertement communiste, qui est un collaborateur régulier… des *Lettres françaises*, et j'en profite pour saluer son petit-fils, parfait héritier de cette lignée, Gilles Martin-Chauffier. Louis Martin-Chauffier dit toute l'estime qu'il a pour Claude Morgan et André Wurmser qu'il présente comme « [s]es amis » et tout le mal qu'il pense de Viktor Kravchenko. Il considère ainsi qu'en quittant l'URSS et en donnant une interview au *New York Times* en avril 1944, Kravchenko a trahi « non seulement son pays, mais tous les alliés ensemble ».

Pierre Courtade, rédacteur en chef du journal communiste *Action* et éditorialiste à *L'Humanité*, estime qu'une partie du livre est bien de Kravchenko, mais que le gros de l'ouvrage est du roman à la sauce américaine : « Comment se fait-il que M. Kravchenko soit au courant de tout ? Qu'il soit allé partout ? Qu'il ait tout vu ? Cela est invraisemblable », déclare-t-il.

Plus intéressante, au moins littérairement, sera l'apparition de Jean Cassou, écrivain, poète délicat que je chéris, résistant, le directeur fondateur du musée national d'Art moderne de Paris, critique, et le premier président de l'Institut d'études occitanes, ouvertement franc-maçon, initié avec Georges Dumézil.

Et puis témoigne Vercors, célèbre écrivain de la Résistance, auteur du *Silence de la mer*, qui revient quant à lui sur la conduite de Kravchenko. À la question « Qu'auraient pensé les résistants s'ils avaient entendu parler de Kravchenko en 1944 ? » posée par maître Nordmann, Vercors répond : « Ils auraient évidemment pensé la même chose que ce que nous pensons aujourd'hui de la Ligue antibolchevique, antimaçonnique et antisémite » avant de comparer la démarche de Kravchenko à celle du « traître Paul Chack, qui a été fusillé, si je ne me trompe, pour ces raisons mêmes ».

Jean Baby, résistant ayant perdu son fils à la guerre, membre du Parti communiste, historien, professeur à Sciences Po, vient déposer à son tour. Il entreprend de démontrer que le livre de Kravchenko ne peut pas être le travail d'écriture d'un Russe « parce qu'on y sent un esprit qui n'a rien de russe », tout en confessant au président de la 17e qu'il ne lit pas le russe mais qu'il a lu les auteurs russes en traduction dans l'hilarité générale… Pour Jean Baby, le livre de Kravchenko est « une littérature d'un genre spécial » forgée de « goûts américains », en ajoutant qu'« il n'y a jamais eu de persécutions en URSS. Il est impossible qu'il y ait 10 millions de prisonniers en Russie. Comment expliquer, sinon, une telle poussée démographique ? En 1917, il y avait 117 millions d'habitats ! » s'interroge-t-il. « Ce livre, ce n'est pas seulement une mauvaise plaisanterie, un livre de mauvais goût, un livre antisoviétique ordinaire : c'est un livre qui a un but politique précis et, ce but, c'est de préparer la guerre », continue-t-il.

Emmanuel d'Astier de La Vigerie est le premier témoin dont la déposition ne provoque pas l'hilarité de l'assistance… Directeur de *Libération*, député gaulliste de gauche, d'Astier de La Vigerie revient sur l'interview de Kravchenko en avril 1944. Il explique que si celui-ci avait fait ça en Algérie, au moment où il était commissaire à l'Intérieur au gouvernement provisoire du général de Gaulle, il aurait été arrêté « pour propagande à l'avantage de l'ennemi ». De la même façon, d'Astier juge que ce livre est un « appel à la guerre contre les Soviets ».

Plus que le simple procès en diffamation, c'est le régime soviétique et la terreur stalinienne qui sont au banc des accusés. Il appartient donc aux communistes non plus de se contenter de confondre Kravchenko, mais de démontrer l'excellence du communisme soviétique. Pour *Les Lettres françaises*, c'est donc tout un inventaire à la Prévert. Au-delà des anciens résistants français et figures intellectuelles, sont appelés pour témoigner une ex-épouse de Kravchenko, des anciens collègues et même des gradés de l'Armée rouge, comme le général Rudenko. Son apparition à la barre, en uniforme bardé de décorations, avec son aide de camp, fait forte impression. Sa déposition va même provoquer un duel avec Kravchenko où les deux se traitent mutuellement de « traîtres » et de « menteurs ».

Mais rapidement, les intellectuels reviennent à la barre et s'efforcent de démontrer que Kravchenko n'a pas pu écrire son livre dans la mesure où ce qu'il n'écrit ne correspondrait pas à la réalité soviétique. Jean Bruhat, professeur d'histoire, auteur du *Que sais-je ?* sur l'histoire de l'URSS, estime que le livre de Kravchenko est rempli d'« invraisemblances », de « contradictions » et de « contre-vérités » et que « la famine existait aussi sous le tsarisme ».

Il est rejoint par Roger Garaudy, le même qui a encore plus dangereusement ratiociné bien plus tard, alors philosophe communiste.

Du côté de Kravchenko, les soutiens ne sont évidemment pas restés inactifs. Comme le raconte le journaliste Guillaume Malaurie dans l'ouvrage qu'il consacrera à *L'Affaire Kravchenko*, Gérard Boutelleau et Georges Izard entendaient profiter de ce procès pour mettre en évidence l'existence de camps de concentration derrière le « rideau de fer » : ils emplirent « d'appels à témoigner les journaux russes et ukrainiens lus dans les camps de personnes déplacées d'Allemagne occidentale », suscitant plus de cinq mille réponses, parmi lesquelles ils n'avaient plus qu'à faire le tri. Des paysans, des ouvriers, des ingénieurs, des employés et une bibliothécaire racontent la terreur stalinienne, les purges et les camps mis en place par le régime soviétique. Ces dépositions sont souvent l'occasion de polémiques entre les interprètes et traducteurs qui se disputent sur l'interprétation des mots, le russe étant une langue riche de nuances linguistiques…

Mais face à la pléthore de dépositions d'intellectuels et d'anciens résistants, c'est le témoignage de Margarete Buber-Neumann qui, à lui seul, pèsera plus lourd que ceux de toutes ces célébrités.

Venue spécialement de Stockholm, militante communiste allemande dans les années 1930, aux côtés de ses deux maris successifs, Rafael Buber et Heinz Neumann, disparu en Union soviétique, Margarete Buber-Neumann connut le triste privilège d'avoir été envoyée en Sibérie, au goulag, avant d'être expédiée dans un camp de concentration nazi, celui de Ravensbrück, par la Gestapo au lendemain du pacte germano-soviétique. Parvenant à s'échapper de Ravensbrück juste avant l'arrivée de l'Armée rouge, Margarete Buber-Neumann décrit devant la 17e chambre avec précision ce qu'était un camp de concentration soviétique, le travail épuisant, les représailles pour les récalcitrants, la faim en permanence, les conditions dégradantes d'hygiène et de logement, la surveillance sans relâche ainsi que la prostitution nécessaire. Ce témoignage soulève les objections des avocats des *Lettres françaises*. Maître Blumel veut notamment démontrer qu'il est impossible que le témoin ait été interné dans un « camp de concentration » puisqu'il n'y avait ni murailles ni clôture… Margarete Buber-Neumann a beau lui expliquer que « dans la steppe nul n'a besoin d'enceinte et que, si l'on dépasse cinq cents mètres, on est fusillé », maître Blumel ne renonce pas et persiste à la contredire en affirmant, de façon péremptoire, qu'il s'agit de « zone pénitentiaire, pas de camp fermé » ou que « cela s'appelle, en France, une résidence forcée », trouvant là le seul moyen de décrédibiliser Margarete

Buber-Neumann et de lui faire perdre toute légitimité. Son témoignage en faveur de Kravchenko bouleverse néanmoins le public dans la mesure où c'est la première fois qu'un rescapé du goulag atteste publiquement de l'existence de camps de déportation soviétiques en Sibérie. Dans la 17e chambre, une journaliste qui couvre le procès pour *La Pensée russe*, le journal des Russes blancs exilés à Paris, est particulièrement émue : il s'agit d'une certaine Nina Berberova...

Ces chaînes argumentatives déployées tout au long du procès dans les dépositions des témoins furent reprises lors des plaidoiries des avocats maîtres Heiszmann et Izard, dans les déclarations finales de Kravchenko, puis de maîtres Wurmser et Morgan, avocats des *Lettres françaises*.

Dans sa plaidoirie finale, Georges Izard apparaît comme « une espèce de Zola du xxe siècle », écrit Emmanuelle de Boysson, citant cet extrait du livre de Nina Berberova, *L'Affaire Kravtchenko*[1] : « Izard est un tribun populaire au sens que ce mot peut avoir pour quelques orateurs français, morts ou vivants. Ses gestes sont sobres, jamais sa voix ne dérape vers le cri. Mais ce qu'il dit, comme la façon dont il le dit, bouleverse les cœurs et laisse une profonde empreinte dans la mémoire. »

Cependant, la justice refusa de se prononcer sur le contenu politique du procès. Le substitut Coissac, qui avait pourtant déclaré à l'audience du 7 février, qu'il « n'était pas étonnant que ce procès ait un certain retentissement en raison de l'importance du sujet » se livrera pourtant

1. Nina Berberova, *L'Affaire Kravtchenko*, Actes Sud, 1990.

à un réquisitoire très évasif, qu'il terminera d'ailleurs par ces mots : « Dans cette affaire, je me suis abstenu à dessein d'essayer d'influer sur votre décision. Ces quelques réflexions n'ont pas droit au nom de réquisitoire, qu'elles aient pour vous le mérite de clore cette instance dans le climat de sérénité hors duquel la justice et la vérité n'ont pas plus de consistance que le reflet d'une ombre ou l'ombre d'un reflet. » Claude Morgan et André Wurmser furent condamnés à 5 000 francs d'amende et 50 000 francs de dommages et intérêts. *Les Lettres françaises* firent appel, mais le procès en appel (qui se tint l'année suivante, en février 1950) confirma la condamnation, réduisant seulement les dommages et intérêts au franc symbolique. Dans ses attendus, la cour d'appel confirma que la seule question à trancher était celle de la diffamation, précisant que « les controverses politiques ne peuvent trouver audience devant une juridiction correctionnelle ».

Le procès Kravchenko ne fut donc pas, à la lettre, le premier « procès du goulag », même si c'est bien sous cette image qu'il s'est ancré dans la mémoire collective : les deux mois de débats passionnés avaient fourni aux adversaires du totalitarisme stalinien une tribune inespérée qui permit de briser le mur du silence.

Cette affaire a tant marqué la 17e chambre correctionnelle que, lors du déménagement, en 2018, du tribunal de Paris qui a quitté ses locaux historiques de l'île de la Cité pour le nouveau tribunal dit « des Batignolles », nous – avocats qui la fréquentons de façon régulière et magistrats qui y siègent… – l'avons reconstituée dans une version très réduite.

Nous – une poignée de juges et de conseils – avons en effet passé un après-midi à incarner devant une salle bondée les différentes parties du procès Kravchenko, durant lequel j'ai, pour ma part, redit le rôle des multiples témoins venus à charge ou à décharge. Voilà un bel adieu à une salle d'audience qui a tant compté dans la vie de la République.

C'est en effet une tradition que de rejouer entre gens de métier les grands procès historiques, exercice où il est parfois possible d'imaginer une autre plaidoirie que celle originellement prononcée.

Viktor Kravchenko mourut en 1966. On le retrouva à son bureau de New York, une balle dans la tête. Malgré des accusations d'attentat du KGB, la thèse, officielle, du suicide, n'a jamais été contestée par les autorités américaines.

Kravchenko avait gagné le procès. Georges Izard était sorti vainqueur, mais douloureusement, d'une des plus grandes affaires judiciaires et politiques de ce siècle.

Il sera aussi l'avocat de Paul Claudel, assigné en diffamation par Charles Maurras, des Rothschild, du bey de Tunis et du roi du Maroc, de *L'Express*, de François Mitterrand – à propos de l'affaire de l'Observatoire (1959) et de ce faux attentat qu'il est suspecté d'avoir lui-même organisé.

Son élection à l'Académie française, en 1971, apportera-t-elle à celui, considéré comme un « seigneur » (« fils de roi dont le père n'était pas roi »), la concrétisation d'un rêve ?

« Il avait souhaité être un homme politique, un gouvernant, un chef de parti pour agir pour la France. Il avait envie d'une carrière littéraire, il aurait aimé être un grand écrivain. Était-il entièrement satisfait d'être le premier avocat de son temps ? Peut-être pas. C'était la place que le destin lui avait assignée et il l'a tenue admirablement[1]. »

Ténor militant

Quand Kravchenko attaque *Les Lettres françaises* en justice, avec comme avocat Georges Izard, c'est donc Joë Nordmann, cette autre figure du barreau, qui lui fait face.

Haut personnage de la Résistance, juif et communiste, il est le fondateur, en 1942, « à la charnière des basculements et des ruptures décisives », du Front national des juristes (FNJ), véritable organe de résistance judicaire et qui aura son journal : *Le Palais libre*[2]. En juin de cette année 1942, Laval souhaite la victoire allemande ; en septembre est institué le Service du travail obligatoire (STO) – « c'est aussi l'année du premier convoi de juifs

1. E. de Boysson, *Georges Izard. Avocat de la liberté*, *op. cit.*

2. Le premier numéro du *Palais libre* paraît, après bien des difficultés, en mai 1943 et connaîtra 11 numéros, dont le tirage clandestin atteindra les 10 000 exemplaires. « Nous commentions les lois de Vichy, dénoncions l'illégalité des réquisitions pour le STO, rappelions aux magistrats le Code pénal, punissant les actes d'intelligence avec l'ennemi. S'ils se rendaient coupables, leurs noms ne seraient pas oubliés lorsque l'heure des comptes sonnerait… », dans Joë Nordmann, Anne Brunel, *Aux vents de l'histoire. Mémoires*, Actes Sud, 1996.

vers Auschwitz le 27 mars, puis de la rafle du Vél' d'hiv' les 16 et 17 juillet[1] ».

Sous le régime et les lois de Vichy, Joë Nordmann est radié du barreau car un juif n'a plus le droit d'être avocat. En tant que résistant, il est très actif : c'est lui qui se rend chez Aragon (« ayant roulé tant bien que mal les papiers dans la couture de mon slip[2] », raconte-t-il) pour lui remettre des documents sortis clandestinement du camp de Châteaubriant et qui relatent « le comportement, à l'heure de la mort, des 27 internés fusillés par les Allemands » – exécution d'otages suggérée par le ministre de l'Intérieur de Vichy à la suite de l'attentat, le 20 octobre 1941, contre le lieutenant-colonel Hotz.

C'est ainsi qu'Aragon écrira puis publiera, toujours illégalement, *Le Crime contre l'esprit*, avec comme nom d'auteur : « Le témoin des martyrs » (diffusé sous le manteau en 1943, puis publié aux Éditions de Minuit, dans la collection « Témoignages », en février 1944).

En 1945, Joë Nordmann assiste au procès de Nuremberg. « Pendant des semaines, assis à quelques mètres du banc des accusés, explique-t-il[3], j'ai pu observer Göring ou Hess. Ils n'exprimaient aucun repentir. Le souvenir de ce procès m'a hanté et, dans les poursuites que j'ai engagées contre Touvier et Barbie, on m'a entendu répéter que les principes de la charte de Nuremberg sont toujours

1. *Ibid.*

2. *Ibid.*

3. Lors d'une interview menée pour *L'Express* par Raphaël Sorin ; https://www.lexpress.fr/informations/joe-nordmann-fait-toujours-de-la-resistance_613933.html.

actuels. Les crimes de ces deux hommes, protégés par le "syndrome de Vichy", étaient imprescriptibles. Ils ne méritaient aucune indulgence. En plaidant la reconnaissance des résistants comme victimes de crimes contre l'humanité, j'ai par ailleurs combattu une jurisprudence restrictive. » C'est ainsi qu'en 1973 il dépose la première plainte pour « crimes contre l'humanité » visant Paul Touvier. Outre son rôle dans le procès Barbie, il sera conseil de la partie civile à celui de Maurice Papon[1].

---

1. Le procès de Klaus Barbie, surnommé « le Boucher de Lyon » et dont il sera question à propos de Serge et Beate Klarsfeld et aussi de son défenseur Jacques Vergès, se déroule du 11 mai au 2 juillet 1987. Barbie est, entre autres crimes, responsable de la torture et de la mort de Jean Moulin. La justice française l'a déjà condamné à mort à deux reprises, en 1952 et en 1954 – mais par contumace, en raison de sa fuite en Amérique latine. Enfin en 1983, après de multiples interventions de nombre de ministres (Claude Cheysson, Robert Badinter, Charles Hernu, Jacques Delors, etc.), Barbie est expulsé de Bolivie et aussitôt arrêté en France. Il sera condamné à la réclusion à perpétuité pour avoir commis 17 crimes contre l'humanité et mourra en détention en 1991. Le procès de Maurice Papon, qui sera évoqué par le biais de son défenseur Jean-Marc Varaut et qualifié de « procès de l'ambiguïté » (par Charles Amson dans l'ouvrage déjà cité *Les Grands Procès*), car il a « largement dépassé le cas de l'accusé » pour établir « la responsabilité dans la déportation des juifs des fonctionnaires de l'État français », s'ouvre, après seize ans d'instruction, le 8 octobre 1997. Papon sera condamné en avril 1998 à 10 ans de réclusion criminelle pour complicité de crimes contre l'humanité. Libéré en septembre 2002 pour raisons de santé, il mourra en 2007 à l'âge de 96 ans. Quant au procès de Paul Touvier, perçu comme étant celui de la Milice, il a lieu en 1994. Touvier est accusé de complicité de crimes contre l'humanité. Il a déjà été condamné à mort par contumace en 1946 et 1947

Joë Nordmann est un avocat militant. En 1962, il défend les victimes de la violente répression policière d'une manifestation réclamant l'arrêt des actions de l'armée française en Algérie : c'est l'affaire dite de la « station de métro Charonne » à Paris. On le retrouve « tout aussi bien aux côtés des républicains espagnols que des patriotes vietnamiens et algériens » ; il plaide « en Grèce contre les colonels, au Paraguay contre le dictateur Stroessner, au Chili contre Augusto Pinochet[1] ».

Souvent associé au Parti communiste en tant qu'avocat, il précise qu'il a eu « la chance d'avoir une clientèle de bourgeois et d'ouvriers[2] », avec des dossiers comme celui du talc Morhange[3] à l'origine de la mort ou du handicap

---

pour trahison et intelligence avec l'ennemi. Il comparaît notamment pour son rôle dans l'exécution de 7 otages par la Milice à Rillieux-la-Pape. Parmi les plus de 20 avocats qui représentent l'accusation et les parties civiles, figure Alain Jakubowicz, à retrouver un peu plus loin dans le présent ouvrage. Paul Touvier sera condamné à la réclusion à perpétuité et décédera en prison en 1996.

1. Jean-Michel Dumay, « Joë Nordmann, ex-avocat du PCF », *Le Monde*, le 18 novembre 2005.

2. Annette Lévy-Willard, Portrait, « Joë Nordman », *Libération*, le 27 mai 1996 ; https://www.liberation.fr/portrait/1996/05/27/joe-nordmann-86-ans-ancien-resistant-defenseur-des-droits-de-l-homme-longtemps-avocat-des-communiste_170652/.

3. En 1972, apparaît dans les services de pédiatrie des hôpitaux une maladie atteignant les nouveau-nés : des lésions cérébrales mortelles associées à des lésions cutanées du siège. 168 enfants au moins sont touchés, 36 décèdent, 8 gardent des séquelles irréversibles. Ils ont tous été saupoudrés par le même talc Morhange, dont l'analyse révèle un composant très toxique. « L'enquête durera quatre années », relate le journal *Les Échos*, qui l'évoque de nou-

de près de 200 enfants. Et il rappelle qu'au procès Barbie il était « l'avocat d'une gaulliste », ayant fait témoigner Geneviève de Gaulle.

Soixante années d'engagement politique et le procès Kravchenko[1] – où il lui sera reproché la violence de ses accusations visant entre autres Margarete Buber-Neumann, survivante du goulag et livrée par les Soviétiques aux Allemands pour être déportée à Ravensbrück – lui vaudront une réputation persistante de « vieux stalinien », bien qu'il soit décoré de la Légion d'honneur, de la croix de guerre, de la rosette de la Résistance.

Dans ses mémoires, il évoque certains « errements » de ses convictions.

« Il est exact, écrit-il, que l'URSS et ses satellites furent souvent absents du champ de mes investigations et dénonciations. Je sais que, du temps du procès Kravchenko,

---

veau le 3 mars 2010. « Elle révélera qu'à la suite d'une erreur de conditionnement, 38 kilos d'hexachlorophène ont été mélangés à 600 kilos de talc. L'affaire mettra sept années à être jugée. Parmi les inculpés : la société Morhange et la société Givaudan, qui commercialise l'hexachlorophène en France. Cette dernière proposera aux victimes quelque 8 millions de francs d'indemnisation que beaucoup accepteront. Le 11 février 1980, le tribunal de Pontoise condamne les cinq principaux inculpés à des peines d'emprisonnement avec sursis allant de 1 à 20 mois. En appel, néanmoins, toutes les peines seront réduites à moins de 12 mois. En 1981, François Mitterrand amnistie définitivement tous les inculpés. Ce n'est qu'en 1991, près de vingt ans après les faits, que les familles, qui n'ont cessé de crier à l'injustice, seront indemnisées par l'État. »

1. Se reporter au ténor précédent, Georges Izard, et à la note n° 1 p. 200.

l'orthodoxie m'a aveuglé. D'autres ont su, plus fermement que moi, dire non, même si, murés dans leur refus, certains parmi eux se montrent moins incommodés par les méfaits, les injustices et les crimes commis sous leurs yeux par le capitalisme. Je me suis trompé. J'ai tenté de dire pourquoi. Mes erreurs ont-elles pour autant infléchi les mobiles de mon action[1] ? »

Chez les prisonniers

En cette période d'avant et surtout d'après-guerre, qui a vu se mettre en place, à la Libération, l'« épuration[2] » visant à traquer les personnes qui avaient collaboré avec l'occupant allemand, les ténors du barreau mènent souvent de front carrière politique et métier d'avocat, ce qui donne à leur éloquence une tonalité spécifique.

---

1. J. Nordmann, A. Brunel, *Aux vents de l'histoire*, *op. cit.*

2. Lors de cette période dite de l'épuration, qui fait cependant débat (certains historiens avançant que l'idée d'une « épuration sauvage » est en fait une « construction, destinée notamment à déstabiliser les communistes, présentés en justiciers sanguinaires, ou à minorer les méfaits de la collaboration », France Culture, le 25 mai 2018), et d'après les chiffres communiqués par *Le Point* (et *Historia*) le 29 août 2013, la Haute Cour dut examiner 108 affaires « d'atteinte à la sûreté de l'État », dont celle de Pétain. Il y eut 18 condamnations à mort (dont 9 par contumace) et 25 à des peines de travaux forcés. Les cours de justice « furent saisies de 57 000 affaires et leurs arrêts se soldèrent par 6 763 condamnations à mort (dont 4 397 par contumace) et 779 exécutions, 13 211 peines de travaux forcés et 26 529 peines de prison. » Quant aux chambres civiques, « elles

Jacques Isorni, que j'ai déjà évoqué, l'explique bien dans ses *Mémoires* : « J'ai abordé la politique non pas en quittant mon métier, mais en l'exerçant. Il m'a conduit à elle par la violence des événements, par les combats les plus divers contre les pouvoirs au nom de la conception que je me suis faite de la justice » – et il ajoute : « Ma force a été d'être toujours du côté des prisonniers, quels qu'ils soient, s'ils me demandaient de les assister[1]. » Sur ce point, François Gibault rapporte d'ailleurs une anecdote qui en valide le contenu. Au moment du décès de Jacques Isorni, ses dossiers ont été répartis auprès d'avocats qu'il tenait en estime – dont Gibault. Ce dernier hérite ainsi de « quelques affaires particulières », des dossiers « que j'ai refermés aussi vite que je les avais ouverts, raconte-t-il, après avoir vu défiler chez moi des fous et des folles, des paranoïaques surtout, qu'Isorni avait reçus avec enthousiasme et pour lesquels il avait porté plainte contre des ministres, des procureurs généraux, des préfets et des premiers présidents de cours d'appel[2] ».

Un dossier majeur agit comme une estampille sur la vie et la carrière de Jacques Isorni, alors que rien ne laissait

---

prononcèrent 95 000 condamnations à l'indignité nationale ». Des comités d'épuration furent par ailleurs institués au sein des services publics. Ainsi « dans l'armée, 26 779 officiers furent mis à la retraite. Dans la police, on dénombra environ 7 000 sanctions. Dans le monde des arts, des lettres et du spectacle, les mises à l'index temporaires furent décrétées sans appel. En revanche l'épuration pour collaboration économique se fit discrètement. »

1. Jacques Isorni, *Mémoires, 1911-1945*, vol. I, Robert Laffont, 1984.
2. F. Gibault, *Libera me*, *op. cit.*

présager pareille destinée – inscrit à l'âge de 20 ans au barreau de Paris, premier secrétaire de la Conférence, il se tient à l'écart des multiples soubresauts de la IIIe République –, celui du maréchal Pétain, au point qu'il en devient l'« avocat posthume ».

« Cette cause, sa "grande affaire", il en aura été habité jusqu'à son dernier souffle, écrit Jean-Marc Théolleyre[1]. Elle l'aura conduit à tous les excès, à toutes les injustices, en même temps qu'elle lui aura infligé les plus vraies souffrances. Elle aura nourri un antigaullisme spécifique qui, pour s'exprimer, aura pris prétexte de tout. » Isorni défendra ainsi, en 1963, l'un des conjurés de l'attentat du Petit-Clamart et principal accusé, Jean Bastien-Thiry – et il sera suspendu en tant qu'avocat pendant trois ans.

Il faut ici rappeler que jusqu'à ce que Robert Badinter, devenu ministre de la Justice, obtienne du Parlement une modification de la formule[2] en 1982, un avocat prêtant serment devait jurer « de ne rien dire ou publier comme défenseur ou conseil de contraire aux lois, aux règlements, aux bonnes mœurs, à la sûreté de l'État et à la paix publique et de ne jamais s'écarter du respect dû aux tribunaux et aux autorités publiques ».

Pendant l'Occupation, Isorni s'emploie à défendre bec et ongles résistants et/ou communistes ; pendant l'épuration, il défend avec la même énergie les collaborateurs

1. Dans *Le Monde*, le 11 mai 1995.

2. Formule devenue la suivante : « Je jure, comme avocat, d'exercer la défense et le conseil avec dignité, conscience, indépendance et humanité. »

ou suspectés de l'être, face à une vague de jugements et d'exécutions à la va-vite, après des simulacres de procès et à l'appui de dossiers souvent inconsistants.

« Que de fois sommes-nous restés abasourdis, écrit-il dans ses *Mémoires*[1], devant le vide des dossiers ayant motivé les condamnations les plus graves. J'ai vu celui d'une femme condamnée à mort pour avoir corrigé les fautes d'orthographe d'articles qu'écrivait son mari. »

C'est ainsi qu'il devient le défenseur et l'ami de l'écrivain et journaliste d'extrême droite Robert Brasillach[2], qui œuvre à l'Action française et à l'hebdomadaire collaborationniste et antisémite *Je suis partout*, dont il est le rédacteur en chef de 1941 à 1943. Contrairement à ce qui est affirmé ici ou là, Brasillach, exécuté à l'âge de 36 ans, n'est pas le seul homme de plume français à avoir payé de sa vie « des écrits dans lesquels la justice de la Libération pouvait voir juridiquement des actes d'intelligence avec l'ennemi », rappelle Jean-Marc Théolleyre[3]. Mais c'est

1. J. Isorni, *Mémoires*, vol. I, *op. cit.*

2. Le procès de Robert Brasillach a lieu le 19 janvier 1945, bouclé en quelques heures. Aucun témoin n'est cité. Il est condamné à mort pour intelligence avec l'ennemi. Une soixantaine d'intellectuels, dont Paul Valéry, François Mauriac, Paul Claudel ou Albert Camus, demandent sa grâce au général de Gaulle, qui refuse de l'accorder. Simone de Beauvoir, qui a assisté au procès, ne s'associe pas à la démarche pétitionnaire en faveur de Brasillach : « Pour l'accusé, c'était le moment de la vérité qui mettait en jeu sa vie, sa mort. Il tint tête, calmement, à ses accusateurs, et, quand la sentence tomba, il ne broncha pas. À mes yeux, ce courage n'effaçait rien ; ce sont les fascistes qui attachent plus d'importance à la façon de mourir qu'aux actes. »

3. Dans *Le Monde*, le 5 février 1995.

pourtant « autour de son seul nom qu'un demi-siècle après tournent toujours les discussions et se rallument les polémiques » à propos de l'épuration d'après-guerre, d'aucuns l'ayant même surnommé le « James Dean du fascisme français ».

La manière dont le jeune avocat Jacques Isorni a conçu ses plaidoiries à ce moment de sa carrière est très éclairante : « Depuis quelques jours, confie-t-il dans ses *Mémoires*, la défense pesait sur mon cœur, ou plutôt sur mes entrailles, presque physiquement. Je ne voulais pas écrire mes deux plaidoiries, l'une sur le renvoi de l'affaire, l'autre sur Brasillach lui-même. Quand on écrit, on lit ou on récite. Ce sont les plus mauvais moyens pour atteindre ceux auxquels on s'adresse. Si bien que je me répétais mes plaidoiries à l'intérieur de moi-même. À la veille de l'audience tragique, j'avais l'impression que les idées, les phrases, les mots se précipitaient en moi, semblaient sortir de mon être avant que je les prononce. À certains moments, cette pression devenait intolérable [...]. À 13 heures, Robert pénétrait dans le box des accusés. À 18 heures, ils l'avaient condamné à mort. »

Brasillach est exécuté le 6 février 1945. Le 23 juillet de la même année, le procès Pétain[1] s'ouvre. Le Maréchal est

1. Le 15 août 1945, à 4 heures du matin, à l'issue d'un procès expédié en 24 jours, Philippe Pétain, reconnu coupable d'avoir entretenu « des intelligences » avec l'ennemi, est condamné à mort, avec cependant le « vœu » que la sentence ne soit pas exécutée en raison de son « grand âge ». Le général de Gaulle commue la peine en une détention à perpétuité. Pétain mourra en captivité sur l'île d'Yeu (Vendée) en 1951. En réalité, il se sera agi, comme le suggère

poursuivi pour crime contre la sûreté intérieure et intelligence avec l'ennemi. Il lui est également reproché d'avoir pratiqué une politique de collaboration ayant contribué au fonctionnement de la machine de guerre allemande[1].

Le lien qui se noue entre Isorni et Pétain est unique : « Un journaliste a pu écrire qu'entre nous, ç'avait été une histoire d'amour » – au point que l'avocat lui dira : « Monsieur le maréchal, je vous fais le don de ma personne[2]. »

Sa plaidoirie, jugée par tous admirable, et qu'il est

Jean-Gaston Moore (dans l'ouvrage déjà cité *Les Grands Procès*), du « procès de l'armistice » et non pas celui du régime de Vichy. « On peut s'étonner que les dépositions des témoins à la barre [...] aient très essentiellement porté sur l'armistice [...] et que l'essentiel n'ait pas été abordé : à savoir, le rôle du Maréchal pendant les années d'Occupation. » Mais, rappelle le journal *Les Échos* (le 22 juillet 2005), les notions d'extermination, de réduction en esclavage, de déportation et de tout acte humain contre les populations civiles ne seront juridiquement validées que plus tard. Au moment du procès Pétain, « la spécificité du calvaire des juifs de France était encore sous-estimée [...]. Il faudra attendre les travaux des historiens dans les années 1970 et 1980 pour souligner que la répression exercée par l'occupant n'avait été possible qu'avec la complicité de Vichy. » Concernant la plaidoirie de Jacques Isorni, fondée sur la renommée dont jouissait le premier maréchal de France, héros de Verdun adulé par la population, porté au pinacle à droite comme à gauche, elle « sut émouvoir, trouver les mots justes » pour toucher « les jurés les plus fermés », écrit encore Jean-Gaston Moore.

1. Notamment avec la mise en place du STO (Service du travail obligatoire). En termes de quantité de main-d'œuvre fournie au régime nazi, la France sera (tristement) au troisième rang, après l'URSS et la Pologne.

2. J. Isorni, *Mémoires*, vol. I, *op. cit.*

encore possible d'écouter[1], sait émouvoir et rappeler le personnage admiré, tant respecté, qu'était Philippe Pétain dans l'entre-deux-guerres, le vainqueur de Verdun fêté par l'entier peuple français. Isorni raconte que lorsqu'il se trouve en présence du « dernier souverain de France », il se sent « saisi d'une sorte de vertige », comme s'il était « en face de l'immensité de l'océan et qu'[il] entendai[t] son tumulte ».

Un lien singulier dans les annales de l'avocature, et qui questionne aujourd'hui encore : « On se demandera longtemps, écrit le journaliste Jean-Marc Théolleyre[2], comment put naître ce coup de foudre qui allait perdurer quasiment un demi-siècle [...]. Jacques Isorni est né au pétainisme alors que celui-ci venait de sombrer corps et biens. Il est né du même coup à l'antigaullisme en cette période où l'homme du 18 juin 1940 touchait à l'apogée de sa gloire et de sa popularité. »

Élu député de Paris en 1951, Jacques Isorni se bat pour l'amnistie des « collabos », du moins ceux qui n'ont pas provoqué ou cautionné la torture, la déportation et la mort. En 1956, il dépose une proposition de loi pour l'abolition de la peine de mort. Et en 1958, il est le seul député de droite à voter contre l'investiture de de Gaulle.

Il ne digérera jamais la façon dont a été traité le Maréchal et n'aura de cesse de demander la révision du procès. Le 13 juillet 1984, il publie dans *Le Monde* une page de publicité qui a pour titre la célèbre phrase de

1. Sur : https://www.dailymotion.com/video/x2xihq.
2. Dans *Le Monde*, le 11 mai 1995.

Pétain : « Français, vous avez la mémoire courte ! » Il est alors poursuivi devant le tribunal correctionnel pour « apologie des crimes de collaboration ». Il sera relaxé. La Cour européenne des droits de l'homme a considéré, le 23 septembre 1998, que « condamner une personne ayant présenté sous un jour favorable les actions du maréchal Pétain constituait une violation du droit à la liberté d'expression ». La France devra donc verser à Jacques Isorni, mort entre-temps, des dommages et intérêts à hauteur de 100 000 francs.

Tout au long de sa vie, que ce soit à la Libération ou, plus tard, pour défendre les nationalistes tunisiens, il gardera une affection particulière pour les « soldats perdus de l'Algérie française ». Il sera l'avocat, en 1961, du général Bigot qui avait pris part au putsch des généraux. Jacques Isorni sera toujours « du côté des prisonniers ». Il incarne la « défense politique », avec ce qu'elle comporte comme « vertus et paradoxes ». De lui, Jacques Vergès disait : « Il est celui que j'ai le plus respecté et le plus aimé ; c'est aussi lui qui m'a le plus appris. »

De causes à effets

Parmi les ténors du barreau, certaines personnalités sont controversées, y compris au sein même du monde judiciaire, soit en raison de leur engagement ou passé politique, soit par la façon dont certains ténors exercent leur métier, avec une supposée porosité entre cause défendue et opinion ou vie personnelle. C'est le cas du Lyonnais Joannès Ambre, « avocat des truands » pour les uns, « truand des avocats[1] » pour les autres. Il est célèbre pour avoir entre autres défendu le syndicaliste Gérard Nicoud[2], ainsi que Joël Matencio, « l'homme des Brigades rouges, groupe 666 » qui a « tenu en échec les policiers grenoblois, enlevant et tuant trois personnes[3] », ou encore Claude Lipsky[4], directeur du Patrimoine foncier, « aigrefin à la réputation établie », qui a floué plus de 10 000 épargnants, sans oublier le commissaire Louis Tonnot, impliqué dans des affaires de proxénétisme.

Il est avocat de la partie civile dans l'affaire Patrick Henry[5], face à Robert Badinter, et défenseur d'Edmond

---

1. *Le Monde*, le 23 août 1984.

2. « Bien avant les Gilets jaunes, le syndicaliste isérois a fait trembler la République avec ses troupes du CIDUNATI. C'était pendant les années 70, les travailleurs indépendants se révoltaient alors violemment contre les taxes. Déjà. Mises à sac de perceptions, manifs qui dégénèrent, prises d'otages, routes barrées, plasticages... Au va-t-en-guerre du petit commerce, l'affaire valut au total 18 mois de prison », *Le Dauphiné libéré*, le 17 juin 2019.

3. *Le Dauphiné libéré* du 12 août 2017 (rétrospective de l'affaire qui se déroula en 1976).

4. Claude Lipsky, qualifié d'« escroc du siècle », comparaîtra en 2007 (à l'âge 75 ans) devant le tribunal correctionnel de Versailles pour « escroquerie et abus de confiance », soupçonné d'avoir spolié plus de 400 militaires français lors de détournements de fonds évalués à 30 millions d'euros. (*Le Monde*, le 24 mai 2007.)

5. En 1976, Patrick Henry enlève et tue l'enfant Philippe Bertrand, âgé de 7 ans. « Il était assis. Il regardait la télévision. J'étais derrière lui. J'ai pris un foulard. J'ai serré. Deux minutes plus tôt, je n'y pensais pas. Ce fut une impulsion », dit-il à son procès. Il est décrit par les experts comme un homme « normal, auteur d'un crime horrible », qui s'est joué des médias, déclarant

Vidal, chef de file du « gang des Lyonnais[1] », ledit gang étant également soupçonné, bien que rien n'ait jamais pu être établi[2], d'être à l'origine de l'assassinat du juge François Renaud[3] en 1975, dont Joannès Ambre aura été un « impitoyable contradicteur[4] ».

Reproche lui en est d'ailleurs fait : « À tort ou à raison, précise-t-il, j'ai été présenté comme l'adversaire n° 1 du juge Renaud et à ce titre je passe pour avoir une idée sur le complot qui avait abouti à ce meurtre révoltant. J'en ai une en effet : tout ce que l'on a dit ou écrit sur ce sujet est faux et relève de l'affabulation[5]. »

L'avocat et le juge se sont livré bataille sans faiblir

---

devant les caméras de télévision : « Ceux qui ont fait cela méritent la peine de mort. » C'est au sujet de ce meurtre que le célèbre présentateur de journal télévisé Roger Gicquel prononcera cette phrase mémorable : « La France a peur » ; https://www.youtube.com/watch?v=Av5l4PsJwhM. Cette affaire devient emblématique du combat pour l'abolition de la peine capitale que mène Robert Badinter (lequel est à retrouver au chapitre 8). Un extrait de sa plaidoirie qui sauvera Patrick Henry de la guillotine y est cité.

1. Il s'agit d'une dizaine d'hommes à qui l'on impute une trentaine de braquages dans les années 1970, dont un qualifié de « casse du siècle » à l'hôtel des postes de Strasbourg, pour un butin représentant l'équivalent de 13 millions d'euros actuels.

2. Il s'est dit officieusement qu'une portion du butin du casse de Strasbourg avait financé un parti politique, certains des braqueurs étant membres du SAC (Service d'action civique, à l'origine attaché au général de Gaulle puis devenu Service d'ordre de ses successeurs).

3. Le film *Le Juge Fayard dit « le Shériff »*, réalisé par Yves Boisset et sorti en 1977, s'inspire de cette affaire d'assassinat.

4. *Le Monde*, le 23 août 1984.

5. Joannès Ambre, *Je ne me tairai jamais*, Robert Laffont, 1979.

– Ambre reprochant à Renaud d'incarner deux personnages : d'un côté le juge ne craint pas d'afficher son goût pour les virées de nuit avec de jolies filles et peut faire usage d'une « grossièreté qui parfois laissait bouche bée », et d'un autre, il mène une « véritable guerre » contre les grands criminels, n'hésitant pas pour cela à faire pression sur leurs proches de façon peu orthodoxe.

Mais Joannès Ambre n'a-t-il pas lui-même plusieurs facettes, entre ombre et lumière ? Si pendant la guerre il entre dans la Résistance en 1943[1], et recevra à ce titre une médaille à la Libération, il soutient tout de même d'abord le régime de Vichy – jusqu'à participer, en 1942, à la réalisation de l'ouvrage *La Condition publique et privée du Juif en France* (sur le « statut des juifs ») publié à Lyon, ce que rappelle à son bon souvenir une campagne le visant lorsqu'il devient conseiller municipal de la capitale des Gaules en 1971. Nos confrères ne l'épargnent pas, voire éprouvent de « l'aversion » pour un « parvenu » qui a eu « l'audace de s'imposer sans être né dans le sérail[2] » : c'est ainsi qu'un bâtonnier émet une « résolution défavorable » lorsque Joannès Ambre est proposé pour la Légion d'honneur.

Il reconnaît avoir « mauvaise presse » et profite de la tribune que lui offre son livre *Je ne me tairai jamais* pour réaffirmer ses convictions – en 1979 –, ce qui, en 2022, est spécialement intéressant à décrypter.

« Le principal grief que j'adresse à notre justice d'au-

1. Il compte parmi les fondateurs du réseau Alliance. À noter qu'il rejoindra ensuite la Royal Air Force aux côtés de Joseph Kessel.

2. J. Ambre, *Je ne me tairai jamais*, *op. cit.*

jourd'hui, c'est de méconnaître trop souvent cette présomption d'innocence qui est non seulement un principe constitutionnel, une règle capitale de notre système, mais la garantie première de nos libertés [...]. Ce qui détraque le système, c'est le fait que l'on condamne sans preuves [...]. Il n'appartient ni à la police ni au juge d'instruction de décréter : cet homme est coupable. Ils peuvent le penser mais en aucun cas le dire ni construire un dossier en se fondant sur cette conviction [...]. De glissement en glissement l'on finira par considérer que l'arrestation en elle-même est une présomption, l'inculpation devenant presque une preuve : puisqu'un individu a été placé sous main de justice, c'est qu'il est coupable, il n'y a pas de fumée sans feu. »

8

Avocats sur tous les fronts

J'ai prêté serment en février 1993, il y a donc une trentaine d'années, et ai pu ainsi croiser les plus grands ténors du XXe siècle, voire ferrailler contre certains, en défendre d'autres dans des affaires privées ou judiciaro-littéraires, ou encore devenir ami avec quelques-uns.

Ferrailleur de haut vol

C'est ainsi que j'ai eu le bonheur de rencontrer souvent Roland Dumas, aujourd'hui centenaire, et que j'ai plaidé pour sa cause aux côtés du bâtonnier Christian Charrière-Bournazel, lorsque Roland a publié, en 2003, un livre vengeur (intitulé *L'Épreuve, les preuves*) qui lui a valu de sérieuses poursuites en diffamation que nous avons largement éradiquées.

Celui qui arbore à juste titre son passé de résistant est qualifié d'avocat politique et de « ferrailleur judiciaire ». Il est appelé à exercer des fonctions d'envergure[1] au sein de

1. Conseiller de François Mitterrand – alors candidat du Parti socialiste à la présidence de la République en 1981, et à qui l'on prête

l'État sans renier son profil de « Casanova diplomate[1] » ou encore de « charmeur mélomane ». Et du poste d'adjoint au maire à celui de ministre, et sans parler de ses nombreuses distinctions (croix de guerre 1939-1945, croix du combattant volontaire, officier de la Légion d'honneur, etc.), l'homme tutoie les sommets du pouvoir, mais connaît aussi d'abyssales chutes.

Car les scandales ont été retentissants, à la hauteur d'une carrière époustouflante.

« Je le voyais souvent à l'Opéra toujours très entouré aux entractes, du moins quand il était ministre des Affaires étrangères puis président du Conseil constitutionnel, raconte notre confrère François Gibault. Au moment de sa chute, je parle de l'affaire Elf[2], dans laquelle sa maîtresse, Christine Deviers-Joncour, fut un temps ma cliente, il était seul aux entractes et l'on voyait ses amis de la veille faire de grands

---

ce bon mot : « J'ai deux avocats : pour le droit, c'est Badinter, pour le tordu, c'est Dumas » –, Roland Dumas sera, entre autres fonctions prestigieuses, ministre des Relations extérieures (1984-1986), ministre des Affaires étrangères (1988-1993), président du Conseil constitutionnel (1995-2000).

1. Luc Le Vaillant, Portrait, « Roland Dumas : Quelle vie que la sienne », *Libération*, le 11 février 2015.

2. Une des plus grosses affaires politico-financières faisant état de corruption. Elle concerne l'entreprise pétrolière française publique Elf, « dévalisée » de l'équivalent de 305 millions d'euros par ses cadres dirigeants – le tout se déroulant pendant le second septennat (1988-1995) de François Mitterrand. Roland Dumas est alors accusé de « complicité et recel d'abus de biens sociaux », pour « avoir bénéficié des largesses accordées par le groupe Elf-Aquitaine à Christine Deviers-Joncour, son ancienne maîtresse ». Il est aussi

détours pour l'éviter. Je mettais un point d'honneur à marcher droit sur lui pour l'embrasser devant tout le monde et pour lui tenir compagnie. Relaxé après des mois de procédure, au grand dam d'Eva Joly, trop heureuse d'avoir ferré ce gros poisson, il a repris pied dans le monde. »

J'ai, de fait, suivi cette histoire avec un vif intérêt et je conserve ainsi le disque de chansons que Christine Deviers-Joncour a sorti, elle aussi en 2003, et m'a offert lors d'un déjeuner dans le Bordelais.

François Gibault ajoute aussi à propos de Roland Dumas : « Il fut un grand avocat et demeure un témoin objectif de notre temps[1]. »

« Témoin » est bien le mot, lorsqu'il est confronté dès l'adolescence à l'exécution de son père, fusillé par les nazis en 1944 pour faits de résistance. Il sait alors qu'il lui faudra sans cesse « descendre dans l'arène » et « combattre » – tout en étant fier du milieu dont il est issu. À ce sujet, il fait un jour cette remarque éclairante à François Mitterrand : « J'ai eu de la chance, par rapport à vous [...]. Mon milieu n'était pas le vôtre. Je n'ai pas eu à

---

accusé d'« avoir usé de son influence ministérielle pour obtenir l'embauche, par Elf, de Mme Deviers-Joncour et le versement de sommes destinées à l'achat d'un appartement de 17 millions de francs par cette dernière ; d'avoir profité sciemment, via Mme Deviers-Joncour, de fonds provenant de détournements commis au préjudice de la compagnie pétrolière » (*Le Monde*, le 22 janvier 2001). Condamné en première instance à 30 mois de prison dont 6 ferme, Roland Dumas sera relaxé et « blanchi » en 2003, la cour d'appel ayant jugé son comportement « blâmable » mais pas « pénalement punissable ».

1. F. Gibault, *Libera me*, *op. cit.*

en sortir, à rompre, à muer. Mon père était syndicaliste, socialiste, proche de la maçonnerie, très tôt résistant. Mon grand-père était de la même souche. Mon éducation s'est faite d'elle-même, comme ça, dans ce creuset[1] ! »

Cette forme de généalogie politique ne l'a pourtant pas empêché de viser une carrière de chanteur lyrique et d'apprendre en ce sens le solfège. Il a même préparé le conservatoire pour y être ténor – mais c'est au barreau qu'il le sera, devenant à l'occasion le défenseur d'artistes qu'il admire, comme Luciano Pavarotti[2], connu pour être « le roi des annulations » de représentations, et qu'il parviendra à « amadouer ».

En tant que jeune avocat, c'est du dossier de Georges Guingouin[3], dit « le préfet du maquis », militant commu-

1. Roland Dumas, *Le Fil et la Pelote. Mémoires*, Plon, 1996.

2. « Un contrat avait été signé mais Pavarotti voulait changer la date des représentations. Or, le directeur de l'Opéra était tenu par un programme “vissé” plusieurs années à l'avance. Il s'était résolu à intenter un procès au ténor [...]. Moi qui avais envisagé dans ma jeunesse de faire carrière dans le chant, je ne pouvais ferrailler contre le plus grand ténor du moment. Je lui proposai de signer un contrat pour un autre opéra. Il finit par se ranger à ma solution [...] en me remerciant de ma gentillesse [...]. À chaque fois que nous nous rencontrions, [il] claironnait à mon adresse : *Come vaï, il maestro ?* J'étais embarrassé et lui répondais immanquablement : Ah non, le maestro c'est vous ! », dans Roland Dumas, *Dans l'œil du Minotaure. Le labyrinthe de mes vies*, Le Cherche Midi, 2013.

3. En 1953, Georges Guingouin est mis en cause dans une affaire de meurtres datant de la guerre. Il lui est reproché des exactions au moment de l'« épuration » de Limoges et du Limousin, entre autres 41 condamnations à mort en 1944 par un « tribunal d'exception », et des exécutions sommaires par son « armée ». Est

niste organisateur de la libération de Limoges et décrit en 1945 par le général de Gaulle comme étant « une des plus belles figures de la Résistance », dont il se saisit après-guerre. Car celui d'abord considéré comme un héros se retrouve en prison, soupçonné à tort de meurtres, victime d'une vague de calomnies et de règlements de comptes orchestrée par d'anciens collaborateurs (« vichystes revanchards ») et des membres de la direction de son propre parti (« communistes moscoutaires »). Cela ira jusqu'à la tentative d'assassinat – il fallait « liquider Guingouin ».

Roland Dumas réussit à lui obtenir un non-lieu – mais au bout d'une procédure qu'il qualifie de « labyrinthique » et qui durera des années. Enfin, en 1959, son honneur est lavé. « Ce fut une des plus grandes joies de ma vie professionnelle même si l'attente avait été bien longue[1] », écrit l'avocat. En 1995, pour le cinquantenaire de la libération de Limoges, un micro est tendu à Guingouin[2], « libérateur » réhabilité. « Je le retrouvai grand et fort, le béret posé sur la tête comme jadis. Il rappela la négo-

---

cité le cas d'une jeune fille, Mlle d'Armagnac, enlevée lors de son mariage et fusillée le lendemain. Emprisonné, Georges Guinguoin sera victime d'une tentative d'assassinat maquillée en suicide. Les deux gardiens déclareront avoir voulu « casser la gueule à un coco que ni les Boches ni la Milice n'ont réussi à serrer » (*L'Express*, le 28 février 2015). Guingouin mourra en 2005. Sa célébration ne fait aujourd'hui plus aucun doute : à Limoges et aux alentours, des rues et des établissements scolaires portent son nom.

1. R. Dumas, *Le Fil et la Pelote*, *op. cit.*

2. Notons aussi qu'un téléfilm relatant sa vie de maquisard, *Le Grand Georges*, réalisé par François Marthouret, a été diffusé le 8 janvier 2013 sur France 3.

ciation avec les Allemands pour obtenir leur reddition sans conditions, puis termina son allocution destinée à la jeunesse limousine par ces mots : “Soyez vigilants.” »

Arrive le temps de la guerre d'Algérie qui commence en 1954. « À la fois comme avocat et comme député, je me mis au service de tous ceux qui, Français ou Algériens, luttaient pour l'indépendance de ce pays qui n'était pas la France[1] », explique Roland Dumas, qui sera l'un des avocats marquants du procès du réseau Jeanson, où un groupe d'intellectuels, de comédiens, de personnes travaillant dans les médias sont accusés d'avoir porté assistance à l'insurrection algérienne. Or, les membres du FLN (Front de libération nationale) sont considérés comme des terroristes et les Français qui leur viennent en aide comme des traîtres, ce qui leur vaut d'être traînés en justice pour « atteinte à la sûreté de l'État ». Ils sont ainsi des dizaines, réunis autour du philosophe Francis Jeanson, suspectés d'être des « porteurs de valises », d'abriter des membres du FLN, de leur fournir des faux papiers, etc. Vingt-trois d'entre eux comparaissent au procès qui débute en 1960. Parmi les vingt-six avocats présents, dont Jacques Vergès et Gisèle Halimi, Roland Dumas, qui assiste Jeanson lui-même, se distingue en s'attachant « à tourner en ridicule le tribunal militaire ». Seront entre autres cités comme témoins par la défense : André Malraux, Jean-Paul Sartre, François Mauriac, Vercors, Simone de Beauvoir, Marguerite Duras, etc. « La consigne gouvernementale était d'agir vite, pour faire un procès exemplaire. Les

1. R. Dumas, *Dans l'œil du Minotaure*, *op. cit.*

autorités judiciaires avaient prévu une semaine de débats. Ils allaient durer un mois[1]. »

Roland Dumas intervient également dans l'affaire de l'enlèvement et de l'assassinat de Mehdi Ben Barka (en 1965), puis dans celle de Stevan Markovic[2] (en 1968). Il compte, avec Christine Courrégé et Paul Lombard, parmi les avocats de la défense des cinq accusés de l'assassinat, le 24 décembre 1976, du député Jean de Broglie. Les condamnations iront de 5 à 10 ans de prison. Mais plus

---

1. R. Dumas, *Le Fil et la Pelote*, *op. cit.* Quatorze des membres du réseau Jeanson seront condamnés à 10 ans de prison pour haute trahison. L'amnistie n'arrivera qu'en 1966.

2. « C'est une histoire qui commence comme une affaire de droit commun banal et qui va se terminer comme une affaire politique de premier plan », résume Roland Dumas. Elle implique le général de Gaulle, Pompidou et sa femme Claude, ainsi qu'Alain Delon et son épouse à cette époque, Nathalie. En 1968 est découvert le cadavre de Markovic, un Yougoslave qui avait été l'employé d'Alain Delon et qui est suspecté de chantage suite à des parties fines. Très vite, des photos truquées laissent entendre que l'épouse de Pompidou, Claude, a pris part à ces « soirées chaudes » organisées par Markovic. « Tout Paris cancane, mais personne n'a l'audace ni la charité de prévenir Georges Pompidou, qui est à mille lieues de se douter de quoi que ce soit. » (*Le Monde*, le 16 juillet 2006). L'ancien Premier ministre est furieux et choqué du silence de Charles de Gaulle, qui ne lui apporte aucun soutien. À partir de cette affaire, qui ne trouvera aucune résolution quant au crime commis, la rupture sera consommée entre les deux hommes politiques. « Les calomnies n'eurent pas d'effet sur la carrière de Georges Pompidou, qui fut élu chef de l'État le 15 juin 1969. Mais il garda toute sa vie dans sa poche un petit carnet comprenant les noms des gens qui avaient participé au complot », écrit Clémence Pène dans *L'Express*, le 26 juillet 2007.

de quarante ans après, la question du véritable assassin se pose toujours. D'aucuns parlent d'un « Watergate à la française[1] », le prince Jean de Broglie, cousin de Valéry Giscard d'Estaing, ayant été le trésorier des Républicains indépendants en charge de gérer le financement de la campagne présidentielle de Giscard en 1974.

Mais Roland Dumas, c'est avant tout « un de ces guerriers essentiels de la Mitterrandie, assez proches pour n'avoir pas besoin d'être des intimes. UDSR, CIR, FGDS, PS : de sigle en sigle, Dumas participe à la conquête du pouvoir[2]. »

Dans ce qui est communément nommé le « faux attentat de l'Observatoire » (en 1959), que François Mitterrand est suspecté d'avoir organisé, Roland Dumas, qui connaît l'origine de toute l'affaire[3] pour être déjà dans le sillage

---

1. Jacques Pradel, dans son émission sur RTL « L'heure du crime » du 5 mai 2020, indique que « cet assassinat est un véritable coup de tonnerre dans le monde politique [...] un des plus grands scandales de la Ve République [...]. Ce crime, sur fond d'affaires crapuleuses et de raison d'État, demeure encore aujourd'hui une énigme. Pourtant, jamais une affaire criminelle n'aura aussi vite été enterrée. »

2. *L'Express*, le 29 janvier 1998.

3. « Je bavardais dans une galerie du palais de justice avec François Mitterrand qui avait repris son activité d'avocat [...] j'aperçus un homme de taille moyenne, encore jeune, svelte d'allure [...]. C'est Robert Pesquet. Je le présente à François Mitterrand, qui ne le connaissait pas. Il avait été élu comme moi-même en 1956, mais sous l'étiquette ambiguë de député "gaullo-poujadiste". On le dit proche du Premier ministre, Michel Debré. Il veut manifestement parler à Mitterrand [...]. Il se fait insistant [...]. Ainsi commence l'affaire de l'Observatoire [...]. J'apprendrai par la suite que Pesquet

du futur président de la République, rejoint Georges Izard dans les rangs de la défense.

Entre 1979 et 1983, il est aussi l'avocat de l'hebdomadaire satirique *Le Canard enchaîné*, notamment mis en cause pour les révélations faites dans « l'affaire des diamants[1] ».

Dans son parcours en politique comme dans celui d'avocat, Roland Dumas se dirige comme il l'entend au gré du « labyrinthe » de ses vies et de ses paradoxes, assumant ses choix et ses propos, quitte à susciter la polémique.

Avocat et ami de Jean Genet, il devient favorable à la cause palestinienne, il provoque en 2015 une vague d'indignation en insinuant que Manuel Valls est sous « l'influence juive » de son épouse d'alors, Anne Gravoin, et refuse de s'excuser : « On est dans un régime de liberté, je pense quelque chose, je le dis », déclare-t-il à qui veut l'entendre. Au cours de cette même année 2015, il reconnaît, lors d'une interview donnée au *Figaro*, qu'en tant que président du Conseil constitutionnel, il a clairement eu connaissance que les comptes de campagne d'Édouard

---

avait attendu mon départ pour commencer sur François Mitterrand l'intoxication qui devait le persuader qu'un attentat se préparait contre lui », dans R. Dumas, *Le Fil et la Pelote*, *op. cit.*

1. En 1979, *Le Canard enchaîné* révèle que Valéry Giscard d'Estaing, alors qu'il était ministre des Finances, a reçu en 1973 du président centrafricain Jean-Bedel Bokassa une plaquette de 30 carats de diamants, d'une valeur de 1 million de francs, et que d'autres diamants lui ont été offerts lors de déplacements à Bangui entre 1970 et 1975. « C'est une "affaire" qui lui a peut-être coûté sa réélection à la présidence de la République française » (*L'Obs*, le 3 décembre 2020).

Balladur et ceux de Jacques Chirac étaient manifestement irréguliers. Mais « que faire ? C'était un grave cas de conscience. J'ai beaucoup réfléchi. Annuler l'élection de Chirac aurait eu des conséquences terribles. J'ai pensé à mon pays. Je suis un homme de devoir. Nous avons finalement décidé, par esprit républicain, de confirmer, à l'unanimité au deuxième tour, son élection présidentielle. Je suis convaincu que j'ai sauvé la République en 1995. »

Car Roland Dumas, c'est enfin, en même temps que le perspicace et avisé collectionneur d'œuvres, l'ami et le défenseur d'artistes et écrivains, qu'il convie dans son ouvrage *Dans l'œil du Minotaure* – à chacun son chapitre : de Jean Genet (« Le rebelle incandescent ») à Georges Bataille (« Tutoyer le mal ») ou Pablo Picasso (« Facétieux Minotaure »), etc. Après des négociations diplomatiques pour le retour de *Guernica* à Madrid, à la seule condition que les libertés publiques devaient être rétablies en Espagne – Roland Dumas sera fier d'avoir « honoré la parole de Picasso » –, même si l'inclassable ténor a brûlé des dizaines de ses œuvres[1]. Qui cela peut-il étonner ?

---

1. « Dans ses derniers jours, raconte Roland Dumas dans une interview au *Midi Libre* le 1er juillet 2018, il ne dessinait que des sexes de femmes, et mettait ces dessins au crayon de côté. On les a trouvés après sa mort, il y en avait trente, quarante. Jacqueline, sa veuve, et son fils m'ont dit : "Dumas, qu'en pensez-vous ?" Je leur ai dit qu'ils avaient maintenant le droit moral sur ses œuvres, celui de divulguer ou de détruire, et que ces pièces n'étaient pas dignes du Picasso qu'on avait connu. Jacqueline a été d'accord, on les a descendues dans la cheminée, mais elle disait : "Je n'ose pas, Pablo, c'est sacré, c'est mon soleil." Elle a craqué l'allumette et me l'a donnée, et je les ai brûlées. »

« *Salaud lumineux* »

Le concept du « procès médiatique » s'impose désormais pour les grandes affaires, et s'il en existe un inventeur, c'est probablement Jacques Vergès.

J'ai beaucoup aimé cet avocat, qui est devenu, au fil des ans, mon ami, et à qui, jeune étudiant en droit, cherchant un stage, j'avais adressé une lettre de candidature.

Peu avant sa disparition, en 2013, il confie avoir découvert « l'importance de la communication, son influence », lors du procès de Djamila Bouhired[1] en 1957, figure marquante des révoltes algériennes, combattante du FLN accusée d'actes terroristes ayant causé 5 morts et 60 blessés, et qui deviendra son épouse en 1965.

« Mon but était de faire sortir le procès du prétoire. Il était perdu d'avance dans cette France en pleine guerre d'Algérie, il fallait donc qu'à Londres ou à Paris on parlât

1. Djamila Bouhired est considérée comme « l'icône absolue de la lutte pour l'indépendance de l'Algérie » et le « symbole des femmes algériennes en lutte ». À l'âge de 19 ans, elle intègre le Front de libération nationale (FLN) et dépose une bombe dans le hall du paquebot *Maurétania*, mais qui n'explosera pas. Deux ans plus tard, Djamila est arrêtée, torturée et condamnée à mort pour sa participation aux attentats en général. « À l'annonce du verdict, elle éclate de rire. » Jacques Vergès organise alors une campagne de soutien et publie un manifeste intitulé *Pour Djamila Bouhired* aux Éditions de Minuit. Elle est finalement graciée et libérée en 1962. En mars 2019, à l'âge de 84 ans, elle manifeste contre une cinquième candidature du président Bouteflika (France Culture, le 7 mars 2019).

de Djamila et de la cause qu'elle défendait », explique-t-il[1], ajoutant que « le seul moyen de sauver les condamnés était d'engager une action devant l'opinion française et internationale ». Vergès comprend donc très tôt que la forme a au moins autant d'importance que le fond : « Lorsqu'un procès est mal engagé, le débat de procédure permet d'éviter le débat de fond. Il est primordial. Il permet de fabriquer, de mettre en scène, de préparer des coups d'audience, de ceux qui font définitivement basculer le procès », dit-il encore – et quand la procédure est discréditée, le « salaud lumineux », comme il se définit lui-même, « s'amuse de son bon coup[2] ».

Même si Jacques Vergès n'en a été « que » le « propagateur[3] », le système nommé défense de rupture, où l'accusé devenu accusateur estime que le tribunal ne possède pas la légitimité pour le juger et s'adresse donc directement à la société, lui sera immanquablement associé.

« Mon secret, raconte-t-il, c'est le mépris, la rupture : la vérité échappe au juge, à la différence de l'avocat qui peut entendre son client, aller chercher sa vérité [...]. Le

1. V. de Senneville et I. Horlans, *Les Grands Fauves du barreau*, *op. cit.*

2. *Ibid.*

3. Dans une tribune publiée dans *Le Monde*, le 20 août 2013, et qui a pour titre : « Non, Jacques Vergès n'a pas inventé la défense de rupture », l'avocat François Saint-Pierre explique que l'on doit la théorie de ce style de plaidoirie à Marcel Willard, un avocat communiste aujourd'hui injustement oublié. Par ailleurs, dans son livre *Libera me*, François Gibault précise que dans l'affaire Dreyfus Fernand Labori avait déjà pratiqué « la rupture plutôt que la connivence ».

procès est de l'art brut quand le crime a un sens, et le crime a un sens quand on ne ment pas. Nous, avocats, sommes les créateurs de mythes. Nous avons une vision esthétique du procès [...] il sera toujours préférable d'accuser le système et de prendre à témoin l'opinion[1]. »

Jacques Vergès, aimé, redouté et/ou détesté, ne laisse personne indifférent. L'homme est « tout en finesse et subtilité, à la barre comme à la ville et devant les médias qu'il ne détestait pas », écrit le non moins subtil François Gibault, en ajoutant que « les chiens ont toujours couru à ses basques, ce qu'il aimait assez, mais il courait plus vite que la meute[2] ». D'ailleurs, est-il supposé, « la première chose que Jacques Vergès a faite, une fois mort », lui si souvent surnommé « l'avocat du diable », fut sûrement « d'aller réclamer soixante ans d'honoraires à Belzébuth[3] ».

Mais qui est donc réellement ce ténor de renommée internationale, adepte de Staline et de Pol Pot, défenseur de membres de la Bande à Baader[4], de Bruno Bréguet et

1. V. de Senneville et I. Horlans, *Les Grands Fauves du barreau*, *op. cit.*

2. F. Gibault, *Libera me*, *op. cit.*

3. *Le Figaro*, le 16 août 2013.

4. La Fraction armée rouge, dite « Bande à Baader », a développé entre 1968 et 1998, année de sa dissolution, le concept de « guérilla urbaine » pour « lutter contre l'impérialisme américain et le capitalisme ». Le procès se déroule en 1975. Après trois ans d'attente derrière les barreaux, Andreas Baader et 3 autres de ses acolytes comparaissent pour 5 meurtres et 71 tentatives d'assassinat, d'attentats à la bombe et d'attaques de banques. Certains intellectuels de gauche, comme Jean-Paul Sartre venu rencontrer Baader, s'insurgent contre la « torture par isolement » subie par les accusés. Les prisonniers font

Magdalena Kopp, compagnons de Carlos[1] (et de Carlos lui-même, qui avait choisi Vergès parce qu'il était « plus dangereux » que lui – l'avocat avait apprécié : « C'est un homme extrêmement courtois. Je pense que c'est un hommage : le combat des idées est un combat aussi dangereux que celui des bombes[2] »), et du « Boucher de Lyon », l'ancien SS Klaus Barbie[3] ?

« Les grandes lignes de son itinéraire sont connues », écrit le journaliste Bernard Violet dans son ouvrage (très contesté par son sujet, Jacques Vergès), *Vergès. Le Maître de l'ombre*[4]. « Figure de proue du mouvement anticolonialiste au sein de l'Union internationale des étudiants à Prague, ce fils de Réunionnais[5] se brouille avec le Parti commu-

---

tour à tour la grève de la faim. Ils sont condamnés à la détention à vie, et six mois plus tard, un Boeing de la Lufthansa est détourné par un commando de Palestiniens exigeant leur libération. La tentative échoue. Baader et deux de ses complices se suicident. Une autre, Irmgard Möller, survivra aux coups de couteau qu'elle s'est donnés (et sera libérée au milieu des années 1990). Parallèlement, le dirigeant du patronat allemand Hanns Martin Schleyer, enlevé par la Fraction armée rouge, est exécuté.

1. Voir note n° 1 p. 156.
2. *Le Monde*, le 15 août 2013.
3. Voir note n° 1 p. 205.
4. Bernard Violet avec Robert Jégaden, *Vergès. Le Maître de l'ombre*, Le Seuil, 2000.
5. Dans l'ouvrage *Le Salaud lumineux. Conversations avec Jean-Louis Remilleux* (Éditions n° 1/Michel Lafon, 1990), Jacques Vergès apporte les précisions suivantes : « Je suis né d'un père vagabond, ingénieur agronome en Chine, professeur à Shanghai, consul et médecin. À ma naissance, il est consul de France en Thaïlande, à Oubone, exactement. À la suite de son mariage avec ma mère, qui

niste français, avant d'épouser, en 1957, la cause des nationalistes algériens du FLN. Suspendu du barreau pour ses excès, il devient journaliste pour mieux défendre la révolution mondiale prônée par Castro et Mao Tsé-toung, avant de retourner dans les prétoires afin d'assurer la défense des premiers fedayin palestiniens[1]. »

Il s'ensuit une célèbre disparition entre 1970 et 1978, à propos de laquelle Jacques Vergès est toujours demeuré secret et énigmatique, et dont le mystère a été en apparence – mais les apparences sont souvent trompeuses – percé en 2017. Lors d'une interview sur Canal+, le réalisateur Barbet Schroeder déclare : « Il était avec Wadie Haddad, avec les Palestiniens les plus sanguinaires et les plus intelligents. Et le jour où Wadie Haddad est mort, deux jours après il était de retour à Paris. [...] Il est sorti de son rôle d'avocat et il est devenu carrément militant[2]. »

J'ai beaucoup parlé avec Jacques Vergès durant les dernières années de son existence, puisque nous avions même eu le projet d'un livre à six mains avec notre confrère Carbon de Seze. J'allais chez lui avec toujours autant d'étonnement car, outre les multiples jeux d'échecs déployés dans l'antichambre de son bureau (sur la porte duquel

---

est vietnamienne, il devra démissionner et passer trois ans au Laos, à Savannakhet, comme médecin, puis rentrer à la Réunion [...]. Mon père appartient à une vieille, très vieille famille de la Réunion. »

1. B. Violet avec R. Jégaden, *Vergès. Le Maître de l'ombre*, *op. cit.*

2. *Le Dauphiné libéré*, le 4 décembre 2017 ; https://www.ledauphine.com/france-monde/2017/12/04/on-sait-enfin-ou-etait-l-avocat-jacques-verges-pendant-9-ans.

était accrochée sa plaque d'avocat au barreau d'Alger, où il s'était inscrit à l'indépendance), il me montrait les portraits où il posait aux côtés de Mao, Pol Pot ou encore... Marlon Brando.

Qualifié d'avocat propalestinien et d'antisioniste assumé, Vergès, bien qu'il s'en défende ardemment, « navigue toujours sur la crête de l'antisémitisme[1] ». Alors que Jean Genet lui écrit : « J'apprends que vous défendez Barbie. Plus que jamais, vous êtes mon ami », Serge Klarsfeld déclare : « C'est un pitre et un pervers ! » et rompt toute relation avec lui. « Pour lui et d'autres confrères, Vergès a franchement dépassé les bornes lors de sa plaidoirie finale du procès Barbie. Ce jour-là, il a raconté l'histoire d'une prisonnière violée par un chien dressé par les SS, mais qui, selon lui, n'a pu l'être qu'avec le consentement de la victime[2] », relate Bernard Violet. Son système de défense, notamment à propos des camps de concentration, s'articule de toute façon autour de ce constat : « Vous prétendez juger cet homme [Barbie] pour ce que l'armée allemande a fait en France, mais qu'avez-vous fait vous-mêmes dans vos colonies[3] ? »

Si Vergès est généralement perçu comme étant l'avocat des procès politiques et/ou liés au terrorisme international, il ne boude pas les affaires médiatiques, comme celle de Louise-Yvonne Casetta, trésorière occulte du RPR (Rassemblement pour la République, ancien parti politique créé par Jacques Chirac en 1976), soupçonnée d'avoir été

1. *Le Monde*, le 15 août 2013.
2. B. Violet avec R. Jégaden, *Vergès. Le Maître de l'ombre*, *op. cit.*
3. J. Vergès, *Le Salaud lumineux*, *op. cit.*

« la cheville ouvrière d'un racket déguisé en financement politique[1] », ou celle de Simone Weber[2], dite « la diabolique de Nancy », accusée en 1991 d'avoir empoisonné un mari et découpé un amant à la meuleuse à béton. Un double crime sans cadavre, car seul un tronc non identifié a été retrouvé, et sans aveu. Vergès déclare : « On a fabriqué Simone Weber avec les couilles de Landru et les ovaires de Marie Besnard » – saillie qui lui vaut d'être congédié par sa cliente, laquelle, pour la petite histoire, « usera » pas moins de vingt-cinq avocats.

En 1994, il entre en scène dans l'affaire Omar Raddad[3],

1. *Le Parisien*, le 6 septembre 2000.

2. Simone Weber a été condamnée à 20 ans de réclusion pour le meurtre et le démembrement de son ancien amant Bernard Hettier. La cour d'assises « n'a pas manqué d'arguments : 15 lourds sacs-poubelles descendus dans la nuit, des traces de sang, des bruits de moteur résonnant jusque chez les voisins, un appartement nettoyé à grande eau », raconte le quotidien *Libération* (25 février 1991 et 21 avril 2013). Mais Simone Weber se jure innocente. « Des fois, dit-elle en parlant du disparu, dans la rue, je crois le reconnaître : je m'approche, et puis c'est un autre. Je me raisonne, je sais qu'il est mort, et que, s'il était vivant, il ferait signe. » Également surnommée « Mémé flingueuse », elle est décrite par les enquêteurs comme étant « jalouse, tragédienne, possessive, rusée, déroutante ». En novembre 1999, après quatorze années derrière les barreaux, elle retrouve la liberté. Interrogée par des journalistes en 2018, soit vingt-sept ans après sa condamnation et presque nonagénaire, elle continue de nier son implication dans le meurtre pour lequel elle a été punie, cherchant encore « à prouver son innocence » et assurant qu'elle partira sans « aucun secret » (*L'Est républicain*, le 29 avril 2018).

3. En adversaires de Vergès dans l'affaire Omar Raddad, et à retrouver un peu plus loin (y compris pour les références des

le jardinier marocain accusé depuis 1991 du meurtre de sa patronne Ghislaine Marchal : « C'est une histoire curieuse, trop belle pour être vraie », commente-t-il – et plus tard, il prononce cette phrase choc : « Il y a cent ans, on condamnait un jeune officier qui avait le tort d'être juif. Aujourd'hui, on condamne un jardinier parce qu'il a le tort d'être maghrébin. »

Jean-Marie Rouart, le formidable écrivain engagé depuis bien longtemps dans la défense et la réhabilitation d'Omar Raddad – laquelle est en cours à l'heure où je corrige ces lignes –, ne me démentira pas.

Je me dois enfin de rappeler que Jacques Vergès, qu'il déroute, dérange, agace ou subjugue, a défendu toutes sortes d'accusés avec engagement et passion. « En lisant un dossier, expliquait-il, je me trouve dans la position d'un monteur de cinéma devant ses rushes. C'est un métier d'art. Le procureur est dans la même situation, mais lui fera de la littérature de gare à partir des lieux communs de la société. Moi, je suis contraint de faire un nouveau roman[1]. »

---

citations) : Georges Kiejman, pour qui Raddad « reste coupable », et Henri Leclerc, convaincu que « c'est la malheureuse Ghislaine Marchal, frappée à mort et agonisante, qui a écrit avec son sang le message [le devenu célèbre « Omar m'a tuer »] qui accusait Omar après s'être barricadée dans sa cave ». Condamné en 1994 à 18 ans de réclusion, Omar Raddad a bénéficié d'une grâce partielle du président Jacques Chirac, puis d'une libération conditionnelle en 1998. En juin 2021, il a déposé une nouvelle demande en révision de sa condamnation, sa précédente requête en 2002 ayant été rejetée.

1. *Le Monde*, le 15 août 2013.

Au club des 500

Existe-t-il un « profil type » permettant d'accéder au statut très convoité de ténor du barreau ? Faut-il nécessairement se créer une image saillante, adulée ou haïe, et par là correspondre à des attentes, des révoltes ou à des désirs, qu'ils soient professionnels ou médiatiques ?

« L'avocat captive, ensorcelle, éblouit », écrivent les journalistes Isabelle Horlans et Valérie Senneville. « Le tribunal est une arène ; les avocats des fauves magnifiques [...]. Ils peuvent être impressionnants, insolents ou bouleversants, parfois tout cela à la fois [...] par le seul poids des mots, ils égratignent, manipulent ou enjôlent devant un public toujours nombreux qui, fasciné, assiste à ces jeux du cirque, guettant toute honte bue la mise à mort symbolique, la fin d'une carrière, d'une réputation ou d'une vie[1]. »

La « mise à mort », Paul Lombard, l'a connue – et pas de façon symbolique, puisqu'il a été l'avocat de Christian Ranucci, guillotiné en 1976 après avoir été reconnu coupable du meurtre d'une petite fille de 8 ans, Marie-Dolorès Rambla. « L'affaire du pull-over rouge », comme elle le sera surnommée par Gilles Perrault[2], marquera Lombard pour le restant de sa vie : « Pour être franc, confie-t-il

1. V. de Senneville et I. Horlans, *Les Grands Fauves du barreau*, *op. cit.*

2. Gilles Perrault, *Le Pull-over rouge*, Ramsay, 1978. Le livre sera adapté en 1979 au cinéma par Michel Drach.

à Laurent Boscher[1], je ne me suis jamais véritablement remis de l'exécution de Christian Ranucci. La mort de ce jeune homme est, pour moi, une blessure qui ne se refermera jamais [...]. Les années ont beau passer, rien n'y fait [...]. L'affaire Ranucci[2], c'est le drame de ma vie. » Car jusqu'à sa disparition en 2017, l'avocat demeurera persuadé que « la justice française a condamné un innocent, victime d'une erreur judiciaire ».

Je n'ai jamais pactisé avec Lombard, mais lui reconnais bien volontiers le panache et le talent.

Légende du verbe, passionné de littérature et « ami des

1. Paul Lombard avec Laurent Boscher, *Confidences d'un ténor du barreau*, Plon, 2017.

2. Se reporter également au chapitre 9 et à l'avocat de la famille de la victime : Gilbert Collard. Bien qu'ayant été opposé à la mise à mort de Ranucci, il demeure convaincu de sa culpabilité. Son exécution n'est selon lui « pas une erreur judiciaire mais une erreur de justice ». Les faits se déroulent en juin 1974 à Marseille. Marie-Dolorès Rambla, âgée de 8 ans, est enlevée, alors qu'elle joue avec son petit frère, par un homme qui dit chercher son chien et la fait monter dans sa voiture, a priori une Simca 1100 grise. Parallèlement, Christian Ranucci, dans son coupé Peugeot 304 gris, heurte une voiture à 20 km de Marseille et s'enfuit, pour s'embourber ensuite dans une champignonnière. Un couple note sa plaque d'immatriculation, qui déclarera avoir vu un homme quitter le véhicule « chargé d'un paquet assez volumineux ». Le corps de Marie-Dolorès est retrouvé non loin de là, à proximité d'un pull-over rouge. Christian Ranucci devient le suspect n° 1 : il avoue le meurtre mais nie avoir possédé un pull-over rouge – au demeurant trois fois trop grand pour lui. Lors de la reconstitution, il revient sur ses aveux, alors que le petit frère de la victime ne le reconnaît pas, ni sa voiture. Les derniers mots du supplicié avant sa décapitation seront : « Réhabilitez-moi. » (*Le Monde*, 9 septembre 1978).

arts » en général, Paul Lombard a fréquenté assidûment les prétoires pendant plus de soixante ans. Il appartient à l'officieux « club des 500 » regroupant les pénalistes qui ont plaidé plus de cinq cents affaires devant la cour d'assises, et notamment treize dans lesquelles la peine de mort a été requise – comptant aussi parmi les derniers avocats à avoir dû, comme c'est l'usage, assister à la macabre besogne du bourreau.

« Il n'y a pas de grands avocats, il n'y a que de grandes affaires », aime à dire Paul Lombard, et ces « grandes affaires » jalonnent son parcours : celle de Bruay-en-Artois en 1972, assassinat de Brigitte Dewèvre, âgée d'un peu plus de 15 ans, découverte étranglée et mutilée. Pierre Leroy, notaire, et sa maîtresse Monique Mayeur sont très vite désignés comme les « deux bourgeois meurtriers », car la victime quant à elle est une fille d'ouvriers, dans une région appauvrie par la fermeture des mines de charbon. « Le meurtre de Bruay-en-Artois, commis dans la France d'Émile Zola et de *Germinal*, devenait un "crime de classes" », explique Lombard, qui sous-entend clairement que le juge Pascal, dit le « juge rouge », s'est servi de ce dossier comme d'un tremplin. L'affaire se politise, des journaux comme *La Cause du peuple* avancent qu'« il n'y a qu'un bourgeois pour avoir fait ça[1] ! » et appellent au lynchage du notaire – alors que les deux accusés béné-

1. Paul Lombard, dans ses *Confidences d'un ténor du barreau* (*op. cit.*), rappelle que dans les pages intérieures du journal, « c'est la tête du notaire qu'on réclamait » : « Un notaire qui mange des steaks d'une livre quand des ouvriers crèvent la faim ne peut être qu'un assassin d'enfants [...]. Il faut le faire souffrir petit à petit.

ficieront d'un non-lieu en 1974, le dossier d'instruction étant totalement vide. La très forte médiatisation de cette affaire, classée sans suite en 1981, tandis que le crime sera prescrit en 2005, conduira la commune à changer de nom : Bruay-en-Artois deviendra Bruay-la-Buissière en 1987.

Paul Lombard est aussi l'avocat de causes retentissantes, tels les drames du Heysel[1] et de Furiani[2], y compris celle, souvent taboue, de la responsabilité des médecins, avec l'affaire Albertine Sarrazin, cette dernière étant morte à l'âge de 29 ans des suites d'une erreur médicale[3]. « Comment aurais-je pu, sans renier ma jeunesse bercée par les livres, refuser de plaider pour un écrivain, sœur de tous les poètes [...] ? Comment aurais-je refusé de plaider pour le sang du poète ? [...] J'aurais voulu défendre Verlaine, Baudelaire, Arthur Cravan, Oscar Wilde, dit cet amoureux

Qu'on nous le donne, nous le couperons morceau par morceau au rasoir ! [...] Il faut lui couper les couilles ! »

1. Le 29 mai 1985, dans le stade du Heysel en Belgique, une charge de hooligans anglais provoque un mouvement de foule causant 39 morts et plusieurs centaines de blessés.

2. Le 5 mai 1992, juste avant le début d'un match de Coupe de France entre Bastia et Marseille, la tribune nord du stade Armand-Cesari s'effondre, causant 18 morts et plus de 2 000 blessés.

3. « Un rein défectueux, une hospitalisation précipitée, une intervention bâclée, un médecin peu consciencieux eurent raison de la courte vie de notre héroïne », résume Paul Lombard dans ses *Confidences* (*op. cit.*). Le chirurgien et l'anesthésiste impliqués seront condamnés à 2 mois de prison avec sursis et 90 000 francs d'amende pour homicide involontaire. Au bout de six ans de bataille judiciaire, la condamnation de l'anesthésiste sera confirmée, tandis que le chirurgien bénéficiera d'une relaxe.

des lettres. Dieu ne l'a pas voulu. Il m'a cependant gratifié d'une revanche en m'accordant de défendre Albertine Sarrazin[1]. »

Dans son parcours, une autre affaire se dégage, l'une des plus célèbres des années 1970. C'est celle dite « de Pélissanne », où dans un buisson est retrouvé, en mars 1973, le corps dévêtu et tailladé de John Cartland, un professeur britannique, directeur d'une institution privée de Brighton dans le Sussex, dont on apprendra qu'il a des liens d'amitié avec le Premier ministre britannique de l'époque, Edward Heath, et a appartenu à l'Intelligence Service. Sa caravane a brûlé ; son fils, Jeremy Cartland, est blessé – mais très vite, il passe du statut de victime à celui de suspect n° 1. Paul Lombard suggère alors à son client de se constituer partie civile – idée audacieuse qui permet en l'occurrence de signifier le refus de la suspicion et la volonté de « participer au combat pour la vérité, non en gibier, mais en chasseur[2] ». Jeremy Cartland est inculpé par le juge Delmas pour faits de parricide, mais le parquet d'Aix-en-Provence se dessaisit du dossier au profit de la justice anglaise, laquelle classe l'affaire – il est déclaré innocent. Cependant le mystère de la mort de son père ne sera jamais élucidé.

Durant le procès de Klaus Barbie[3] (1987), il figure parmi les avocats de la partie civile, mais, quand il est

1. P. Lombard avec L. Boscher, *Confidences d'un ténor du barreau*, *op. cit.*

2. *Ibid.*

3. Se reporter à la note n° 1 p. 205.

interrogé, à la mort de Jacques Vergès, sur la façon dont ce dernier a défendu le « Boucher de Lyon », il déclare « vouloir retenir du confrère le message que personne n'est indéfendable et tout le monde a droit à un avocat quel que soit le passif qui pèse sur lui » – avis d'ailleurs partagé par Gilbert Collard : « Bien sûr, on va faire le procès de son histoire, dire qu'il a défendu les gens indéfendables, mais ce qui compte, dans une démocratie, c'est qu'un homme soit là pour défendre[1]. »

Parmi les personnalités que Paul Lombard a côtoyées professionnellement, il y a Charles Trenet, « l'ami auquel il ferma les yeux[2] », l'éditeur Olivier Orban (Plon) pour l'affaire du docteur Gubler, médecin de François Mitterrand (dont je reparlerai plus loin à propos de Georges Kiejman), les grands patrons Aristote Onassis ou Jean-Luc Lagardère, etc.

Nous n'avons guère été proches, malgré les dossiers partagés comme contradicteurs, ce qui n'enlève bien entendu rien à la brillante carrière que je lui reconnais, et dont certains disent qu'elle aurait pu connaître une forme d'apothéose avec la nomination au poste de garde des Sceaux. Mais voilà que Paul Lombard doit faire face à un séisme : son inculpation en 1988 pour recel, complicité et usage de faux en écriture privée dans l'affaire Suzanne de Canson[3], à laquelle il est mêlé à propos d'une trans-

1. *Le Figaro*, le 16 août 2013.

2. P. Lombard avec L. Boscher, *Confidences d'un ténor du barreau*, *op. cit.*

3. Joëlle Pesnel, ancienne employée de bar reconvertie dans le commerce de l'art, est accusée de captation d'héritage, d'abus de

action pour le musée du Louvre d'un tableau de Murillo. Il bénéficiera d'un non-lieu en 1990 et gardera jusqu'au bout une passion intacte pour son métier d'avocat.

Pierre et ciment du bâtiment justice

J'étais préadolescent lors de l'élection de François Mitterrand aux fonctions de président de la République et me souviens très bien de son triomphe télévisuel d'abord et panthéonesque dans la foulée.

Déjà citoyen éveillé, très jeune – ayant fermement voulu devenir avocat à cette période –, j'avais suivi aussi les traces de l'exécution de Christian Ranucci – la peine capitale reste théoriquement en vigueur en France, ultime et irréversible sanction censée apporter « réparation » aux victimes et servir d'exemple repoussoir aux criminels potentiels pour les dissuader de passer à l'acte. Autant d'idées reçues que Robert Badinter inlassablement combattra, son nom étant indissociable de l'abolition de la peine de mort en France le 9 octobre 1981.

Mais avant de se voir confier les responsabilités de ministre de la Justice, Badinter s'est distingué en tant

---

confiance et surtout d'avoir séquestré Mme Suzanne de Canson, décédée en 1986 dans des conditions sordides et des suites de mauvais traitements, après avoir été dépouillée de ses tableaux de maître. C'est en 1985, lors de la vente au musée du Louvre du tableau de Murillo, *Le Gentilhomme sévillan*, que Paul Lombard fut son conseil. Joëlle Pesnel sera condamnée à 13 ans de réclusion criminelle.

que ténor (inscrit au barreau en 1951). Né de parents juifs russes contraints de fuir les pogroms en 1919, il doit ensuite vivre malgré la déportation de son père dans les camps d'extermination nazis dont, à l'instar d'une partie de sa famille, celui-ci ne reviendra pas. Très tôt, Robert Badinter aura donc le souhait et le souci de s'engager dans la vie publique et la défense des droits fondamentaux.

« Tout au long de ma vie judiciaire, écrit-il, j'avais rêvé qu'un jour il me serait donné de transformer la justice française, de lui donner, au sein de l'Europe des libertés, une place éminente [...], la grandeur de la France, ces mots qui aujourd'hui paraissent presque désuets et dont je me nourrissais depuis l'enfance, ne résidait à mes yeux ni dans la force militaire, devenue seconde, ni dans sa capacité économique [...], ni même dans le rayonnement de sa culture [...]. La grandeur et l'influence de la France sont pour moi à la mesure de son rôle au service des libertés. Qu'elles brillent chez elle sans pareil, alors son influence dans le monde se révèle supérieure à sa puissance réelle[1]. »

En qualité d'avocat, il participe à la défense du baron Empain[2], le puissant homme d'affaires enlevé à Paris

---

1. Robert Badinter, *Les Épines et les Roses*, Fayard, 2011.

2. Les peines infligées aux ravisseurs iront de 15 à 20 ans de réclusion criminelle. À noter qu'en 2012, soit plus de trente ans après, victime et bourreau – en l'occurrence Alain Caillol – se rencontreront, avec pour ce dernier « le besoin de dire la vérité et d'être pardonné » ; https://www.ina.fr/contenus-editoriaux/articles-editoriaux/l-incroyable-enlevement-du-baron-empain/.

le 23 janvier 1978, mutilé d'une phalange et séquestré dans des conditions épouvantables pendant 63 jours, ainsi qu'à celle de Christina von Opel, fille du constructeur allemand d'automobiles, impliquée dans un trafic de plusieurs tonnes de haschish et condamnée à 10 ans d'emprisonnement en 1979, sa peine ayant été réduite à 5 ans en appel[1].

Il y a aussi ces démêlés avec Robert Faurisson, qui a déjà eu affaire à la justice pour négationnisme ou apologie de crimes de guerre, et qu'il fait condamner en 1981 pour avoir notamment affirmé que « Hitler n'a jamais ordonné ni admis que quiconque fût tué en raison de sa race ou de sa religion ». Le 11 novembre 2006, sur la chaîne Arte, Robert Badinter déclare : « Le dernier procès que j'aurai plaidé dans ma vie avant de devenir ministre, c'est le procès contre Faurisson. J'ai fait condamner Faurisson pour être un faussaire de l'histoire. » Ce qui lui vaut des poursuites civiles de la part du négationniste[2] pour diffamation, lequel en est débouté.

Mais les deux dossiers marquants[3] de son parcours, et inextricablement liés à son engagement politique, sont ceux de Buffet et Bontems, condamnés à la peine de

1. Christina von Opel bénéficiera de la grâce présidentielle signée par François Mitterrand et visant à libérer, le 12 août 1981, 21 femmes dont les condamnations ne devaient pas excéder 5 ans et ayant toutes des enfants.

2. Robert Faurisson est mort en 2018.

3. Pour l'affaire Buffet et Bontems, se reporter également à Thierry Lévy, défenseur de Buffet, ainsi qu'à la note n° 3 p. 299. Pour l'affaire Patrick Henry, se reporter à la note n° 5 p. 216.

mort et guillotinés en 1972, puis celui de Patrick Henry en 1977.

L'exécution de Bontems, alors que ce dernier n'a été reconnu que complice des meurtres de l'infirmière et d'un gardien lors de la tentative d'évasion et de la prise d'otages à la centrale de Clairvaux, le marque à jamais. « Il a fallu l'épreuve de l'exécution, voir Roger Bontems, que j'avais défendu, être guillotiné, en novembre 1972, dans la cour de la prison de la Santé, raconte-t-il encore en 2019[1]. La justice avait pourtant reconnu qu'il n'avait jamais tué, qu'il n'avait pas, lui, de sang sur les mains. Comment ne pas se dire que c'était une injustice faite au nom de la justice ? Mon engagement est né de là. »

Ainsi, entre 1972 et 1981, Robert Badinter sauvera six accusés risquant la peine de mort, dont Patrick Henry qui en 1976 avait enlevé et tué le jeune Philippe Bertrand, âgé de 7 ans.

Le chroniqueur judiciaire Jean-Marc Théolleyre cite cet instant crucial de la plaidoirie de Badinter :

« Quand M. l'avocat général demande la peine de mort, c'est vite dit. Mais c'est à vous, après, qu'il en laissera la responsabilité [...]. L'avocat général vous a parlé d'exemplarité. Il a dit, trait pour trait, ce que son prédécesseur disait il y a deux siècles de la torture. De génération en génération, on en appelle à l'exemplarité. Et l'exemplarité n'existe pas. On a guillotiné, pour le meurtre d'un enfant, Christian Ranucci [...]. On trompe et l'on se trompe.

---

1. Interview menée par Caroline Montaigne pour le magazine *Carrière*, le 7 novembre 2019.

Crier "À mort ! À mort ! À mort !", cela est politiquement payant. Mais moi je vous dis, je vous répète : si vous le coupez en deux, cela ne dissuadera personne ! » – et de conclure : « Si vous le tuez, votre justice est injuste [...]. Qu'est-ce donc qu'une société qui traîne la guillotine comme un bien de famille ? Qu'est-ce qui a légitimé le droit de tuer ? [...] il y aura un autre jour l'abolition de cette peine de mort. Alors vous direz à vos enfants que vous avez condamné un homme à mort et il vous faudra regarder leurs regards[1]. »

Avocat et professeur de droit privé, Robert Badinter est aussi l'auteur de nombreux ouvrages juridiques, historiques et littéraires – dont, paru aux éditions Fayard en 2021, *Théâtre 1*, qui rassemble trois de ses pièces ayant « toutes à voir avec la justice et le destin des hommes », les deux piliers de sa propre destinée politique. Adhérent du Parti socialiste dès 1971, il devient l'emblématique ministre de la Justice (1981-1986) qui a, outre le fait d'avoir porté la loi aboutissant à la suppression de la peine de mort, enclenché celle de la Cour de sûreté de l'État et des tribunaux permanents des forces armées. Il a également permis l'abrogation du « délit d'homosexualité » ainsi que le renforcement des droits des victimes et l'amélioration de la condition carcérale. Sa carrière politique ne s'arrête pas là, puisqu'il occupe ensuite la fonction de président du Conseil constitutionnel (1986-1995), et enfin celle de sénateur des Hauts-de-Seine (1995-2011).

Je fréquente surtout le collectionneur de livres et de

1. J.-M. Théolleyre, *L'Accusée*, *op. cit.*

documents liés à l'histoire judiciaire et j'aime la passion toujours intacte qu'il garde pour cet univers.

Car, si Robert Badinter est aujourd'hui considéré par ses pairs comme la « véritable pierre à l'édifice judiciaire français[1] » – à l'occasion de l'anniversaire des quarante ans de l'abolition, une exposition à la Bibliothèque nationale de France vient le confirmer[2] –, il me faut citer ces lignes où il raconte comment furent accueillis par le sérail sa nomination en tant que garde des Sceaux et ce qui suivit : « Mes relations avec les avocats ne pouvaient être, pensais-je, que très cordiales. Je déchantai bien vite. Certes, mes rapports étaient toujours amicaux avec ceux auxquels j'étais lié. Mais, s'agissant des intérêts de la profession, et dans nos rapports officiels, je mesurai vite que les avocats, fidèles à leur tradition d'indépendance, voire d'opposition au pouvoir en place, voyaient d'abord en moi le ministre de la Justice. Soutenir ma politique judiciaire parce qu'elle était conduite par un avocat était hors de propos. Je relevai qu'au lendemain de l'abolition je ne reçus d'aucun barreau une lettre me remerciant d'avoir

1. Source : https://www.grands-avocats.com/avocats/robert-badinter/.

2. « Une passion pour la justice, dans la bibliothèque de Robert Badinter », exposition à la BnF du 14 septembre au 12 décembre 2021. Le « grand homme ouvre les portes de ses collections privées reflétant ses passions : Victor Hugo, la période révolutionnaire, l'affaire Dreyfus ou encore les conditions de vie dans les centres pénitentiaires. En tout [...] 80 documents exclusifs [...] entre manuscrits, objets, livres, extraits de correspondances, estampes... », *Art critique*, le 8 juillet 2021.

fait voter la loi mettant un terme à la peine de mort que tant d'avocats avaient combattue dans les cours d'assises[1]. »

La belle irrévérence

L'arrivée d'Internet et des réseaux sociaux a transformé les procès en campagnes de communication et donc en guerres publiques entre les parties. J'ai été sans doute un des premiers avocats connectés, dès l'ouverture de mon cabinet, participant aux débuts de Cyberlex, la première organisation de juristes confrontés aux CD-Rom, puis au Net...

La profession n'était pas aux avant-gardes. Jeune élève avocat, en 1992, j'ai informatisé le cabinet de mes premières « patronnes » (devenues ensuite magistrates par défaut après la liquidation de leur cabinet, un temps international et supposé moderne qui a fini en déconfiture). Autres temps, autres mœurs...

Aujourd'hui, un avocat qui refuserait de se prêter au jeu du débat médiatique et numérique nuirait aux intérêts de son client – « surtout si la victime, partie civile, est représentée par un avocat en cour auprès des médias », expliquent Valérie de Senneville et Isabelle Horlans[2]. Longtemps, le compte rendu d'audience, considéré comme un genre littéraire et mené avec rigueur sous le nom

1. R. Badinter, *Les Épines et les Roses*, *op. cit.*

2. V. de Senneville et I. Horlans, *Les Grands Fauves du barreau*, *op. cit.*

de chronique judiciaire par des journalistes rompus à l'exercice, a servi en quelque sorte et autant que faire se peut de rempart aux influences et manipulations de tous ordres. Jusqu'à ce qu'un système d'information reposant davantage sur la nécessité de « faire le buzz » que sur celle de renseigner équitablement apparaisse – ce que Georges Kiejman nomme le « journalisme d'investigation », visant en cela Mediapart : « Mieux vaut révéler une fausse information le premier qu'en reprendre une vraie le second », ironise celui à qui l'intitulé ténor « va comme un gant ». Homme secret, d'une intelligence rare et pouvant faire preuve d'un cynisme sans pitié, « séducteur, orgueilleux jusqu'à l'absurde[1] », Georges Kiejman est l'un des avocats les plus doués de sa génération. « D'abord il est grand, commente François Gibault[2], avec une belle gueule et une voix précise, coupante, idéale pour débiter des méchancetés qu'il étaye sur une argumentation juridique en béton armé. » Avocat dès 1953, il décroche l'année suivante la coupe d'éloquence de l'UJA[3], puis est nommé deuxième secrétaire de la Conférence pour la promotion 1955-1956. Même si, selon sa propre appréciation, il n'a pas été « un grand ministre[4] », il a occupé trois postes au sein des hautes sphères de l'État : ministre délégué auprès du garde des Sceaux (1990) ; ministre délégué à la Communication (1991) ; ministre délégué aux Affaires

1. *Ibid.*
2. F. Gibault, *Libera me*, *op. cit.*
3. Union des jeunes avocats.
4. *Libération*, le 12 mars 2004.

étrangères. « Par l'apparence, j'étais le symbole de la gauche caviar », commente-t-il. Alors qu'il est issu d'un milieu très modeste, né dans ce quartier de Belleville à Paris qui « n'était pas encore celui des bobos », de parents arrivés de Pologne – son père a été déporté : « Je fais partie des gens qui ont survécu, et comme beaucoup de ces gens j'en tire une forme de culpabilité : j'écrirai plus tard dans le livre d'or d'Auschwitz, en visite officielle alors que j'étais ministre, "Pardon d'avoir survécu[1]". »

Si Georges Kiejman a été bel et bien un avocat politique, c'est « dans sa robe, face à la justice » et à la barre que précisément il fait le mieux de la politique, de l'affaire Pierre Goldman[2] à celle des caricatures de

1. France Culture, le 16 janvier 2012.

2. En 1970, Pierre Goldman, militant d'extrême gauche (et demi-frère du chanteur), « icône post-Mai 1968 », est accusé du meurtre d'une pharmacienne et d'une préparatrice lors d'un braquage boulevard Richard-Lenoir à Paris. Il clame son innocence mais est condamné à la prison à perpétuité. Il se pourvoit alors en cassation. Des artistes célèbres, marqués à gauche, prennent sa défense, comme Simone Signoret, ou Maxime Le Forestier, qui lui consacre une chanson : « La vie d'un homme » (sur l'album *Saltimbanque*, 1975). En prison, Pierre Goldman écrit *Souvenirs obscurs d'un juif polonais né en France* (Le Seuil, 1975 ; 60 000 exemplaires vendus). À la suite d'un vice de procédure, le verdict est cassé. Pierre Goldman est acquitté des meurtres mais condamné pour trois autres braquages. Après 6 ans de prison, il commence une nouvelle vie, jusqu'en 1979 où il est abattu de 9 balles sur un trottoir du XIIIe arrondissement de Paris. Le crime, revendiqué par un commando intitulé « Honneur de la police », n'est toujours pas élucidé, certaines pistes l'imputant à l'organisation indépendantiste ETA. Aux obsèques, 15 000 personnes suivent le cercueil de Pierre

Mahomet[1] publiées par *Charlie Hebdo*. Dans sa vie « on

Goldman, dont Simone de Beauvoir et Jean-Paul Sartre. À noter qu'en 2005 un ouvrage (Michaël Prazan, *Pierre Goldman, le frère de l'ombre*, Le Seuil) jette le doute sur sa réelle innocence dans les assassinats qui lui avaient d'abord valu la condamnation à perpétuité. En effet, son acquittement a ensuite reposé sur l'alibi fourni par un ami, chez qui il était censé se trouver entre 20 heures et 21 heures au moment des meurtres. « Retrouvé par l'auteur, commente *Le Monde* le 11 avril 2005, le témoin fait une révélation surprenante : "Pour moi [...], l'heure à laquelle Goldman est venu chez moi, c'était 18 heures, et pas 20 heures..." M. Prazan en déduit que Pierre Goldman pouvait être boulevard Richard-Lenoir. » Georges Kiejman n'acceptera pas cette remise en cause du témoignage, se contentant de justifier la fascination qu'exerçait son client : « Il appartient typiquement à la génération de 1968. Il en représente le côté romantique, desperado, la mystique révolutionnaire, le sentiment que les individus peuvent contribuer aux mouvements de l'histoire, alors qu'aujourd'hui nous sommes noyés dans les préoccupations de confort matériel » (*Le Monde*, le 11 avril 2005).

1. En 2007, à la suite de la publication des caricatures de Mahomet, *Charlie Hebdo* est attaqué en justice pour « injure publique à l'égard d'un groupe de personnes à raison de leur religion » par la Grande Mosquée de Paris et par deux organisations musulmanes. Georges Kiejman et Richard Malka sont les avocats de l'hebdomadaire. Leurs plaidoiries ont depuis été publiées en intégralité sous le titre *Éloge de l'irrévérence* (Grasset, 2019). L'on se souvient que la relaxe sera prononcée. En 2015 aura lieu l'attentat : « Avec Richard Malka, nous avons défendu le journal à un moment où on ne pouvait pas prévoir les drames qui ont suivi. Et d'ailleurs, ce n'est pas pour déculpabiliser, mais je suis sûr que même si nous n'avions pas gagné ce procès-là, ces crimes se seraient produits. On a en face des gens qui sont véritablement des ennemis en guerre et qu'il faut traiter comme tels. D'ailleurs, ils ne se privent pas de s'apitoyer sur le sort des victimes. Ce qui est à la limite de la décence », dit Georges Kiejman sur France Culture le 15 septembre 2020.

croise pêle-mêle Mendès France, Mitterrand... ; Truffaut, Marie-France Pisier... [son épouse de 1973 à 1979] ; Françoise Giroud, Serge July... ; on traverse des époques pétries de conflits, on s'arrête à peine parce qu'une vie, ça passe vite, parce qu'on en perd la mesure dès lors qu'on tente de la résumer[1] ».

Créateur d'une émission de télévision pour l'ORTF, « Vive le cinéma », et jouant plus tard un rôle important dans la naissance de la chaîne Arte, il sera l'avocat des *Cahiers du cinéma*, de réalisateurs comme Godard, Louis Malle, Costa-Gavras, Demy, Pialat, Polanski, etc. et de comédiens à l'instar d'Yves Montand, de Simone Signoret, Jeanne Moreau, Sophie Marceau – sans oublier la famille Trintignant, notamment au moment de l'affaire Cantat[2]. C'est un homme à qui « la culture et les lettres

---

1. *Le Point*, le 19 décembre 2019.

2. « À Vilnius, Lituanie, en cette fin juillet 2003, l'actrice Marie Trintignant était plongée dans le coma après avoir été frappée par son compagnon, Bertrand Cantat, le chanteur du groupe Noir Désir, écrit Pascale Robert-Diard (dans *Le Monde*, le 25 août 2006). Rapatriée en France en état de mort cérébrale, elle mourait vendredi 1er août, dans une clinique des Hauts-de-Seine. Pas elle, pas lui, pas comme ça. On se frottait les yeux. C'était bête et violent, archaïque et vulgaire, ça ne leur allait pas. L'affaire allait tenir la "une" des journaux et des magazines pendant des semaines. On voulait tout savoir parce qu'on ne comprenait pas. » Et tout a été dit ou presque sur la relation enflammée entre les deux artistes, qui ne sont cependant plus des primo-amoureux : « Il y a ce passé qui fait régulièrement tinter les portables des deux amants. À 40 ans sonnés, chacun a sa vie d'avant à porter. » L'actrice est mère de 4 garçons nés de 4 pères différents ; le chanteur a 2 enfants dont une fille de quelques mois.

ont ouvert le champ des possibles[1] ». Michaël Prazan lui consacre d'ailleurs un très beau documentaire diffusé en décembre 2019 sur LCP[2] : « Georges Kiejman, un enfant du siècle et de la République ».

Ce Kiejman-là, que je tutoie et admire, tout en jouissant de son amitié, a compté également de nombreux clients dans le monde de l'édition, comme les maisons Gallimard (pour Ionesco, Henri de Montherlant, les héritiers de Camus, etc.) et Seuil (procès générés par *Les Dossiers noirs*

« Quand il appelle son épouse, rongé de culpabilité, Marie s'irrite et devient cruelle. Lorsqu'elle pianote sur son écran quelques mots pour ses ex, la jalousie mord Bertrand Cantat, qui s'inquiète de sa juste place dans la vie tumultueuse de sa compagne. » Le soir du drame, Cantat n'a de cesse de questionner Marie Trintignant sur la nature de sa relation avec Samuel Benchetrit. « Elle boit, fume et ne lui répond pas. » Il s'énerve. Au procès, il raconte la suite : « Marie était dans la salle de bains. Je lui ai demandé de parler, je voulais régler ce problème qu'il y avait entre nous. Quand j'ai reposé cette question, elle a explosé. Je ne la reconnaissais pas. Le ton est monté. J'ai rien compris, rien, rien, à son attitude, à son visage. J'avais mal moralement de ce qu'elle venait de me dire et là, je lui ai mis quatre gifles. » Le 29 mars 2004, Bertrand Cantat est condamné par le tribunal de Vilnius à 8 ans de réclusion criminelle. Libéré en 2007, il s'installe avec son ancienne femme, Krisztina Rády, laquelle se suicide en 2010. Dénonçant une « omerta » à son encontre alors qu'il a purgé sa peine, Cantat attaque en diffamation, mais sans succès, l'hebdomadaire *Le Point* qui, au moment de la sortie de son album solo en 2017, révèle « qu'il s'est montré violent envers plusieurs de ses compagnes, avant et après la mort de l'actrice Marie Trintignant ».

1. *Le Point*, le 19 décembre 2019.

2. Entre autres, visible ici : https://www.dailymotion.com/video/x7p9p6r.

de la police française, de Denis Langlois). Il est aussi le défenseur de Guy Debord[1] et de l'éditeur Gérard Lebovici. J'ai longtemps encouragé Georges Kiejman à écrire de vrais mémoires… Il a fini par enfanter, en cosignant avec la journaliste Vanessa Schneider, un court et saisissant livre autobiographique[2]. Il y aurait encore tant à raconter (tout en préservant le nécessaire secret), comme il sait le faire lorsque nous évoquons à table l'histoire littéraire, artistique et politique de notre pays, à laquelle il appartient.

Ainsi, dans l'affaire de l'enlèvement du baron Empain[3], il est l'avocat d'Alain Caillol, comme il sera celui de la famille de Malik Oussékine[4], ou des héritiers de François Mitterrand dans le procès qui les oppose au docteur Gubler après la parution en 1996, dans les jours qui ont suivi la mort de l'ancien président de la République, du

---

1. Guy Debord, surnommé « le pape des situationnistes », publie en 1967, aux éditions Buchet-Chastel, *La Société du spectacle*, un essai qui rencontre d'abord un accueil mitigé. Arrive Mai 68, et son ouvrage devient alors un livre culte. La maison Champ libre, dirigée par Gérard Lebovici, le réédite, Debord rompant unilatéralement son contrat avec Buchet-Chastel, qui intente un procès et le perd. À noter que Gérard Lebovici, qui est aussi un célèbre producteur de cinéma, sera abattu dans sa voiture en mars 1984 à l'âge de 51 ans, apparemment victime d'un « contrat ».

2. Georges Kiejman et Vanessa Schneider, *L'Homme qui voulait être aimé*, Grasset, 2021.

3. Se reporter aux pages concernant Robert Badinter ainsi qu'à la note n° 2 p. 246.

4. En 1986, l'étudiant Malik Oussékine meurt sous les coups de policiers à moto, lors de la répression d'une manifestation contre la loi Devaquet sur la réforme des universités.

livre *Le Grand Secret* révélant que ce dernier a « menti » au sujet de son cancer dès 1981.

L'ouvrage est frappé d'interdiction, le docteur Gubler condamné à 4 mois de prison avec sursis pour violation du secret professionnel puis radié de l'Ordre des médecins et contraint de verser, avec les Éditions Plon, 340 000 francs de dommages et intérêts. L'affaire se terminera, bien plus tard (ou bien trop tard) par un arrêt en sens inverse de la Cour européenne des droits de l'homme[1].

Georges Kiejman intervient aussi dans l'affaire Omar Raddad, où officie Jacques Vergès, et à propos de laquelle il estime que « nous sommes face à un innocent fabriqué de toutes pièces par les médias[2] ». Il suscite d'ailleurs l'indignation générale – « la défense crie au complot judiciaire, les écrivains pétitionnent » – quand il déclare, après l'intervention du roi du Maroc Hassan II auprès de Jacques Chirac qui accorde au « petit jardinier » une grâce présidentielle partielle, qu'il s'agit d'un « acte diplomatique » et qu'Omar Raddad « reste coupable ».

Kiejman ne craint pas de passer d'une sphère à l'autre

1. En 2004, la Cour européenne des droits de l'homme condamne la France car « plus la date du décès s'éloignait, plus la légitime émotion des proches du défunt perdait de son poids, plus l'intérêt public du débat lié à l'histoire des deux septennats du président Mitterrand l'emportait sur les impératifs du secret médical ». Elle souligne par ailleurs que « la liberté d'expression constitue l'un des fondements essentiels d'une société démocratique » et rappelle le « rôle indispensable de chien de garde » rempli par la presse et l'édition.

2. V. de Senneville et I. Horlans, *Les Grands Fauves du barreau*, *op. cit.*

– ainsi s'occupera-t-il, par exemple, de la procédure de divorce à l'amiable entre Nicolas et Cécilia Sarkozy –, mais pour ce qui relève de son éloquence, c'est un « classique », la phrase « qu'il commence s'achève toujours en conformité avec la syntaxe et la grammaire, fût-ce au plus vif d'un de ces échanges imprévus que réserve si souvent le débat judiciaire[1] ». Voix du cinéma dont il « aime la lumière », homme « qu'obsède la beauté des femmes[2] » et parfois taxé d'« inconsistance sous des dehors très "grand genre[3]" », mais dont la « mâchoire carrée aime laisser penser qu'elle peut mordre[4] », Georges Kiejman est pourtant « un roc friable », assure le journaliste et écrivain Alain Minc. L'intéressé assume toutes ses facettes sans en renier une seule : « Dans ma rage, mon apparente brutalité, il y a une vengeance contre ceux qui ont tué mon père [mort en déportation à Auschwitz] et nié mon humanité[5]. »

Traditionnel par révolutions

Parmi les avocats pouvant prêter à controverse, et souvent parce qu'ils ont défendu « les damnés, les proscrits, les brigands[6] », François Gibault tient une bonne place. Dans

1. *Le Monde*, le 4 octobre 1990.
2. *Libération*, le 12 mars 2004.
3. Antoine Perraud, « Georges Kiejman se sent pousser des zèles », Mediapart, 26 mars 2013.
4. *Libération*, le 12 mars 2004.
5. *Challenges*, le 20 décembre 2011.
6. *Le Point*, le 16 avril 2014.

l'esprit de beaucoup, il est cet « anarchiste de droite » défenseur (avec Jacques Vergès) de Jean-Edern Hallier, mais aussi avocat du « fils français d'Hitler[1] », de Bokassa[2], de Kadhafi, de membres de l'OAS – sans oublier Lucette Destouches, veuve de l'écrivain Louis-Ferdinand Céline dont il est l'exécuteur testamentaire et à qui il a consacré une biographie[3] en trois volumes unanimement saluée. Ce pan de son activité me vaut aujourd'hui une fâcherie de sa part car j'ai défendu – avec succès – Jean-Pierre Thibaudat, l'ancien

---

1. Soit Jean-Marie Loret (1918-1985). « Lorsqu'il vient me voir en 1979, se souvient Gibault, j'ai devant moi un homme un peu paumé qui ne sait pas s'il doit se faire reconnaître comme le fils d'Adolf Hitler ou s'il doit effacer tout cela d'un trait de plume. Il éprouve ce que ressentent beaucoup d'enfants naturels : l'envie de retrouver un passé aussi lourd soit-il, mais la peur de retourner de vieilles boues. J'ai énormément parlé avec lui, jouant plus le rôle d'un psychologue que d'un avocat. Certes, il pouvait revendiquer une part des droits d'auteur de *Mein Kampf* et, pourquoi pas, des comptes en banque que le Führer avait peut-être ouverts en Suisse, mais à 60 ans passés était-ce raisonnable ? Après avoir conversé avec moi et avec ses enfants, il a de lui-même décidé de ne pas révéler son sulfureux état civil », dans *Le Point*, le 17 février 2012.

2. Le procès s'ouvre en 1980. De multiples chefs d'accusation sont retenus contre l'ex-empereur de Centrafrique : assassinats, coups et blessures volontaires, recel de cadavres, anthropophagie, détournement des deniers publics, séquestration, atteinte à la liberté individuelle et à la vie des Centrafricains, etc. Bokassa est condamné à mort, peine commuée en prison à perpétuité en 1988, puis ramenée à 10 ans de réclusion. Il sera libéré par anticipation en 1993.

3. *Céline*, t. I – *1894-1932. Le temps des espérances* (1977) ; *Céline*, t. II – *1932-1944. Délires et persécutions* (1985) ; *Céline*, t. III – *1944-1961. Cavalier de l'Apocalypse* (1981) – les trois ouvrages étant parus au Mercure de France.

journaliste de *Libération*, qui a sauvé et transcrit les désormais célèbres manuscrits de Céline (6 500 pages, quatre grands livres inédits dont l'existence a été révélée par *Le Monde* en août 2021), que François Gibault et sa cohéritière de Céline poursuivaient pour recel… en me visant par la même occasion au titre de complice du recel. La messe est dite depuis et amère pour les plaignants. Mais c'est ainsi.

Alors revenons à la vie de cet étonnant ténor. Partisan de l'Algérie française, à l'âge de 24 ans il se retrouve sur la ligne de front : « Ce jour-là, j'ai été dépucelé en quelque sorte, et je n'ai plus jamais eu peur, quelles que soient les circonstances dans lesquelles je me suis trouvé : quand un fellagha m'a tiré dessus à bout portant ; quand j'ai sauté sur une mine antichar ; quand ma Jeep a roulé sur une mine que le blindé qui me suivait a fait exploser ; quand notre colonne a été attaquée au bazooka[1] ». Il est remarqué par Jean-Louis Tixier-Vignancour, dont j'ai précédemment tracé le parcours, qui lui confie la défense de l'un des conjurés de l'attentat raté du Petit-Clamart, Alphonse Constantin. C'est l'une des premières affaires de François Gibault, fraîchement promu, en 1962, secrétaire de la Conférence ; en 1978 il devient membre du Conseil de l'Ordre.

Certains commentateurs le classent comme « avocat des causes troubles » et « expert ès camouflages », en particulier « défenseur de terroristes arabes[2] – libyens dans l'explosion du DC 10 d'UTA [170 victimes] ou iraniens

1. *Vanity Fair* : « François Gibault, le goût de l'indéfendable », 22 août 2018.

2. *Libération*, le 14 octobre 1997.

dans le meurtre de Chapour Bakhtiar [le 6 août 1991] », ou encore de femmes et d'hommes politiques de droite (la fille de Yann Piat, députée ex-FN assassinée en 1994, Michel Noir, Alain Carignon, etc.).

C'est un peu vite le « catégoriser » et oublier qu'il est, entre autres distinctions, commandeur de la Légion d'honneur, chevalier de l'ordre national du Mérite et croix de la Valeur militaire. Parallèlement, il côtoie Françoise Sagan et son mari Bob Westhoff, ex-officier de l'armée américaine, désormais mannequin puis sculpteur à Montmartre, avec qui il vivra une histoire forte : « Il m'a rénové de fond en comble », et Sagan « était très tolérante, Bob a habité vingt-cinq ans chez moi, jusqu'à sa mort[1] », raconte-t-il. Si Malraux ou Aragon ne l'ont pas positivement impressionné, il présente à « Mme Céline » Charles Aznavour, Carla Bruni, Patrick Modiano ou Angelo Rinaldi qui prennent le thé avec elle : « Aznavour-Céline, le choc a été fort, la maison en résonne encore[2]. » Autre artiste de génie qui a « refait » son éducation, « secondé par Louis-Ferdinand Céline » : Jean Dubuffet, « ni pluriel ni grégaire mais singulier et libre », qui a formé son goût et ouvert le champ des multiplicités sainement contrariées. « De permanence entre deux chaises, à la croisée de plusieurs chemins, il existe en moi un fonds traditionnel qui guerroie sans cesse avec mon attrait pour les tables rases, les idées neuves et la révolution », écrit-il[3] à propos de lui-même.

1. « François Gibault », *Vanity Fair*, art. cit.
2. F. Gibault, *Libera me*, *op. cit.*
3. *Ibid.*

J'ai l'honneur de figurer dans son *Libera me*, qui est une sorte d'autobiographie en forme d'abécédaire où l'on découvre les noms de ses clients comme de ses amis[1].

François Gibault, fondateur et ancien président de la Société d'études céliniennes, toujours à la tête de la Fondation Dubuffet, « s'est ainsi forgé l'esprit au contact des plus grands artistes, écrivains ou hommes politiques[2] », lui-même homme de lettres mais restant un « véritable avocat », comme dans l'affaire Bamberski[3], pendant plus de vingt ans. Le réalisateur Vincent Garenq en a tiré le film *Au nom de ma fille* en 2016, et François Gibault est resté son conseil jusqu'à ce que le père de Kalinka décide en 2012 de se séparer de tous ses défenseurs.

Quant à ceux qui pensent qu'être avocat, c'est chercher la vérité, y compris la sienne, il répond que cette dernière « n'existe pas », tout n'étant qu'« inventions accumulées,

---

1. *Ibid.*

2. *Le Point* du 16 avril 2014.

3. En 1982, Kalinka Bamberski, 14 ans, passe ses vacances en Bavière avec sa mère et son beau-père, le docteur Dieter Krombach. Elle est retrouvée morte dans sa chambre des suites d'une insolation, selon Krombach. Mais le père, André Bamberski, est convaincu que sa fille a été droguée et violée. Il veut faire traduire le docteur Krombach devant la justice française. En 2009 il enlève ce dernier qui est retrouvé à Mulhouse, pieds et mains liés à proximité du palais de justice. Krombach finira par être condamné en 2011 à 15 ans de réclusion criminelle pour « violences volontaires aggravées ayant entraîné la mort sans intention de la donner ». Il est sorti de prison en 2020 pour « raison médicale » – au grand dam d'André Bamberski, qui estime qu'il aurait dû être condamné à « au moins 30 ans pour le meurtre aggravé et l'empoisonnement pour lesquels il a comparu aux assises ». (Source : France 3, le 21 février 2020.)

mensonges, affabulations, rêves insensés, espérances trahies, rien d'autre que des portes qui s'ouvrent sur pas grand-chose et qui se referment sur rien[1] ».

Pour l'homme contre la multitude

C'est ce même François Gibault qui prononce, le 31 mai 2005, en l'église Saint-Eustache à Paris, l'éloge funèbre[2] d'un autre ténor, Jean-Marc Varaut, avocat « sans peur », « très grand orateur servi par une voix magnifique et son immense culture », et qui a « grandement honoré » le barreau et la justice.

Et de citer les propos de Jean-Marc Varaut : « Il y a toujours des avocats pour toutes les infortunes. Pour toutes les victimes, pour toutes les opinions, pour toutes les vérités [...]. Ils travaillent inlassablement pour l'homme. Pour l'homme seul. Pour l'homme contre les pouvoirs, pour l'homme contre la multitude. Pour les droits méconnus et pour les libertés violées. C'est leur honneur. »

Il n'est pas inutile de rappeler, comme l'a fait ce premier secrétaire de la Conférence dans ses *Mémoires*, ce que signifie « défendre », fonction liée à « l'appelé à l'aide » – *ad vocatus* : « Gérer l'écart conflictuel entre l'universalité de la norme et la singularité des situations[3]. » Et pour ce

1. F. Gibault, *Libera me*, *op. cit.*

2. « Éloge funèbre de Jean-Marc Varaut », par François Gibault, dans Y. Ozanam, S. Lataste, *La Conférence des avocats de Paris*, *op. cit.*

3. J.-M. Varaut, *Un avocat pour l'Histoire. Mémoires interrompus, 1933-2005*, *op. cit.*

qui le concerne, il s'y emploie au moyen d'une éloquence empreinte d'un certain classicisme, fidèle à la forme traditionnelle du barreau, recourant aux citations latines et aux références littéraires. Contrairement à Jacques Vergès, il ne pratique ni « défense de rupture » ni provocation ; il se définit comme un avocat de « connivence[1] ».

Issu d'une famille de robe (un grand-père notaire, un père avoué, un frère avocat puis magistrat – sa propre épouse est avocate, son beau-père est avocat...), il est généralement défini, de façon un peu courte, comme l'homme de droite, chrétien et monarchiste qui a été le défenseur de Maurice Papon[2]. Il s'agit là du plus long procès de l'histoire française d'après guerre (dix-sept ans d'instruction ; six mois d'audience), où, estime Jean-Marc Varaut, dont la plaidoirie s'est déroulée sur plusieurs demi-journées, l'accusé est apparu comme « le bouc émissaire de l'inconscient collectif d'un peuple voulant se décharger d'une responsabilité partagée[3] ».

Mais dès 1962, il plaide pour les « vaincus de la colonisation », commis d'office pour le général putschiste Maurice Challe[4], et défend le lieutenant de vaisseau

1. La « défense de connivence » vise à obtenir une moindre peine pour l'accusé alors que la « défense de rupture » s'attache à faire triompher sa cause.

2. Se reporter à la note n° 1 p. 205.

3. J.-M. Varaut, *Un avocat pour l'Histoire. Mémoires interrompus, 1933-2005*, *op. cit.*

4. Le général et aviateur Maurice Challe (1905-1979), élément prépondérant du « putsch des généraux » à Alger en 1961, sera condamné à 15 ans de détention et à la perte de ses droits civiques. Libéré par anticipation en 1966, il sera amnistié en 1968.

Pierre Guillaume[1], dit le « Crabe-Tambour », qui deviendra un ami et même le parrain de son fils Alexandre, né en 1966 (« C'est un honneur que d'avoir un tel parrain[2] », écrit-il). À ces occasions, Jean-Marc Varaut s'inscrit déjà dans une manière de concevoir son rôle bien différente de celle d'un Vergès : « On reprocha au bâtonnier [Paul Arrighi, à l'époque son « patron »] de n'avoir pas défendu à la barre la cause de l'Algérie française et de ne pas avoir adopté la stratégie de rupture mise en œuvre par Jacques Vergès. Ce fut très délibérément. Un avocat défend un homme et non une cause. Sa robe n'est pas un uniforme. Son devoir est, sans lui faire perdre son honneur, de sauver l'homme qui lui a confié sa vie avec son honneur[3]. »

Comme pénaliste, il défend des accusés de tous ordres, tel le commissaire Yves Jobic, poursuivi en 1988 pour corruption et proxénétisme, incarcéré puis blanchi, ou le vétérinaire Jean-Louis Turquin, condamné à 20 ans de réclusion criminelle pour l'assassinat, en 1991, de son fils – un crime « sans mobile, sans cadavre, et sans preuve » :

---

1. Pierre Guillaume (1925-2002), connu sous le surnom de « Crabe-Tambour », se rallie au « putsch » d'Alger, est condamné à 4 ans de prison avec sursis, privé de son grade et exclu de l'armée. Mais il déclare : « Je ne regrette rien, je ne renie rien. Si vous me mettez en liberté, je poursuivrai le même combat. » Il sera donc très actif au sein de l'OAS (Organisation de l'armée secrète) et de nouveau arrêté en 1962, puis condamné à 8 ans de prison et amnistié en 1966.

2. J.-M. Varaut, *Un avocat pour l'Histoire. Mémoires interrompus, 1933-2005*, *op. cit.*

3. *Ibid.*

« J'ai la conviction, écrit Varaut[1], qu'une nouvelle fois le doute a profité à l'accusation et non à l'accusé [...]. Ce n'est pas la première fois ni peut-être la dernière qu'un innocent est condamné par une cour d'assises. »

C'est également lui qui plaide pour Jacques Laurent lorsque ce dernier, entre autres connu sous le nom de Cecil Saint-Laurent, doit faire face en 1965 à un procès pour « offense au chef de l'État[2] » à la suite de la parution de son livre *Mauriac sous de Gaulle*. Il est l'avocat de l'ancien maire de Nice, Jacques Médecin, pour des questions de « délit d'ingérence » et d'« abus de confiance », de François Léotard, accusé de trafic d'influence et de corruption dans le dossier du port de Fréjus, ou encore de Philippe de Villiers. Un temps personnellement engagé en politique, il soutient l'antigaulliste Jean-Louis Tixier-Vignancour[3] à l'élection présidentielle de 1965, puis, en tant que « républicain indépendant », il participe à la campagne de Valéry Giscard d'Estaing en 1974. En 1975, il se rend, sous couvert d'un voyage touristique, en URSS « au secours des "prisonniers de conscience" », à savoir le mathématicien Léonid Pliouchtch, l'écrivain Vladimir Boukovski, et le physicien Andreï Sakharov. « Devant nos interlocuteurs stupéfaits et perturbés par cette démarche [...] j'invoque la Déclaration universelle des droits de l'homme et les accords d'Helsinki que Léonid Brejnev

1. *Ibid.*

2. J'ai largement évoqué cette affaire dans la chronique suivante : https://www.livreshebdo.fr/article/labrogation-du-crime-de-lese-majeste.

3. Pour Jean-Louis Tixier-Vignancour, se reporter au chapitre 7.

vient de signer[1]. » C'est à la suite de cette affaire et d'un contrôle fiscal dont il « attribue l'origine au souci du pouvoir en place, sous Valéry Giscard d'Estaing, de se démarquer d'un avocat qui rentrait d'une visite très médiatisée à certains dissidents soviétiques[2] », qu'il met fin à sa carrière en politique.

Il était à peine sorti de la défense de Maurice Papon quand il s'est engagé dans celle de la Grande Mosquée de Paris poursuivant Michel Houellebecq. J'ai gagné ce retentissant procès qui était fait à l'écrivain pour avoir qualifié l'islam de « religion la plus con » contre, notamment, un Jean-Marc Varaut en fin de compte fidèle à lui-même.

En 1999, il assure la défense de l'ancien président de l'Association pour la recherche contre le cancer (ARC), Jacques Crozemarie, condamné à 4 ans d'emprisonnement et à une amende de 2,5 millions de francs pour abus de confiance et recel d'abus de biens sociaux.

Élu en 1996 membre de l'Académie des sciences morales et politiques, Jean-Marc Varaut est aussi auteur d'ouvrages touchant à l'histoire, au droit, aux questions de société et aux grands procès (Jésus ; Louis XVI ; Nuremberg ; Oscar Wilde ; docteur Petiot...). Atteint d'une quasi-surdité depuis la petite enfance, à défaut de bien entendre, il consacrera sa vie à comprendre et à vouloir être écouté : « On peut plaider le temps d'un sonnet et même d'un quatrain. Celui qui dit le plus est

1. J.-M. Varaut, *Un avocat pour l'Histoire. Mémoires interrompus, 1933-2005*, *op. cit.*

2. *Le Monde*, le 27 mai 2005.

souvent celui qui dit le moins. Le devoir est de porter à son maximum l'effort d'expression dans le langage et par l'expression d'emporter l'adhésion de celui qui écoute. [...] Pour cela, il faut en plus de la science du droit avoir la tête pleine de synonymes, la mémoire lestée des adages qui condensent la sagesse du droit et dont la concision fait revivre son âge poétique, et une culture enrichie par les sciences de l'homme. Il faut bannir l'à peu près et le laisser-aller pour que la forme ne dégénère pas en formules et que les mots usagés retrouvent leur intégrité originelle qui seule contraint l'auditoire à l'écoute[1]. »

Quand l'avocat précède la loi

Les ténors du barreau ont souvent *Mille et une vies*[2], publique forcément, politique souvent, judiciaire bien sûr, à l'instar d'André Soulier. Comme c'est le cas pour nombre de nos confrères propulsés sous les projecteurs à la suite de procès médiatiques, son nom est notamment associé à deux affaires célèbres : le plus récent est le procès du cardinal Philippe Barbarin, accusé de ne pas avoir dénoncé à la justice les agressions sexuelles du prêtre Bernard Preynat sur de jeunes scouts. L'archevêque de

1. J.-M. Varaut, *Un avocat pour l'Histoire. Mémoires interrompus, 1933-2005*, *op. cit.*

2. André Soulier, *Mes mille et une vies*, avant-propos de Robert Badinter, Le Cherche Midi, 2021.

Lyon, d'abord frappé d'une peine de 6 mois de prison avec sursis, sera relaxé par la cour d'appel en 2020.

Mais il y a eu aussi, cinquante ans plus tôt, l'histoire de Jean-Marie Deveaux[1], commis boucher victime d'une erreur judiciaire en 1963 et condamné à 20 ans de prison pour le meurtre d'un enfant qu'il n'a pas commis.

1. En juillet 1961, une fillette âgée de 7 ans, Dominique Bessard, est retrouvée morte, poignardée à plusieurs reprises et égorgée, dans la cave d'une HLM en banlieue lyonnaise. Son père tient une boucherie au pied de l'immeuble, et la petite fille a été vue devant la boutique avant de disparaître. Jean-Marie Deveaux, 19 ans, y est apprenti. La police s'y intéresse mais l'écarte dans un premier temps comme suspect. C'est alors que Deveaux, qui se pense victime d'une rumeur lui attribuant le crime, tente de faire croire à une agression sur sa personne à l'endroit même où la petite a été trouvée morte. Cette histoire se retourne contre lui : s'il a menti en l'occurrence, il ment sans doute aussi pour le meurtre de Dominique Bessard... Par peur panique des piqûres, il refuse de se soumettre au sérum de vérité et fait des aveux. Et pour ne rien arranger, il change d'avis plusieurs fois. Lors de la reconstitution, les réponses à fournir lui sont suggérées par les enquêteurs, ces derniers n'accordant aucune attention à la piste d'un rôdeur pourtant signalé par de nombreux témoignages, avec à la clé un autre meurtre commis de la même façon, survenu alors que Deveaux est en détention. De vices de procédure en affaire bâclée, la condamnation tombe : 20 ans de prison. Deux hommes se battront bec et ongles pour dénoncer cette injustice flagrante : le père Boyer, un visiteur de prison jésuite, et André Soulier, qui ne cessera de contester la façon dont s'est tenu le procès et d'en réclamer la révision, qu'il obtiendra après des années de lutte. En septembre 1969, Jean-Marie Deveaux est acquitté (le véritable assassin n'a, à ce jour, pas été identifié). Pour les 8 ans passés à tort derrière les barreaux, il touchera 125 000 francs d'indemnisation en 1972, qu'il utilisera en partie pour offrir une voiture au père Boyer.

Le combat mené par André Soulier au palais de justice pour défendre Jean-Marie Deveaux est à l'origine de la loi du 17 juillet 1970 sur l'indemnisation des victimes d'erreurs judiciaires. « Mon rôle dans cette affaire ne devait pas se terminer avec la libération de Jean-Marie Deveaux, écrit André Soulier[1]. J'avais déjà usé trois ministres de la Justice du général de Gaulle [...] il m'en fallait un quatrième... ce fut René Pleven [...]. Georges Pompidou était président de la République et Jacques Chaban-Delmas, Premier ministre [...]. Le jeune avocat que j'étais encore était choqué que des innocents ayant subi des mois, voire des années de détention, soient remis sur le pavé sans un sou vaillant après un non-lieu, une relaxe ou un acquittement. [...] Jean-Marie Deveaux avait passé huit ans de sa jeunesse en prison. [...] Aussi bien devais-je convaincre le gouvernement de déposer un texte permettant d'indemniser toute personne ayant subi une détention avant d'être relaxée, acquittée ou bénéficiaire d'un non-lieu [...]. René Pleven fit voter la création d'une commission d'indemnisation siégeant à Paris sous l'autorité du président Monguillan, futur premier président de la Cour de cassation. C'est ainsi que j'eus l'honneur de présenter la première requête en indemnisation en vertu de la nouvelle loi. »

D'ascendance modeste et le revendiquant – « parce que rien n'a jamais été une revanche[2] [...] ce n'est pas une revanche que mon père n'ait pas été multimillionnaire [...]. Il conduisait un camion de charbon, il a été petit

1. A. Soulier, *Mes mille et une vies*, *op. cit.*
2. *Le Miroir de Lyon*, le 4 février 2021.

commerçant, il a eu des difficultés, il est devenu chauffeur de taxi. C'était un merveilleux chauffeur de taxi. De Niro n'était pas meilleur que lui dans *Taxi Driver* » –, André Soulier, franc-maçon, membre de la loge Union et liberté du Grand Orient, dit que, en dépit des nombreuses fonctions politiques qu'il a occupées, il a toujours été « d'abord avocat[1] ». L'un n'empêchant pas l'autre, il est pourtant considéré comme étant un homme de réseaux et de partis – proche de Pierre Mendès France et de François Mitterrand[2] et, dans la région de Lyon, de Francisque Collomb et de Raymond Barre.

Il a connu, rapporte le magazine *Lyon Capitale*[3] qui a fait cet étonnant calcul, 12 maires de Lyon (« fonction qu'il sera proche d'exercer »), 8 papes (« il travailla pour le Vatican et organisa le concert de Jean-Michel Jarre lors de la venue de Jean-Paul II »), 20 Coupes du monde de football (« il présida la commission d'éthique et de discipline de la Ligue nationale » et plaida pour

1. En interview pour le magazine *Lyon Capitale* du 1er février 2021, il déclare : « Ce qui a envahi ma vie c'est le barreau, la lutte contre l'injustice, le fait de se retrouver seul avec quelqu'un qui va peut-être mourir alors même qu'il a commis un forfait ou a été entraîné dans des aventures improbables ou était tout simplement innocent. Je suis d'abord avocat. J'ai siégé dans nombre d'assemblées mais à la fin c'était toujours la défense qui se levait, pas l'homme politique. »

2. « J'ai été le protégé de Pierre Mendès France. J'ai été vingt ans le compagnon de François Mitterrand. Je suis parti quatre ans avant qu'il soit président de la République », dit Soulier en interview au *Miroir de Lyon* le 4 février 2021.

3. Le 1er février 2021.

plusieurs clubs : FC Metz, Paris-Saint-Germain, Olympique lyonnais...).

De député européen à vice-président du Conseil régional de Rhône-Alpes, en passant par les fonctions de maire de Villié-Morgon dès 1970 et d'adjoint à la mairie de Lyon, sans parler de ses divers postes de conseiller, Soulier a « pleinement vécu » ses vies multiples sans en négliger aucune.

Il est par exemple au côté de Joannès Ambre[1] dans la défense du fameux « gang des Lyonnais » : « Je dois beaucoup à Joannès Ambre qui me détourna du barreau d'Évreux, où me voulait Pierre Mendès France, pour celui de Lyon et m'invita à rejoindre son cabinet en qualité de collaborateur[2] », explique-t-il. Mais, ironie du sort, quand en 1975 Christophe Mérieux, fils d'Alain Mérieux (président de l'institut pharmaceutique BioMérieux), est enlevé, à l'âge de 9 ans, et qu'une rançon de 20 millions de francs est exigée – à l'époque la plus forte rançon jamais demandée –, André Soulier est l'avocat de la famille. Si Louis Guillaud[3], dit « Loulou la Carpe », précisément

1. Pour Joannès Ambre et l'affaire du « gang des Lyonnais », se reporter au chapitre 7 ainsi qu'à la note n° 1 p. 217.

2. *Lyon People*, le 25 mars 2021.

3. Dans son livre *Mes mille et une vies*, André Soulier raconte qu'au moment du procès Guillaud, sa femme et lui-même ont reçu des menaces de mort ayant donné lieu à l'interpellation d'un individu défendu par Joannès Ambre, lequel s'étonne devant les caméras de télévision de « la mise en cause injustifiée de son client ». « Mon sang ne fit qu'un tour, se souvient Soulier. Je portai à son cabinet quelques lignes où je regrettais que la parole d'un voyou pèse plus lourd que celles de mon épouse et de moi-même. Il s'en excusa [...]. J'ai été longtemps chagrin de cet incident. »

membre du gang des Lyonnais, est condamné pour cela à 20 ans de prison en 1981, le mystère autour de cet enlèvement n'est pas élucidé, en particulier à propos des complices. Car « la Carpe » restera définitivement muette à la suite du suicide de « Loulou » en 2008.

Lors du procès lié à la catastrophe industrielle de la raffinerie de Feyzin (Rhône), qui entraîne en 1966 la mort de 18 personnes et cause plus de 80 blessés, il représente la partie civile. En 1970, dans l'affaire de l'incendie de la discothèque le « 5-7 » à Saint-Laurent-du-Pont, en Isère, où 146 personnes trouvent la mort, il assure la défense des intérêts de 52 parties civiles.

Le football tenant une place importante dans « son amour pour le sport », André Soulier sera entre autres l'avocat de Michel Platini dans l'affaire de la caisse noire de l'AS Saint-Étienne[1], qui crée une onde de choc en 1982, des sommes considérables ayant alimenté illégalement ladite caisse afin de « conserver » les meilleurs joueurs du club : Michel Platini, Patrick Battiston, Jacques Zimako, Bernard Lacombe et Christian Lopez[2]. Dans le drame de Furiani en 1992, déjà évoqué lors des pages consacrées à l'avocat des victimes Paul Lombard, Soulier défend le président de la Fédération française de football. Et dans le dossier de l'accident d'avion A320 du mont

1. Le président du club Roger Rocher sera quant à lui condamné à 3 ans de prison (dont 32 mois avec sursis) et 800 000 francs d'amende, puis bénéficiera d'une grâce présidentielle par François Mitterrand en 1991.

2. Ils seront condamnés à 4 mois de prison avec sursis assortis d'amendes variables (300 000 francs pour Platini).

Sainte-Odile, où 87 passagers perdent la vie, il représente les familles des victimes pour l'obtention d'indemnités décentes.

André Soulier peut aussi se targuer d'avoir été, au cours des années 1980, conseiller de Lech Walesa pour les questions afférentes à l'édition de ses ouvrages. Il raconte[1] comment, lors de son déplacement à Gdańsk en 1988, il dormira « dans le lit occupé l'année précédente par un ami beaujolais déjà célèbre, Bernard Pivot, venu interviewer Lech Walesa pour son émission spéciale "Apostrophes" à la suite de la sortie de son livre[2] en France ».

André Soulier, dans sa perception et sa présentation de l'« exercice solitaire » de la défense, la confirme dans son indispensable atemporalité : « Défendre, ce n'est pas se réfugier dans le confort moral et la facilité, comme ce n'est pas devenir le complice d'un assassin. Dira-t-on que le prêtre qui donne l'absolution efface ainsi la faute ? Acceptera-t-on désormais que le meurtrier blessé ne reçoive pas le secours d'un médecin ? La robe noire que nous portons n'est pas seulement un symbole : elle représente le pathétique de l'existence avec ses chagrins et ses malheurs [...]. Le pénitent ne peut demeurer seul. Face à la société muette ou vociférante, il devra être accompagné par un homme seul : son avocat[3]. »

1. Dans son livre *Mes mille et une vies*, *op. cit.*
2. Lech Walesa, *Un chemin d'espoir*, Fayard, 1987.
3. A. Soulier, *Mes mille et une vies*, *op. cit.*

L'oralité pour credo

Parmi les plus grands ténors qui ont marqué, à leur façon, leur époque et bien au-delà, devenant une référence ou un point d'appui pour leurs contemporains, et bientôt pour leurs successeurs, il y a encore l'infatigable Henri Leclerc, qui n'a demandé au barreau l'honorariat que fin 2020, à 86 ans.

Qu'il s'agisse de défendre les militants de Mai 68, les indépendantistes de colonies françaises comme l'Algérie, les mineurs, les pêcheurs bretons[1], et tant d'autres de tous milieux, de l'affaire des « bébés congelés » de Véronique Courjault à celle de Dominique Strauss-Kahn au Carlton de Lille, il est le « témoin des évolutions de la justice, mais aussi de ses failles, de ses manquements[2] », d'ailleurs président d'honneur de la Ligue des droits de l'homme.

Dans son ouvrage en forme de mémoires, *La Parole et l'Action*, Henri Leclerc dit avoir, tout au long de son existence, « couru pour trouver une réponse à la question de [s]on enfance : c'est quoi, la justice ? ». En ce sens, les « piliers » : liberté – égalité – fraternité, qui forment la devise de la République, sont aussi ceux qui soutiennent la justice : « Si le juge qui punit est le gardien de la liberté,

1. « Il défend les paysans ? Il arpente leurs fermes et leurs plateaux. Les mineurs des Houillères ? Il descend aux mines. Les pêcheurs ? Il est chaque semaine à Brest : "J'essayais de comprendre la détresse, les accidents, ce qu'ils vivaient, je les aimais. Et, avec moi, à l'audience, j'amenais leur chair" », dans *Libération*, le 22 décembre 2005.

2. France Culture, le 30 décembre 2020.

et le procureur qui poursuit celui de l'égalité, l'avocat, lui, veille à la fraternité[1]. »

Quand il plaide, il veut « faire aimer l'accusé » ou « au moins éviter qu'on le déteste » : « Je deviens l'accusé et je le défends », soutient-il – notre confrère Thierry Lévy raconte d'ailleurs que « même dans les atmosphères les plus haineuses, il réussit à envelopper la salle de ses rondeurs, de tout son corps, c'est physique, il fait passer quelque chose aux jurés : "En voilà un brave homme ! Celui qu'il défend ne peut être si mauvais." En fait, il entre dans la peau de l'accusé aux yeux de tous[2] ». Quand il prend la parole, « quelque chose » se produit donc, et que l'ancien chroniqueur judiciaire du journal *Le Monde* Maurice Peyrot définit somme toute comme une sorte de non-plaidoirie : « Leclerc ne plaide pas. Il parle. Tout simplement. Il parle au juge, au juré ou à son adversaire, comme on parle à un ami, en lui confiant ses certitudes, ses doutes, ses interrogations. Ce n'est pas un discours ni une homélie grandiloquente, c'est une conversation[3]. »

Henri Leclerc ne perd jamais de vue une formule qu'il doit à l'historien, ethnologue et archéologue André Leroi-Gourhan et qui met en garde les « faux savants » prétendument détenteurs de « la » vérité, leur rappelant « cette faculté déconcertante qu'ont les faits de se ranger dans le bon ordre pour peu qu'on les éclaire d'un seul côté à la fois ».

---

1. Henri Leclerc, *La Parole et l'Action. Itinéraire d'un avocat militant*, Fayard, 2017.

2. *Libération*, le 22 décembre 2005.

3. *Ibid.*

C'est chez l'illustre Albert Naud[1], son maître et son ami, que le jeune avocat apprend le métier – Raymond Poincaré a légué sa robe et sa bibliothèque juridique à Naud, qui les léguera à son tour à Leclerc. Il lui recommande de se méfier des « plaidoiries trop belles qui font plaisir à tout le monde – à commencer par celui qui s'écoute –, mais ne servent à rien », en lui donnant ce conseil qu'Henri Leclerc n'oubliera jamais : « Méfiez-vous du violoncelle, sa voix est belle, mais son ventre est creux[2]. »

Le parcours d'Henri Leclerc, que le titre et le sous-titre de son autobiographie illustrent à merveille – *La Parole et l'Action. Itinéraire d'un avocat militant* –, soulève la question de la ligne de partage, si elle existe, entre plaidoirie et engagement politique. « Je veille tout de même à distinguer ma profession de mon combat, explique l'avocat, sauf dans des circonstances où je plaide des affaires de principe. Par exemple, quand je suis intervenu contre Touvier, le criminel contre l'humanité, au nom de la Ligue des droits de l'homme, j'ai bien entendu mélangé mes deux engagements[3]. »

L'avocat est en outre célèbre pour avoir plaidé majoritairement en faveur des coupables ou désignés comme tels. Il est ainsi le défenseur de Richard Roman[4], accusé à

1. Albert Naud est à retrouver au chapitre 7 ; Raymond Poincaré au chapitre 5.

2. H. Leclerc, *La Parole et l'Action*, *op. cit.*

3. *Libération*, le 24 septembre 2017.

4. Richard Roman, 29 ans au moment des faits, surnommé « l'Indien » parce qu'il a les cheveux longs, élève des chèvres, porte un pagne et marche parfois pieds nus, héberge à l'occasion des

tort du viol et de l'assassinat, en 1988, de Céline Jourdan, 7 ans. Cinq juges d'instruction se succèdent, l'opinion publique, persuadée de la culpabilité de Roman, réclame le rétablissement de la peine de mort. « Je n'arrivais pas à communiquer. Personne ne rendait compte de ce que je disais », se souvient Henri Leclerc – qui reçoit des cercueils miniatures pour l'intimider. « Lors de la reconstitution à La Motte-du-Caire, sa chemise est arrachée, il est presque lynché, sa collaboratrice Muriel Brouquet est frappée[1]. » Acquitté, Richard Roman est libéré le 19 décembre 1992. Mais « l'innocenté n'a jamais pu être innocent », écrit la journaliste Dominique Conil, car il sera retrouvé mort en 2012, âgé seulement de 49 ans, après avoir absorbé un mélange de médicaments et de stupéfiants.

Autre dossier qui suscitera bien des remous et des débats en faveur du retour de la guillotine, celui de Florence Rey[2],

---

marginaux. C'est ainsi qu'il accueille Didier Gentil, 25 ans, « enfant de la DDASS un peu simplet » et dont « les mots s'emmêlent dans sa bouche édentée », qui reconnaît le viol de l'enfant mais accuse Richard Roman du meurtre. Sous la pression des gendarmes, ce dernier avoue, puis se rétracte. « Peu importe. Le village – la France entière – a trouvé ses barbares. Gentil a violé mais c'est Roman, le hippie satanique, qui a tout manigancé », *Le JDD*, le 21 juillet 2008.

1. V. de Senneville et I. Horlans, *Les Grands Fauves du barreau*, *op. cit.*

2. Florence Rey et Audry Maupin, surnommés les « Bonnie & Clyde de Paris », se rencontrent en 1993. Lui est étudiant en philosophie, fréquentant un syndicat anarchiste ; elle, jeune fille « de bonne famille », n'a encore que 17 ans. Ensemble ils fondent l'Organisation de propagande révolutionnaire dont ils sont les seuls membres. Vivant par la suite dans un squat et acculés par la précarité,

surnommée « la tueuse de flics » : en 1994, lors d'une cavale meurtrière avec son compagnon Audry Maupin, trois policiers sont tués, ainsi qu'un chauffeur de taxi. Audry Maupin est abattu. C'est « l'histoire d'une jeune fille de 19 ans, amoureuse du beau révolutionnaire antisocial[1] », le tout sous l'influence trouble d'un certain Abdelhakim Dekhar[2], dit « le troisième homme », qui a aidé le couple en lui fournissant un fusil à pompe. Pendant le procès, Henri Leclerc réfute la thèse de l'action révolutionnaire anarchiste froidement préméditée : « Nous faisons tout, sauf un procès politique, certains avocats gauchistes me le reprocheront d'ailleurs. Ils pensent sans doute qu'il appartient à un avocat de se substituer à l'accusé pour revendiquer à la place une motivation politique des actes commis ? » Il « raconte » Florence et Audry tels qu'il les « ressent » lors de leur rencontre : « C'était le soleil ! Et ce soleil l'aimait ! Elle l'avait suivi sans savoir qu'elle allait s'y brûler. » Ensuite, se remémore l'avocat, « je dis l'escalade des sommets, l'ivresse des utopies dont rêvent les amoureux. Je rappelle les faits dans leur précipita-

---

ils visent la préfourrière de Pantin dans le but de subtiliser les armes des gardiens et de commettre ensuite des hold-up. L'affaire Florence Rey a donné lieu à nombre d'émissions télévisées, de livres ou de films. Condamnée à 20 ans de prison, elle a été libérée en 2009.

1. France Inter, le 3 décembre 2017.

2. Abdelhakim Dekhar, condamné en 1998 à 4 ans de prison dans l'affaire Rey-Maupin, refait parler de lui en 2013 : il attaque le siège de BFM TV avec un fusil à pompe puis, trois jours plus tard, il blesse un photographe de *Libération*, tire sur le siège de la Société générale à La Défense et prend en otage un automobiliste. Il est condamné en 2018 à 25 ans de réclusion criminelle.

tion hurlante et montre Florence face à cette escalade paroxystique, ces événements qui s'accumulent, la panique paralysant la pensée, l'action dans l'instinct [...]. Et puis le dernier baiser. Le soleil s'est éteint, et elle a perdu la parole [...]. N'oubliez pas que vous jugez les actes d'une adolescente, très jeune fille d'aujourd'hui. Pensez à la femme qu'elle deviendra. Savez-vous l'âge qui avance en prison ? Ne jugez pas pour semer le désespoir au nom d'un ordre nécessaire, jugez-la non pour la rejeter, mais pour la ramener parmi nous, dans la communauté des hommes. Je vous demande d'êtres justes, donc d'être humains[1]. »

Après cette plaidoirie extraordinaire, j'ai été, bien plus tard, l'avocat de Florence Rey, libre depuis plusieurs années et qui mène une vie discrète. Elle s'est opposée, à raison, à un producteur de cinéma qui voulait porter à l'écran cette terrible affaire.

Henri Leclerc s'est occupé aussi de nombreuses personnalités médiatiques, tel Dominique Strauss-Kahn dans l'affaire dite du Carlton de Lille[2], où l'ancien candidat à la présidence de la République est accusé de proxénétisme « en raison de ses comportements libertins », ou encore

1. H. Leclerc, *La Parole et l'Action*, *op. cit.*

2. Devant un dossier qui s'est « effondré tout seul », le tribunal relaxe DSK « au terme d'un jugement limpide », raconte Henri Leclerc dans son livre *La Parole et l'Action* (*op. cit.*), tout en rappelant l'article 6 de la Déclaration des droits de l'homme : « Tout ce qui n'est pas défendu par la loi ne peut être empêché. »

de Dominique de Villepin[1] dans le procès Clearstream. Mais comme on l'aura compris, dans l'affaire Omar Raddad, où pour une fois il est partie civile, il doit affronter Jacques Vergès, ce qui lui vaut d'être laminé par l'opinion publique et soumis au désaveu de nombre d'intellectuels, y compris parmi les confrères. D'aucuns vont jusqu'à dire qu'il a utilisé son pouvoir à la Ligue des droits de l'homme pour influencer la cour dans le sens de la condamnation d'un innocent. Mais loin de se renier et de baisser les yeux devant ceux qui jugent que cette histoire « fait tache » dans son parcours, Henri Leclerc reste aujourd'hui convaincu que « c'est la malheureuse Ghislaine Marchal, frappée à mort et agonisante, qui a écrit avec son sang les messages qui accusaient Omar après s'être barricadée dans sa cave[2] ».

Impossible de lister ici tous les dossiers où Henri Leclerc est intervenu, prenant ses risques et joignant toujours l'action à la parole au service d'un militantisme qui n'est pas de façade – ainsi que le prouve, si besoin était encore, son rôle dans l'affaire Véronique Courjault[3], qui, au-delà

1. Dans cette affaire de fausses listes de comptes bancaires secrets ayant prétendument appartenu à des personnalités politiques, dont le président de l'époque, Nicolas Sarkozy, l'ancien Premier ministre est accusé de « complicité de dénonciation calomnieuse ». Il sera relaxé en 2011.

2. H. Leclerc, *La Parole et l'Action*, *op. cit.*

3. En juillet 2006, Jean-Louis Courjault, époux de Véronique et ingénieur pour une entreprise américaine en Corée du Sud, découvre deux bébés dans le congélateur familial. De retour en France, le couple nie être géniteur de ces enfants, mais les tests ADN révèlent le contraire. Placée en garde à vue, Véronique Courjault avoue au

du « spasme d'effroi » suscité par la découverte des bébés congelés, ouvre la voie en 2009 à la reconnaissance des notions de déni de grossesse et d'altération du discernement. Du point de vue de l'éloquence, il fait partie des avocats qui croient « à l'oralité complète du débat en matière pénale » car « toutes les fois que l'on recule sur l'oralité pour des raisons de rapidité et d'efficacité, on perd en justice[1] ».

Nous avons été notamment contradicteurs, aux assises de Paris, dans l'affaire Boghossian (le meurtre épouvan-

---

total trois infanticides, mais affirme que son mari n'a jamais été au courant de rien, pas même des grossesses. Jean-Louis Courjault sera mis hors de cause par un non-lieu en 2009. Pour le procès de son épouse, il se constitue partie civile mais nullement pour se poser en victime. Au contraire, il sera un appui : « Je suis venu soutenir ma femme parce que je l'aime », déclare-t-il d'emblée. Les débats vont mettre en lumière un phénomène encore peu connu à l'époque : le déni de grossesse et la dénégation. Simone Lamiraud-Laudinet, experte-psychologue au procès, explique la différence entre ces deux notions : « Le déni, c'est le propre d'un sujet qui ne sait pas. Par exemple dans le cas d'une grossesse, le sujet n'a pas conscience de son état gravide. Il ne le reconnaît pas. En revanche, dans la dénégation, le sujet sait et annule cette connaissance. Dans la dénégation, il y a une conscience d'un état, d'être enceinte. » Le professeur Israël Nisand, chef du département gynécologique-obstétrique du CHU de Strasbourg, souligne quant à lui que « ces femmes sont malades, ce n'est pas la prison qui peut les soigner ». (INA : https://www.ina.fr/ina-eclaire-actu/18-juin-2009-l-affaire-courjault-revelateur-du-deni-de-grossesse). Condamnée en juin 2009 à 8 ans d'emprisonnement, Véronique Courjault, incarcérée depuis 2006, a été libérée en mai 2010.

1. *Affiches parisiennes* (journal d'information juridique), le 25 février 2021.

table d'un érudit arménien par un libraire de livres anciens et un acolyte venus « récupérer » des ouvrages de bibliophilie), une affaire extraordinaire dans laquelle requérait le célèbre avocat général Philippe Bilger.

C'était une affaire inouïe de meurtre entre bibliophiles. Un matin de 1998, j'ai appris, par un appel de la police, la mort d'un de mes clients habituels, éditeur orientaliste à la retraite, ne vivant que pour ses collections de livres et de dessins. Il avait été assassiné par un libraire, également bibliophile !

Pour faire simple, l'affaire tenait à un livre que l'un aurait prêté à l'autre, puis dont la propriété avait fini par être contestée. Le supposé prêteur avait voulu reprendre son bien. La discussion avait transformé cet appartement de lettré en étal de boucher.

La brigade criminelle avait interrogé en vain les proches de la victime, retrouvée chez elle un samedi matin par sa concierge lui portant le courrier. Les inspecteurs n'avaient récupéré qu'une longue liste d'inimitiés, nées tout de long d'une carrière dans les livres. Les fâcheux s'étaient dispersés depuis des décennies sur tous les continents ou avaient gagné le cimetière bien avant mon client.

L'assassin avait visiblement réussi à se faire ouvrir la porte vers 20 heures, moment plus ou moins présumé du crime, selon le légiste. Les limiers eurent alors l'idée de vérifier les appels téléphoniques reçus par la victime. Bingo : celle-ci avait conversé pendant trente secondes vers 19 h 50. Et le coup de fil avait été passé depuis une des dernières cabines téléphoniques parisiennes, sise au pied de l'immeuble du forfait. Voilà les enquêteurs épluchant le listing des appels passés depuis ladite cabine ; et de découvrir un appel à un ressortissant d'origine polonaise à 19 h 48, puis l'appel à la victime, et à nouveau un autre appel à un nom d'origine polonaise... La piste polonaise semblait prometteuse dans cette affaire pourtant en apparence arménienne.

Les deux Polonais, étudiants ne se connaissant pas, ont passé une longue garde à vue, avant de débiter le nom d'une relation commune... étudiante polonaise à la Sorbonne. Et la jeune fille subit à son tour l'interrogatoire insistant, jusqu'à se souvenir que, quelques jours auparavant, en sortant tard de cours, elle a appelé d'une cabine un compatriote pour s'enquérir de son programme pour la soirée. Puis a été extirpée sans ménagement, en pleine conversation, par un individu qu'elle a observé hurler dans le combiné, en une langue qui n'est ni le français ni le polonais. Elle a scruté son visage attentivement, et l'a mémorisé : son sac à main est resté dans la cabine. Et une fois le furibard sorti, elle est retournée récupérer son bien, mais, déboussolée, a appelé un second ami. D'où l'appel à deux Polonais ne se connaissant pas. D'où surtout un témoin remarquable, en la personne de leur amie, lorsqu'il s'agit de dresser un portrait-robot du malotru... que tous les proches du mort reconnaissent immédiatement.

Devant la cour d'assises, ce bourreau avide de mettre la main sur une édition originale est resté indifférent aux débats. Jusqu'à ce que l'avocat général qu'était Philippe Bilger se trompe de date pour évoquer un exemplaire des œuvres de Clément Marot. Et l'accusé de se lever d'un bond en hurlant : « Ce n'est pas 1665, mais 1667 ! » avant de retomber en catalepsie sous le regard glacé et médusé des jurés. J'ai plaidé la collectionnite qui rend fou, dans le rôle de la partie civile, pour la sœur de Sarkis Boghossian, la seule famille qu'il avait et qu'il voyait quotidiennement depuis leur arrivée en bateau, en France, à Marseille, fuyant l'Arménie où leur famille avait subi le génocide.

Autant dire que notre collectionneur, bien que défendu par Henri Leclerc, a écopé de la peine maximale.

Henri Leclerc, à l'énoncé du verdict très en la défaveur du coaccusé qu'il défendait, est venu me dire, en ami plus qu'en confrère, que son client allait interjeter appel, mais qu'il ne plaiderait pas pour lui car il avait perdu faute d'avoir compris la façon dont les jurés l'avaient vu dans le box.

Le visage fatigué et triste, il m'a dit sobrement : « Tu vois, j'ai plaidé l'acquittement. J'aurais dû demander la clémence. Il va faire appel, mais ce ne sera pas moi, car j'ai perdu de vue la réalité de ce dossier. »

Cela a été pour moi une leçon d'humilité dont je me suis souvenu pleinement quand ce dossier est venu en appel et qui a renforcé mon admiration pour l'immense avocat qu'est Henri Leclerc.

L'appel a confirmé peu ou prou les peines et j'ai souvent repensé à la franchise et à la grandeur d'Henri Leclerc lors du verdict de la cour d'assises de Paris.

Il est d'ailleurs le seul autre avocat que moi qui soit en portrait dans mon bureau. Je pense à son talent hors normes quotidiennement puisque je suis fier d'une photographie encadrée, parue dans la presse peu après ma prestation de serment, où nous posons côte à côte.

J'ai en effet encadré l'interview croisée que nous avons accordée sur la liberté d'expression alors que j'étais un bambin d'avocat et lui un immense ténor que j'admirais déjà et admire encore. C'est un véritable grand homme de robe et un ami fidèle, aujourd'hui avocat honoraire.

Chasseurs de nazis

Si Henri Leclerc se définit comme un avocat militant, Serge Klarsfeld, lui, se revendique militant-avocat – et non l'inverse, insiste-t-il. « La nuance est qu'il se sert de la profession d'avocat pour aboutir au résultat souhaité[1] », c'est-à-dire, avec son épouse Beate Klarsfeld, qui, bien que n'étant pas avocate, est indissociable voire à l'origine du combat de toute une vie : « obtenir la condamnation des criminels allemands et de leurs complices français » et « voir la Shoah, exceptionnelle tragédie qui pose encore beaucoup d'interrogations, entrer dans l'histoire[2] ».

Les circonstances de la rencontre en 1960 (et du coup de foudre sur un quai de métro à Paris) entre une jeune femme née à Berlin et un garçon dont le père est mort à Auschwitz sont connues. Le début de leur engagement et de leur inlassable combat pour que la vérité se fasse

1. Source : https://www.grands-avocats.com/avocats/serge-klarsfeld/.

2. *Ibid.*

jour au nom de la justice « avec un grand J » remonte à la gifle que Beate donne en 1968 au chancelier Kiesinger, membre du parti nazi jusqu'à la fin de la guerre. « Un geste spectaculaire afin d'ouvrir les yeux des Allemands sur les crimes commis par leurs aînés. Et point de départ d'une vie entière dédiée à la traque d'anciens nazis[1]. »

Le couple se lance alors dans d'importantes et minutieuses enquêtes pour retrouver ces criminels – tel l'ancien SS Klaus Barbie, repéré en Bolivie – et pour traduire en justice des personnalités du régime de Vichy comme René Bousquet, Maurice Papon ou Paul Touvier.

À la fois pour sortir enfin d'une précarité récurrente et pour être partie prenante dans les procès qu'il veut engager, Serge Klarsfeld, diplômé de Science Po, reprend des études à l'âge de 37 ans pour devenir avocat – « C'est une des rares issues pour m'en sortir et accéder à une profession utile pour remplir notre mission de justice de A à Z », raconte-t-il dans ses *Mémoires*. Et de poursuivre : « J'avais trouvé la force de me hausser au niveau d'une profession libérale qui me rendait libre, respectable, et en mesure de gagner ma vie et de mieux défendre encore notre cause, puisque les procès de criminels nazis se rapprochaient de nous[2]. »

Parallèlement, Beate et Serge créent en 1979 l'association Fils et filles de déportés juifs de France (FFDJF[3]),

1. *Libération*, le 2 août 2021.

2. Beate et Serge Klarsfeld, *Mémoires*, Fayard/Flammarion, 2015.

3. À noter qu'en janvier 2014 la FFDJF et la famille Klarsfeld appellent à manifester pour demander l'interdiction d'un spectacle de Dieudonné : « Il est légitime et normal, quand quelqu'un tient

dédiée au souvenir de celles et ceux qui sont morts à cause de responsables nazis français ou allemands, afin de venir en aide à leurs descendants dans leurs démarches.

C'est aussi en 1979 que débute le procès de Cologne, où les Klarsfeld, qui militent depuis longtemps contre l'impunité jusque-là garantie aux criminels nazis[1], remportent leur première victoire judiciaire contre ceux qu'ils ont démasqués : Ernst Heinrichsohn (adjoint du chef de la Gestapo de Paris devenu maire d'une petite ville ; condamné à 6 ans de prison), Kurt Lischka (qui œuvra à la traque des juifs par la Gestapo ; condamné à 10 ans de prison) et Herbert Hagen (SS très actif et responsable de nombreuses exactions ; condamné à 12 ans de prison).

Serge Klarsfeld traque aussi pendant des années Alois Brunner, qu'il retrouve en Syrie mais s'en fait expulser à plusieurs reprises sans pouvoir obtenir son extradition, le président syrien Hafez el-Assad niant la présence du nazi sur son sol. Brunner est responsable de la mort de 130 000 juifs. Il a dirigé le camp de Drancy et les rafles dans le sud de la France : c'est là que le destin du père de Serge Klarsfeld, Arno, est scellé.

« Les sbires d'Alois Brunner ont arrêté mon père et l'ont déporté à l'été 1943. Alois Brunner était certainement présent, car il menait directement les arrestations. Lors de cette rafle, ma mère, ma sœur et moi étions

des discours antisémites et dit que pas assez de juifs ont été gazés dans les chambres à gaz, que des gens se lèvent pour manifester. »

1. Depuis 1971 une nouvelle loi permet que soient jugés en Allemagne des criminels responsables de l'appareil policier nazi en France pendant la guerre.

cachés dans le double fond d'une penderie, l'Allemand en charge de la fouille n'a pas vérifié la solidité de la cloison. Ma vie n'a tenu qu'à ça : mon interpellation m'aurait conduit tout droit à la chambre à gaz. J'aurais été une victime de plus d'Alois Brunner. Mais lorsque j'ai poursuivi Alois Brunner, je ne l'ai pas fait dans un but de revanche personnelle mais au nom de toutes ses victimes[1]. »

L'inlassable combat que mènent les Klarsfeld n'est évidemment pas sans risques : à deux reprises (1972 et 1979), ils échappent de peu à un attentat – à un colis piégé puis à l'explosion de leur véhicule. Cela ne les arrête en rien et enfin en 1987 Klaus Barbie, surnommé « le Boucher de Lyon », comparaît devant un tribunal : c'est la première fois en France que se tient un procès pour « crime contre l'humanité », et sans la ténacité des Klarsfeld, il aurait poursuivi sa jolie vie en Bolivie sous l'identité de Klaus Altmann.

Suivront les procès de Paul Touvier (1994) et de Maurice Papon (1997), mais il est intéressant ici de citer la façon dont plaide Serge Klarsfeld[2] : « Maître Klarsfeld ne plaide pas. Il ne jette pas ses manches vers les moulures du plafond, n'use d'aucun effet de voix, parle avec tristesse, ne semble pas même être avocat. Non, maître Klarsfeld lit. Et cette lecture, plus

1. *Le Temps*, le 13 janvier 2017.

2. Se reporter au contenu de la note n° 1 p. 205. Cet extrait du journal *Libération* est mentionné dans les *Mémoires* de Beate et Serge Klarsfeld, *op. cit.*

que certainement tout ce qui doit être dit durant huit jours par les trente-neuf avocats de la partie civile, bouleverse. Klarsfeld l'historien, le militant, le chasseur de nazis, l'auxiliaire de justice hanté par le souvenir des quarante-quatre enfants d'Izieu. Klarsfeld, qui se contente de prononcer le nom de ces enfants, à la manière d'un appel de début de classe. Quarante-quatre noms l'un après l'autre, récités dans un silence de mort. Et leurs âges. Et quelques-unes des lettres qu'ils ont écrites à leurs parents avant le 6 avril 1944. Il va lire leurs mots. Les faire entrer dans la salle. Redonner le frisson… Maître Vergès est tendu ; il encaisse. Tout le monde encaisse. »

Le couple Klarsfeld, qui mettra un terme à sa chasse aux criminels nazis en 2001, est aussi à l'origine des poursuites en justice, pour crime contre l'humanité, de Jean Leguay et de René Bousquet, tous deux collaborateurs en France avec le régime nazi mais qui mourront avant que leur procès puisse se tenir. Cet engagement sans faille contribuera à ce que soit reconnue l'implication de l'État français dans la Shoah : Jacques Chirac, dans son discours du 16 juillet 1995 prononcé à l'occasion des cérémonies commémorant la grande rafle des 16 et 17 juillet 1942, admet la responsabilité de la France dans la déportation des juifs.

« Il a prononcé ces mots pour faire en sorte que la France regarde son passé en face, relève Serge Klarsfeld. Il était le premier président à ne pas avoir été jeune homme pendant la guerre. Enfant, il a eu la vision de deux France qui se combattaient et heureusement, c'est la bonne France qui a triomphé[1]. »

En état d'insurrection

Les profils des ténors se suivent et ne se ressemblent pas – quoique, pourrait-on objecter, tout bien réfléchi, ils ont en commun la flamme souvent corrosive de leur engagement, accompagnée de son inévitable lot de solitude. Certains profils jugés « atypiques » sont toutefois plus ou moins appréciés (et plus ou moins ouvertement) par leurs pairs. C'est le cas de Jean-Pierre Versini-Campinchi, qualifié à l'occasion d'aiguillon, d'asticoteur ou encore d'avocat kamikaze. D'un côté il « dérange l'institution judiciaire en menant une lutte virulente contre les juges d'instruction », et de l'autre il « agace beaucoup d'avocats amateurs de discrétion[2] » – ce qui ne l'empêchera pas d'être élu au Conseil de l'Ordre et d'y siéger jusqu'en 2006. À titre personnel, j'apprécie, comme beaucoup de ses pairs, la compagnie de ce confrère si original et à la parole si libre qui se définit ainsi : « Je suis corse, je suis antillais, je suis amblenois. Je suis le fils d'un père polyamoureux qui fut emprisonné et d'une mère poétesse, j'ai été élevé entre la Picardie et l'Afrique, entre un grand-père haut magistrat et plusieurs mamans, je suis devenu avocat à Paris[3]. »

1. Europe 1, le 29 septembre 2019.
2. *Libération*, le 17 décembre 2003.
3. Jean-Pierre Versini-Campinchi, *Papiers d'identités*, Le Cerf, 2020.

Son goût pour la justice, il en a peut-être hérité de son grand-père Robert, nommé président de la cour d'appel de Dakar par le Front populaire, procureur général par Pétain, conseiller à la Cour de cassation par de Gaulle. Jean-Pierre Versini-Campinchi évoque un homme « d'une telle probité qu'il déchirait lui-même son ticket de métro » en l'absence des poinçonneurs[1].

Parmi les affaires les plus médiatiques qui caractérisent son parcours, me vient tout de suite à l'esprit celle d'Agnès Le Roux[2], jeune femme et unique héritière du casino niçois le Palais de la Méditerranée, disparue en 1977 et jamais retrouvée, que ce soit morte ou vivante. Elle a été la maîtresse de l'avocat Maurice Agnelet, de réputation « sulfureuse » et proche de Jean-Dominique Fratoni, patron d'un casino concurrent. Car dans les années 1970, c'est la « guerre des casinos » sur la Côte d'Azur, sur fond de mafia et de corruption. Agnelet est l'homme « vers qui tous les regards se tournent » et que la justice poursuit pendant plus de trois décennies « sans cadavre, ni preuve formelle, mais avec une intime conviction, bâtie sur un faisceau de soupçons[3] ».

---

1. Source : site Grands Avocats ; https://www.grands-avocats.com/avocats/jean-pierre-versini/.

2. À noter qu'en 2011, un ancien truand marseillais, Jean-Pierre Hernandez, raconte dans son ouvrage *Confessions d'un caïd* (Éd. du Moment) que le véritable tueur est un certain Jeannot Lucchesi, lequel lui aurait confié avoir supprimé Agnès Le Roux à la suite d'un « contrat », sans lui révéler le nom du commanditaire. Sur la foi de ces révélations, Versini-Campinchi déposera une requête en révision – qui sera refusée en 2012.

3. France Inter, le 8 septembre 2016.

Il ne cesse de clamer son innocence ; Jean-Pierre Versini-Campinchi est l'un de ses défenseurs, alors que la partie civile est d'abord conseillée par Georges Kiejman. D'abord bénéficiaire d'un non-lieu en 1985, Agnelet est acquitté en 2006 puis condamné en appel à 20 ans de prison. En 2013, la Cour européenne de justice estime que le procès n'est pas équitable. Un troisième procès se tient donc en 2014, au cours duquel il est de nouveau condamné à 20 ans de réclusion. En juillet 2015, soit trente-huit ans après les faits, la Cour de cassation rejette son pourvoi. Le 24 décembre 2020, il bénéficie difficilement d'une libération anticipée pour raison médicale. Le 12 janvier 2021, Maurice Agnelet décède. Pour Jean-Pierre Versini-Campinchi, c'est, en matière criminelle, « l'erreur judiciaire des cent dernières années » – selon lui « spécifiquement française », car « nous préférons certainement le risque de l'erreur judiciaire au scandale du crime impuni[1] ».

Au début des années 1990, « pour la première fois », alors qu'il est déjà avocat depuis plus de trente ans, Versini-Campinchi « entre dans le domaine réservé du pénal financier[2] » avec l'affaire Urba – cette société chargée de récupérer des fonds pour financer les campagnes électorales du Parti socialiste en facturant des prestations fictives à des clients qui, en échange, se voient attribuer certains marchés communaux. Ce dossier entraînera la condamnation, en 1996, d'Henri Emmanuelli, ancien premier secrétaire du PS, à 18 mois de prison avec sur-

1. J.-P. Versini-Campinchi, *Papiers d'identités*, *op. cit.*
2. *Ibid.*

sis, assortis de 30 000 francs d'amende et de 2 ans de privation de droits civiques. À ce moment-là président de la commission des finances de l'Assemblée nationale, il est également déchu de son mandat de député. Par la suite, la loi Sapin de 1993 réglementera désormais le financement des partis politiques.

Sa notoriété, Jean-Pierre Versini-Campinchi la doit en partie au fait d'avoir obtenu la récusation du juge d'instruction Jean-Pierre Murciano[1] en 1998, dans l'affaire des casinos de Cannes, et de la présidente du tribunal Sophie Portier[2] en 2000, au procès du financement occulte du Parti communiste via la société Gifco.

« Je défends la fonction de juge d'instruction, mais je suis en état d'insurrection contre leurs dérives[3] », déclare

---

1. Le juge d'instruction Jean-Pierre Murciano, chargé de l'enquête sur des malversations dont l'ancien maire de Cannes Michel Mouillot est accusé – il aurait tenté de « soutirer » de l'argent aux dirigeants de casinos en échange d'une autorisation d'exploiter des machines à sous –, est dessaisi du dossier à la suite d'une requête « en suspicion légitime » présentée par Versini-Campinchi, avocat de Maurice Gozlan, mis en examen dans l'affaire Mouillot. Il lui est notamment reproché d'avoir communiqué des informations « hors procédure » à Bernard Tapie dans ses démêlés contre le Crédit lyonnais. À noter que celui qui fut surnommé le « petit juge » et sanctionné par ses pairs sera réhabilité en 2005 par le Conseil supérieur de la magistrature.

2. Son impartialité étant mise en question, la présidente Sophie Portier sera récusée pour avoir, huit ans plus tôt, jugé une affaire portant sur des faits similaires. Si tous les dirigeants du Parti communiste seront ensuite relaxés, 7 cadres du groupe Gifco se verront infliger des peines de prison avec sursis pour abus de biens sociaux et trafic d'influence.

3. *Libération*, le 20 février 2009.

Versini-Campinchi, dénonçant la mise « au trou » de clients qui sont ensuite relaxés. Il déplore aussi que dans le procès de l'Angolagate[1], Jean-Christophe Mitterrand, dont il assure la défense, soit conduit menotté « sans aucune raison » dans le bureau du juge Courroye – à propos duquel il mettra au jour un acte antidaté et déposera une plainte pour faux : « Si tu admets qu'un magistrat peut antidater un document quel qu'il soit, s'insurge-t-il, il n'y a plus de limite[2]. » L'avocat considère d'ailleurs les deux affaires déjà évoquées (Maurice Agnelet/Agnès Le Roux ; l'Angolagate) et celle de Buffalo Grill, ou le « scandale de la vache folle », comme des « accidents majeurs du travail judiciaire, des accidents dont ont été victimes des innocents[3] ». Victime de cette dernière affaire, il l'est aussi lui-même, puisqu'elle lui vaut de perdre « dix kilos en quinze jours à force d'agitation-média[4] ».

Mais surtout, plus sérieusement, elle lui coûte 2 ans de suspension, dont 21 mois avec sursis, pour « viola-

1. Lors du fameux Angolagate, 42 personnes sont poursuivies en justice – notamment Charles Pasqua, Pierre Falcone, Jean-Christophe Mitterrand, Jean-Charles Marchiani, l'écrivain Paul-Loup Sulitzer, etc. – pour commerce illicite d'armes entre 1993 et 1995 vers l'Angola, un trafic estimé à 790 millions de dollars. Condamné en première instance à 3 ans de prison dont 1 an ferme, l'ancien ministre de l'Intérieur Pasqua sera relaxé en appel. Jean-Christophe Mitterrand, condamné à 2 ans de prison avec sursis et 375 000 euros d'amende pour recel d'abus de biens sociaux, ne fera pas appel.

2. *Libération*, le 20 février 2009.

3. J.-P. Versini-Campinchi, *Papiers d'identités*, *op. cit.*

4. *Ibid.*

tion du secret professionnel[1] », sa collaboratrice Tania Crasnianski, qu'il soutient sans réserve, ayant renseigné par téléphone son client Christian Picart, fondateur de Buffalo Grill, alors placé sur écoute, sur les raisons de sa convocation à la gendarmerie – ce après avoir rencontré deux de ses collaborateurs déjà gardés à vue. L'affaire Buffalo Grill, après quinze ans de procédure, aboutira pourtant en 2016 à un non-lieu. La chaîne de restauration avait été accusée d'écouler de la viande britannique malgré l'embargo décidé à la suite de l'apparition de cas d'encéphalopathie spongiforme bovine (ESB), dite « maladie de la vache folle », générant chez l'homme celle de Creutzfeldt-Jakob. Quatre de ses dirigeants ainsi qu'un vendeur de viande se retrouvent mis en examen pour « mise en danger délibérée de la vie d'autrui » et « tromperie aggravée » ; deux vont immédiatement en détention. Le groupe sera ensuite vendu pour la moitié de sa valeur. « C'est l'un des sinistres judiciaires les plus navrants de ces dernières années[2] », conclut Versini-Campinchi, pour « une affaire qui n'en était pas une[3] ».

1. Sera cité l'article 63-4 du Code de procédure pénale qui interdit à tout avocat de parler à « quiconque » d'une garde à vue pendant qu'elle se déroule.

2. *Le Point* (source AFP), le 15 mars 2016.

3. J.-P. Versini-Campinchi, *Papiers d'identités*, *op. cit.*

Clairon soliste

Autre ténor qui dérange ou séduit follement, immense avocat « mais sans réseau » – « brillant mais hautain et méprisant[1] », se murmure-t-il au palais de son vivant –, regardé comme un « seigneur » par les uns, jugé « sectaire » par les autres, et pour qui « la situation idéale est de défendre l'innocence de quelqu'un qu'[il]sai[t] coupable[2] » : je ne peux donc passer sous silence le rôle incontournable de Thierry Lévy, mort en 2017, à l'âge de 73 ans. Il a été le premier conférencier que j'ai invité, losrque je suis devenu conservateur du musée du Barreau de Paris, et nous avons, en toute cohérence et amitié, après son décès, organisé une longue soirée d'hommages avec ses fils… C'était le minimum requis pour cet immense avocat.

Car voilà bien un tempérament qui ne se laisse ni résumer ni cataloguer, sauf peut-être comme un « irréductible furieux, mais joyeux, tellement joyeux de se tenir droit, et souvent seul, contre les vents contraires[3] » et qui « sous sa robe d'avocat, boxe avec les mots[4] ». Très tôt, Thierry Lévy, issu d'une famille bourgeoise juive – sa mère est avocate, son père journaliste, notamment à *L'Aurore*, avant de fonder l'hebdomadaire illustré *Aux*

1. *Libération*, le 31 mai 2000.
2. Pascale Robert-Diard, « Portrait », *Le Monde*, le 8 février 2008.
3. *Le Monde*, le 31 janvier 2017.
4. *Le Monde*, le 8 février 2008, art. cit.

écoutes : pour l'anecdote, il sera l'un des rares patrons de presse à accueillir en ses colonnes l'écrivain vilipendé pour antisémitisme : Céline –, éprouve un rejet viscéral pour la privation de liberté, qui se transforme vite en une prise de position sur « l'absurdité du châtiment ».

Ainsi, la première fois qu'il se rend à Fresnes en tant qu'avocat, il ressent « un choc violent, terrible, une nausée, un haut-le-cœur[1] ». Au point que toute sa vie durant, il refusera toujours de plaider comme partie civile dans les dossiers criminels. « La prison est une peine qui n'est pas comprise par ceux qui la subissent, qui ne peut pas l'être. C'est une injustice qui s'ajoute aux injustices déjà accumulées lors de vies qui sont dès l'origine en difficulté[2] », argumente-t-il.

Et il ajoute, ayant assisté, tout jeune avocat, à l'exécution de Claude Buffet[3] en 1972 : « Le plus important

1. *Libération*, le 31 mai 2000.

2. *Libération*, le 30 janvier 2017.

3. Claude Buffet et son complice Roger Bontems (lui défendu par Robert Badinter, auquel il convient de se reporter le concernant) ont été condamnés à mort en 1972 pour le double meurtre d'un surveillant stagiaire, Guy Girardot, et d'une infirmière intérimaire, Nicole Comte, lors d'une tentative d'évasion de la centrale de Clairvaux. Ayant pris ces deux personnes en otage, ils demandent 3 revolvers, une mitraillette, 2 chargeurs, 250 cartouches et 2 DS21 avec radio. Les autorités ne cèdent pas au chantage, et l'assaut est ensuite donné. Mais les deux otages sont retrouvés mourants, frappés à l'arme blanche. La grâce des condamnés sera refusée par le président Georges Pompidou. Si selon Badinter il est prouvé que Roger Bontems n'a pas participé à la tuerie des otages et n'a donc pas « de sang sur les mains », Claude Buffet, en revanche, réclame pour lui-même la peine

pour moi, ça n'a pas été la peine de mort, mais la prison[1] » – c'est donc en toute logique qu'il accepte, entre 2000 et 2003, de présider l'Observatoire international des prisons[2], association mobilisée pour le respect des droits de l'homme en milieu carcéral et pour un moindre recours à l'emprisonnement, à laquelle j'ai adhéré très tôt grâce à lui et à la présidente actuelle, ma consœur Delphine Boesel.

En bonne cohérence et à contre-courant de la pensée dominante, Thierry Lévy, refusant par ailleurs d'être enfermé dans une « identité juive[3] » (« Identité, c'est un mot pour la police », dit-il), s'oppose à la « victimisation »

de mort « pour des raisons que seule sa conscience conn[aît] ». Après six ans de Légion étrangère, de campagnes en Indochine, en Algérie et dans les rangs du Vietminh, « il s'est fait une spécialité d'agresser des femmes seules : "Une soixantaine..." » selon son propre aveu (*Le Monde*, le 19 juillet 2006). Il se trouvait d'ailleurs incarcéré à la suite d'une condamnation à perpétuité pour le meurtre d'une jeune femme en 1967.

1. *Le Monde*, le 8 février 2008.
2. Lien vers le site : https://oip.org/.
3. « Quant à moi », écrit Thierry Lévy dans son ouvrage *Lévy oblige* (Grasset, 2008), « le nom juif que je porte, je ne le tiens pas pour une élection, mais si aucune identité de groupe ne m'a jamais attiré, j'ai bien souvent emprunté celle des autres en m'identifiant à ceux qu'on accusait d'un délit ou d'un crime et que j'ai défendus. C'est chez moi une espèce de rage que j'endosse comme une armure et qui ne m'a pas quitté. Qu'on puisse penser qu'à travers ce combat j'aie fui une identité encombrante ne m'importe pas. Je serais fier que la hargne de défendre fût le signe d'une race maudite, si tant d'autres qui n'étaient pas juifs ne l'avaient éprouvée autant que moi. »

qui selon lui règne désormais dans les prétoires, transformant les prévenus ou accusés en coupables jugés d'avance. Il constate que le nouveau maître absolu de l'institution judiciaire, plus puissant que l'État lui-même, c'est « le plaignant aux mille récriminations, idolâtré, transfiguré en sainte victime » qui, de fait, crée une inégalité devant la justice – il est à craindre qu'en « renonçant à comparaître égaux devant le juge, nous perdions jusqu'au goût de l'innocence[1] ».

Thierry Lévy m'a toujours intrigué : il répondait aux jeunes avocats qui cherchaient leur voie au barreau et prenait le temps d'écouter leurs doutes et convictions. Il a été mon premier invité au musée du Barreau où le conservateur que j'étais a animé pendant plus de cinq ans des conférences-débats mensuelles (intitulées « auditions contradictoires ») sur le monde de la justice.

Thierry Lévy, « franc-tireur isolé, clairon soliste, grognard sombre au panache sombre, Bayard au pont du Garigliano [...] missionnaire rigoriste, doctrinaire granitique » – avocat « de combat », c'est-à-dire « funambule sur une ligne de crête entre le clown et la prostituée », écrit Alexandra Boret, première secrétaire de la Conférence, qui a prononcé son éloge[2]. Son éloquence est « tout sauf antique » : « quand beaucoup tentent, mot après mot, comme pierre après pierre, de bâtir des ponts entre

1. *Libération*, le 30 janvier 2017.

2. Alexandra Boret, première secrétaire de la Conférence, « Éloge de Thierry Lévy », 2019 ; http://www.laconference.net/wp-content/uploads/2016/09/Eloge-de-Thierry-Levy.pdf.

eux et leurs juges, Thierry Lévy, mot après mot, comme bombe après bombe, les dynamite, et plutôt que des ponts construit des barricades » – le tout dans une langue « rare, choisie, ciselée », avec en conclusion : « Eh bien maintenant, si vous l'osez, délibérez ! » Une de ses collaboratrices, Anne Bormans[1], nous en dit un peu plus sur sa façon de plaider, notamment son recours aux « ruses et astuces » : « Thierry Lévy usait assez souvent de ces "trucs" en audience. Personne ne voyait rien venir, pas même nous ses collaborateurs [...] nous étions chaque fois tétanisés. Il pouvait commencer sa plaidoirie par... un silence complet, total, pendant de longues secondes. Puis se lancer hésitant, inaudible. C'était l'angoisse totale, était-il perdu dans le dossier ? [...] Thierry Lévy avait-il le trac ? [...] Et puis quand les uns et les autres commençaient à échanger des regards inquiets, alors soudain, la voix montait, grondait, les arguments s'abattaient, son visage vous regardait, menaçant : oui, juger devenait pire que le crime même. »

Si nul ne vient mettre en doute son courage, d'aucuns suggèrent à mots couverts que son « intransigeance et sa radicalité nuisent à ceux qu'il défend » – reproche qu'il évacue sans états d'âme : « Rien ne me donne plus la nausée que cette forme de connivence entre avocats, ou entre juges et avocats, sur le dos de ceux que l'on défend[2]. » Et de toute façon, comme l'écrit encore Alexandra Boret, « il y avait, chez cet homme, quelque chose d'un artiste.

1. Dans son ouvrage *Une saison chez Lévy*, Digital Bazar, 2018.
2. *Le Monde*, le 8 février 2008.

Déplaire, pour le plaisir, ce délice aristocratique dont il jouissait tant, n'est-ce pas tout un art ? Susciter des antipathies fut l'une des joies de sa vie[1] ».

C'est ainsi qu'il défend Nicolas et Claude Halfen[2], membres du groupe terroriste Action directe, accusés d'avoir participé, avec Régis Schleicher, à l'assassinat de deux policiers et à une tentative contre un troisième en 1983, avenue Trudaine – ils devront comparaître devant la Cour d'assises spéciale de Paris composée de

1. A. Boret, « Éloge de Thierry Lévy », *op. cit.*

2. Lors du premier procès qui s'ouvre le 3 décembre 1986, Régis Schleicher, l'un des dirigeants présumés du groupe d'extrême gauche Action directe, annonce d'emblée la couleur, ne reconnaissant à la cour d'assises de Paris « aucune légitimité » pour le juger. Et il ajoute : « Ceux qui siégeront ici, magistrats ou jurés, s'exposeront aux rigueurs de la justice prolétarienne, et, à titre d'information, je voudrais savoir à ce sujet combien de temps vous avez prévu pour les faire protéger. » 5 des 9 jurés se désistent. C'est à la suite de cet événement que le législateur a été amené à faire juger les crimes de terrorisme par des magistrats professionnels : 7 en première instance, et 9 en appel. Cette cour d'assises spécialement composée siège à Paris et juge l'ensemble des crimes terroristes commis sur le territoire national. En l'occurrence, Régis Schleicher sera condamné à la réclusion criminelle à perpétuité, Nicolas Halfen à 10 ans de détention, et son frère Claude acquitté. Régis Schleicher, qui échouera dans sa tentative d'évasion en 2003, est sorti de prison en 2010 après vingt-six ans passés derrière les barreaux. Il a publié un livre, *Clairvaux, instants damnés* (L'Éditeur, 2010), mais ne se considère pas comme un « repenti » d'Action directe. « Je suis encore privé de mes droits civiques, je suis revenu à des ambitions plus modestes, je ne veux plus changer le monde », déclare-t-il, tout en précisant que le monde n'a pas besoin de lui pour changer. « Que ça me plaise ou pas, je n'ai pas d'interaction là-dessus. » (*Les Inrockuptibles*, le 16 novembre 2010.)

sept magistrats professionnels, le premier procès ayant dû être interrompu pour cause de défection des jurés à la suite de menaces lancées à leur encontre. Plus que jamais prêt à batailler contre les « puissances établies », « hostile à tout pouvoir, toute loi, tout juge[1] », Lévy poursuit en diffamation Jean-Louis Bruguière, ancien chef du pôle antiterroriste, à propos d'un passage de son livre d'entretiens avec le journaliste Jean-Marie Pontaut, *Ce que je n'ai pas pu dire* (Robert Laffont, 2009) – où il donne « sa » vérité concernant le rôle des membres du commando d'Action directe cités plus haut. Thierry Lévy a aussi à son actif la défense (et l'acquittement en 1986) du « braqueur devenu écrivain » Roger Knobelspiess, celle de la juge Eva Joly, en conflit avec l'Ordre des avocats, ou encore de l'assassin de René Bousquet, Christian Didier, sans oublier l'historien Bernard Lewis, accusé d'être un « négationniste » du génocide arménien.

Après Robert Badinter et sa plaidoirie historique, élément clé dans le processus qui conduira à l'abolition de la peine capitale en 1981, Thierry Lévy sera également l'avocat de Patrick Henry[2] qui, libéré pour bonne conduite en 2001, sera de nouveau arrêté l'année suivante pour vol, puis en possession de 10 kilos de cannabis, ce qui provoquera son retour derrière les barreaux. Il assure avec succès la défense du dessinateur Siné, qui doit faire face à une plainte en 2009 de la Licra (Ligue internationale contre le racisme et l'antisémitisme) l'accusant « d'inci-

1. *Libération*, le 31 mai 2000.
2. Se reporter à la note n° 5 p. 216.

tation et de provocation à la haine raciale » pour deux chroniques parues dans *Charlie Hebdo*. En 2010, il fait condamner Yann Moix pour injure publique contre les cinémas Utopia.

« Comme lorsqu'il plaide et que l'on guette le moment où sa rage va s'exprimer, on le lit, curieux de savoir contre quels murs il a, cette fois, décider de frapper. Ce sont ceux derrière lesquels on cherche à l'enfermer », écrit encore de lui la chroniqueuse judiciaire Pascale Robert-Diard[1].

Thierry Lévy est l'auteur de nombreux ouvrages sur la justice, cosignés pour la plupart avec Jean-Denis Bredin, grand avocat et académicien – que j'appréciais infiniment –, disparu en septembre 2021. Ce détour par Thierry Lévy me donne l'occasion de citer une fois de plus cet autre homme de robe et de lettres, ancien premier secrétaire de la Conférence, qui a débuté au cabinet de Jacques Isorni, aux côtés de son beau-frère Philippe Lemaire. Il s'est ensuite associé avec Robert Badinter, puis a été rejoint par Jean-François Prat avec qui il a créé un des plus importants cabinets de droit des affaires. Jean-Denis Bredin, avec qui j'ai été lié d'une sincère amitié et qui m'a aidé en m'adressant des clients prestigieux dont les dossiers risquaient d'entrer en conflit avec ceux de ses équipes, a plaidé pour Laurent Fabius, Bernard Arnault, des militants du FLNC ou encore Dany Leprince. C'est dire son immense talent et son éclectisme.

Thierry Lévy et Jean-Denis Bredin ont livré le renommé *Convaincre. Dialogue sur l'éloquence*, montrant que l'avocat

1. *Le Monde*, le 8 février 2008.

peut déranger ou séduire. C'est le maître livre sur le sens de la robe, depuis les ouvrages essentiels que Maurice Garçon a publiés quelques décennies plus tôt. Voilà des classiques qui survivront à leurs signataires, si bons orateurs aient-ils été…

9

De « l'avocathodique » à « Acquittator »

Plus arrive le XXIe siècle, et plus la bataille judiciaire se mène à l'extérieur des prétoires, entre autres via les réseaux sociaux – Twitter en particulier, né en 2006, devenu une « force de frappe » que nul ne parvient à neutraliser. « Ainsi, aujourd'hui, ni les communicants ni les avocats ne sont en mesure de rétablir en deux temps trois mouvements la réputation de leur client si Twitter l'a écornée [...] le réseau social est de plus en plus souvent à la pointe de l'actualité, damant le pion aux journalistes classiques[1] », constatent Isabelle Horlans et Valérie Senneville.

J'approche peu à peu de mes confrères les plus contemporains, les plus actuels, qu'ils soient complices, adversaires, amis, contradicteurs, revanchards...

Ce livre qui raconte une aventure ne peut laisser le lecteur au milieu du gué. Et j'ai donc pris le parti de n'évoquer ici qu'une poignée exemplaire des gens de robe les plus tonitruants, souvent des pénalistes, dont le si médiatique

---

1. V. de Senneville et I. Horlans, *Les Grands Fauves du barreau*, *op. cit.*

Éric Dupond-Moretti, provisoirement retraité du barreau grâce au rang de garde des Sceaux, est devenu l'archétype[1].

---

1. Je dois aussi admettre que j'ai dû me raisonner pour ne pas évoquer ici tour à tour mes confrères qui sont toujours et plus que jamais en activité et se partagent entre des domaines de plus en plus techniques. Beaucoup d'entre eux auraient pu figurer dans ce livre tant ils brillent par leur éloquence. Je me dois toutefois de mentionner les noms des vrais gens de robe – dont la plupart des faits d'arme sont connus mais à qui il reste souvent encore beaucoup à accomplir – que sont Louis Degos, Véronique Tuffal-Nerson, Jean-François Péricaud, Julia Minkowski, le bâtonnier Philippe-Henri Dutheil, le recteur Chems-Eddine Hafiz, Philippe Lucet, Ariel Goldmann, le bâtonnier Jérôme Gavaudan, mes confrères belges Bernard Mouffe et Marc Isgour, Thierry Rouziès, Slimane Gachi, Françoise Hecquet, Kami Haeri, Negar Haeri, Catherine Leclerc, David Marais, Jean-Didier Belot à qui ce livre est dédié, Patrick Lingibé, Jean-Baptiste Blanc, la Suissesse Marie Mercier, Xavier Chiloux, Vincent Ohannessian, Jean-Yves Dupeux, Jean Ennochi, Guillaume Bigot, Axelle Schmitz, Marie-Hélène Vignes, Jean-Philippe Bondin, Jean Vincent, Xavier Molas, Jacques Sagot, Gina Maruani, ma collaboratrice décédée en pleine ascension, l'ancienne secrétaire de la Conférence Nadia Benarfa, Anne-Sophie Nardon, Dominique Bordes, Jean-Jacques Uettwiller, Nathalie Attias, Pascal Cherki, Myriam Manseur-Rivet, Avi Bitton, Thomas Fageole, Régis Bautian, Caroline Moreau-Didier, Judith Haroche, Juliette Mel, Hervé Chemouli, Xavier Normand-Bodard, Stéphane Lataste, Jean Castelain, Sophiane El Baroudi, Martine Valot-Forest, Georges Teboul, Nabil Boudi, Anne Vaucher, Georges Sauveur, Claude Vaillant, Pascal Valance, Marie-Christine Chastant-Morand, Gérard Welzer, Hubert-Antoine Dasse, Anne-Judith Lévy, Jean Tamalet, Olivier Akerman, Marie-Alix Canu-Bernard, Sahand Saber, Jean-Christophe Beaury, Béatrice Busquere-Beaury, Élodie Mulon, Michèle Loisy, Alexandre-Guillaume Tollineur, Delphine Boesel, Salim Boureboune, Sirma Guner, le bâtonnier Issouf Baadhio, Yannick Sala, Félicité Esther Zeifman, Constance Amedegnato, Josée-Anne Bénazéraf, Laurent Merlet, Gérald Bigle, Fabienne Fajgenbaum, Annabel Boccara, Matthieu Boissavy, Aurélien Boulanger, Olivier Bureth, Didier Chambeau, Didier Dalin, Fabrice Degroote, le

Les avocats peuvent-ils faire l'économie d'une communication tous azimuts et d'une présence forte, voire

---

bâtonnier Jean-Marie Digout, le bâtonnier Francis Teitgen, Jean-Marc Felzenszwalbe, Olivier Fontibus, le bâtonnier Julie Couturier, le bâtonnier Christiane Féral-Schuhl, Karine Geronimi, Arnaud Gris, Roland Perez, Nathalie Perez, Inès Plantureux, Emmanuelle Hoffman, Pierre Hoffman, Pierre Servan-Schreiber, Marc Joory, Marie-Alice Jourde, Yann Pedler, Rachel Lindon, Pascal Eydoux, Pascale Modelski, My-Kim Yang-Paya, Nollary Yim-Dunand, Thi My Hanh Ngo-Folliot, le bâtonnier Yves Repiquet, Jean-Luc Schmerber, Gérard Tcholakian, Michèle Brault, David Gordon-Krief, Nathalie Roret, Vincent Asselineau, Rachel Saada, Carine Denoit-Benteux, Marianne Lagrue, Laurence Kieffer, Alexandre Moustardier, Dominique Piau, le bâtonnier Frédéric Sicard, le bâtonnier Dominique de La Garanderie, le bâtonnier Dominique Attias, Laurent Samama, Michel Lévy, Bernard Fau, Ana Atallah, Jean-Georges Betto, Clotilde Lepetit, Caroline de Puysegur, Barthélemy Lemiale, David Lévy, le bâtonnier Vincent Berthat, Florence Legrand, le bâtonnier Jean-Jacques Forrer, le Belge Patrick Henry, Françoise Mathe, le bâtonnier Jean-Marie Burguburu, Béatrice Vignolles, Alain Bensoussan, Éric Barbry, Fabien Ndoumou, Anne-Katel Martineau, Jean-Marc Peyrical, Isabelle Santesteban, Jean-Baptiste Soufron, Françoise Thouin-Palat, mon ancienne consœur Myriam Lasry (devenue psychanalyste, mais c'est parfois assez proche), le bâtonnier Yayé Mounkaila, Laurence Bedossa, Frédéric Boucly, Alex Ursulet, Nathalie Carrère, Alexandre Varaut, Frank Berton, Patrick Klugman, Francis Szpiner, Caroline Toby, Caroline Mécary, le vice-bâtonnier Vincent Nioré, le bâtonnier Pierre-Olivier Sur, Benoît Chabert, Emmanuel Daoud, Richard Malka, Éric Morain, Christian Saint-Palais, Jean-Yves Le Borgne, Jean-Louis Pelletier, le regretté Olivier Metzner, Emmanuel Marsigny, William Bourdon, Sophie Obadia, Mario Stasi, le Genevois Marc Bonnant, Patrick Maisonneuve, François Sureau, Sylvie Topaloff, Francis Terquem ou encore David Koubbi et Dominique Tricaud. Et j'en oublie qui me pardonneront (même si le pardon n'est pas à la mode au barreau et ne plaît guère aux vrais défenseurs). Je les distingue tous de leur syndicat ou de leur ordre qui sont rarement des institutions élevant la beauté de l'avocature.

outrancière, sur la scène médiatique ? Le charismatique et controversé Gilbert Collard, surnommé « l'avocathodique », figure associée aux causes extrêmes, devenu député du Rassemblement national, adepte de « la stratégie de l'insolence par souci d'efficacité[1] » et « jamais à court de bons mots », comprend très tôt que « prétoire judiciaire » et « prétoire médiatique » sont désormais indissociables. « Un procès qu'on ne peut pas gagner contre l'opinion, difficile à soutenir face aux juges, on peut le préparer, le façonner en amont dans cette même opinion publique », explique-t-il, en soulignant qu'il ne faut pas oublier que « la justice est rendue au nom du peuple français et que celui-ci doit avoir le dernier mot[2] ».

Dans ce registre, il sait de quoi il parle, puisque sa carrière d'avocat se voit mise en lumière, dès ses débuts, par l'affaire Christian Ranucci[3] en 1976, ce dernier défendu, comme le lecteur l'a vu, par Paul Lombard, alors que Gilbert Collard est l'avocat de la famille de la victime.

Convaincu de la culpabilité de Ranucci, il est pourtant fermement opposé à sa mise à mort : son exécution n'est selon lui « pas une erreur judiciaire mais une erreur de justice », et pour avoir « tout fait » pour que l'accusé ne soit pas condamné à mort – ce en accord avec le père de la petite victime Marie-Dolorès –, il manque d'être lynché par la foule après sa plaidoirie. « Ce que je n'oublierai

1. Gilbert Collard, *J'irai plaider sur vos tombes. Entretiens avec Bernard Pascuito*, Michel Lafon, 1992.

2. Gilbert Collard, *Avocat de l'impossible. Entretiens avec Christian-Louis Eclimont*, Hors Collection, 2010.

3. Se reporter à la note n° 2 p. 240.

jamais, c'est que l'avocat général a requis la peine de mort contre Christian Ranucci dans un prétoire bourré de monde et de haine. Il y avait là une foule brûlante d'où se dégageait cette matérialité de la peur humaine liée à l'excitation et à l'attente d'un plaisir[1]. »

Gilbert Collard, fervent opposant à la peine capitale, et dont le cheminement personnel et politique en déstabilise plus d'un – « successivement anarchiste, socialiste, franc-maçon, chrétien, radical valoisien, puis tout à la fois[2] », sans parler de son engagement au Front national devenu Rassemblement national –, compte parmi les convoités secrétaires de la Conférence du stage. Il raconte avoir « voulu être avocat par haine de l'injustice » et pour « la force sociale de la parole », mais c'est également un littéraire : « Pendant que les autres faisaient des études de droit, moi je faisais des études de lettres mais je passais mes examens de droit[3]. »

Il est souvent qualifié d'« infatigable bretteur », d'« orateur incendiaire et lyrique » aux prises de position dérangeantes. « Mais rien ne le stimule davantage que les murmures de ses détracteurs. En effet, outré par nature, il excelle dans l'indignation, dans la portée du verbe fort comme d'autres dans sa retenue, et ce qui l'indignerait le plus serait qu'il n'indigne pas[4]. »

De l'affaire de la tuerie d'Auriol en 1981[5], qu'il cite

1. G. Collard, *J'irai plaider sur vos tombes*, *op. cit.*
2. G. Collard, *Avocat de l'impossible*, *op. cit.*
3. G. Collard, *J'irai plaider sur vos tombes*, *op. cit.*
4. G. Collard, *Avocat de l'impossible*, *op. cit.*
5. Le 19 juillet 1981, 6 personnes, dont un enfant, sont sauvagement assassinées lors d'un règlement de comptes visant Jacques

au nombre des plus « retentissantes » de sa carrière, et où il plaide pour la partie civile qu'est Marina Massié, sœur de l'inspecteur Jacques Massié, abattu avec sa famille, il dit que ce fut « celle de l'imagination démontée, du fantasme du complot politique au rendez-vous de l'horreur [...] une banale affaire de crapulerie pour l'obtention d'un pouvoir ridicule entre fanatiques piégés par leur fiction délirante[1] ».

Mais dans l'affaire de l'assassinat du juge Michel[2], il est le défenseur de l'un des meurtriers, Charles Altiéri – à propos duquel une polémique l'a, ces derniers temps, opposé à Éric Dupond-Moretti sur Twitter : « Oui, écrit-il au ministre le 12 juin 2021, j'ai défendu l'un des assassins du juge Michel. C'était mon devoir d'avocat. Je n'ai jamais fait un honneur de défendre un assassin, moi. Je vous laisse le déshonneur et la honte d'avoir considéré comme un honneur la défense de Merah[3] ! »

Massié, responsable local du SAC (déjà cité à la note n° 2 p. 217) que l'arrivée récente au pouvoir de la gauche affole. Les autres victimes sont des proches ou des parents de ce dernier. Les 3 accusés principaux, J.-J. Maria, L. Collard et A. Poletti, seront condamnés à la réclusion criminelle à perpétuité. À la suite de cette affaire, qualifiée de « coup de folie des barbouzes gaullistes », François Mitterrand dissout le SAC en 1982.

1. G. Collard, *Avocat de l'impossible*, *op. cit.*

2. Le 21 octobre 1981, le juge Pierre Michel est abattu à Marseille par des tueurs à moto. Il enquêtait sur les relations entre la mafia sicilienne et le milieu marseillais sur fond de trafic de drogue.

3. « C'était pour moi un risque, mais je trouve que c'est un honneur pour un avocat d'être là, à ce moment-là, dans cette difficulté-là, et pour cet homme-là, que l'on a considéré comme un monstre,

En 1990, dans le dossier de la profanation du cimetière juif de Carpentras, Gilbert Collard est l'avocat du cousin de Félix Germon dont la tombe a été profanée – 34 sépultures sont saccagées, et le cadavre de Félix Germon, mort quinze jours plus tôt, exhumé, son empalement simulé au moyen d'un pied de parasol. C'est l'un des actes antisémites les plus frappants de l'après-guerre en France, qui suscite une mobilisation historique jusqu'au plus haut sommet de l'État[1], puisque le président François Mitterrand y participera en personne – une première sous la Ve République. Au moment des débats, Gilbert Collard soutient qu'il ne croit pas à un « délit politique »

---

comme l'incarnation du mal absolu. J'ai rappelé qu'à bien des égards, le procès de Nuremberg a été plus digne que celui-là. On n'y a pas traité les hommes d'animaux, comme Abdelkader Merah a été traité d'animal à son procès », a déclaré Éric Dupond-Moretti (*La Dépêche*, le 19 avril 2019). Abdelkader Merah a été jugé comme complice de son frère Mohamed Merah, dit « le tueur de Toulouse et Montauban », auteur en 2012 d'une série d'attentats ayant tué 7 personnes dont 3 enfants d'une école juive.

1. « Le Front national, alors en pleine ascension électorale, est pointé du doigt. Les dénégations de Jean-Marie Le Pen, qui renvoie vers les communistes ou les islamistes, n'y changent rien. Le 14 mai, 200 000 personnes répondent à l'appel du Crif. De gauche comme de droite, elles se réunissent place de la République et marchent jusqu'à la place de la Bastille. Une effigie de Jean-Marie Le Pen, sur laquelle est inscrite la phrase "Carpentras c'est moi", est brûlée. Nombre de participants portent l'étoile jaune, imposée par les nazis aux juifs pendant la Seconde Guerre mondiale. Au premier rang de ce défilé, on trouve, pour la première fois dans la Ve République, un président de la République : François Mitterrand », *Le Figaro*, le 18 février 2019.

de jeunes « dans la mouvance de l'extrême droite », mais plutôt à « l'acte de sales petits cons dégénérés[1] ». Pendant plusieurs années, l'enquête s'enlise. Après avoir ciblé le Front national, la rumeur vise les notables locaux, des nantis faisant bombance dans les cimetières et couverts par les autorités. Gilbert Collard brandit une enveloppe, remise par son client, censée contenir les noms des coupables. L'image a demeuré et a été beaucoup décriée : « Pour mon client, explique-t-il, c'était un moyen qui valait ce qu'il valait pour forcer le juge à diligenter son enquête [...]. En vérité, l'enveloppe contenait une feuille blanche [...]. Je suis solidaire de mon client [...] mais pour autant, je ne suis pas responsable de son comportement. Et les médias, prompts à lapider un avocat connu, ont préféré retenir que j'étais l'auteur du simulacre[2]. »

En 1996 enfin, un skinhead avoue les faits, trois autres sont arrêtés et jugés, un cinquième ne pourra l'être car décédé dans un accident de moto. Les peines iront de 20 mois à 2 ans de prison ferme. Le Front national continuera de crier au complot politique et Gilbert Collard avance que « la vérité réside au cœur des services secrets manipulés par François Mitterrand[3] ».

Les dossiers fortement médiatisés ponctuent le parcours de « l'avocathodique », comme l'affaire Montand, où, à la suite de Jacques Vergès, il est l'avocat d'Aurore Drossart (qui dit être la fille d'Yves Montand) et fait valider, en

1. G. Collard, *Avocat de l'impossible*, *op. cit.*
2. *Ibid.*
3. *Ibid.*

1998, l'exhumation[1] du corps de l'acteur : « Je me souviens d'avoir dit aux juges : "Si cette expertise n'est pas pratiquée, c'est que vous avez accepté de juger en dépit d'un doute, fût-il infinitésimal. Est-ce que la justice peut courir un risque infinitésimal d'erreur[2] ?" »

Au début des années 2000, il s'empare de l'affaire Aussaresses[3], le général étant accusé d'apologie de crime, à la suite de la parution de son livre *Services spéciaux. Algérie, 1955-1957*, où il reconnaît avoir torturé et fait exécuter des prisonniers pendant la guerre d'Algérie. Collard assure sa défense, car « il n'a fait qu'exécuter les ordres en application des règles fixées par la discipline républicaine[4] ». Du dossier de l'explosion d'AZF à Toulouse en 2001 à celui de L'Arche de Zoé[5] – « Il y a du Don Quichotte de l'humanitaire chez Éric Breteau[6] », commente Collard –, sans oublier le scandale de dopage frappant de

1. À la suite de l'exhumation, les trois experts mandatés par la cour d'appel de Paris rendent, le 22 mai 1998, le rapport suivant : « Il ressort que M. Ivo Livi, dit Yves Montand, né le 13 octobre 1921 à Monsummano (Italie), n'est pas le père de Mlle Aurore Drossart, née le 6 octobre 1975. »

2. G. Collard, *Avocat de l'impossible, op. cit.*

3. Le général Aussaresses (décédé en 2013) sera condamné en 2004 à 7 500 euros d'amende et ses éditeurs (Plon et Perrin) à 15 000 euros chacun.

4. G. Collard, *Avocat de l'impossible, op. cit.*

5. Le président de l'association L'Arche de Zoé, Éric Breteau, ainsi que sa compagne Émilie Lelouch, tentent en 2007 d'exfiltrer du Tchad vers la France 103 enfants présentés comme des orphelins du Darfour, qui en réalité ne le sont pas. En 2014, ils sont condamnés à 2 ans de prison avec sursis pour escroquerie.

6. G. Collard, *Avocat de l'impossible, op. cit.*

plein fouet Richard Virenque, coureur de l'équipe Festina... impossible de les citer tous ! Mais quand il lui est demandé, parmi toutes celles qu'il a plaidées, quelle est l'affaire selon lui la plus belle, il répond : la gourmette de Saint-Exupéry[1]. Car, au-delà des tracasseries infligées à ce « pêcheur de perles » injustement transformé en « flibustier », Gilbert Collard « revendique à l'intérieur de [s]on métier sa part d'agitation culturelle[2] ».

Le goût du paradoxe

Parmi les avocats qui justement apprécient – ou ont apprécié avant ses engagements politiques – Gilbert Collard, et dans la lignée des ténors qui disposent et usent d'un « carnet d'adresses dans les médias épais comme le Bottin mondain », je ne peux que citer l'ami clermon-

1. En 1998, alors qu'il pêche au large de l'île de Riou (Bouches-du-Rhône), Jean-Claude Bianco récupère dans ses filets une gourmette portant l'inscription « Antoine de Saint-Exupéry-Consuelo, c/o Reynal and Hitchcock 386, 4th Ave, N.Y.C. ». La nouvelle émeut le monde entier, mais les héritiers de Saint-Exupéry jettent le doute sur l'authenticité de la découverte. Bianco est raillé. « On m'a fait passer pour un faussaire, un menteur », dit-il – et il confie à Gilbert Collard le soin de « rétablir son honneur ». Mais un événement vient lui donner raison : la découverte, en 2000, près de l'île de Riou, des débris d'un avion identifié comme étant celui de l'écrivain. « J'en ai eu les larmes aux yeux. Cela prouvait enfin que je n'avais pas menti », commente Jean-Claude Bianco, qui sera décoré de la Légion d'honneur en 2008.

2. G. Collard, *Avocat de l'impossible*, *op. cit.*

tois Gilles-Jean Portejoie, « passé maître dans l'art de sa communication[1] ».

Mon éminent confrère a été le conseil de célébrités comme Johnny Hallyday[2], Jacques Anquetil, la famille de Coluche, de Michel Charasse, etc.

De Gilbert Collard, il écrit : « J'ai pour lui de l'affection [...] si l'on veut reprendre l'expression de Guitry : il préfère monter l'escalier – l'excitation est alors à son comble – que s'attarder dans une chambre [...]. Nous savons qu'à tout moment l'un pourra compter sur l'autre[3]. »

C'est ce qui se produit en 2000, puisque Gilles-Jean Portejoie est l'avocat de l'abbé Maurel et de Gilbert Collard dans l'affaire qui les conduit au tribunal contre Canal+, son P.-D.G. Pierre Lescure, son directeur des programmes, Alain de Greef, et Bruno Gaccio, Franck Magnier, Alexandre Charlot, auteurs des « Guignols de l'info ». En effet, alors que le procès intenté contre l'abbé Maurel[4] pour pédophilie se tient, « Les Guignols de l'info » mettent en scène Gilbert Collard, rebaptisé « la bonne du curé » ou « l'avocat du diable », tenant en main une enve-

1. *L'Express*, le 4 janvier 2007.

2. Une jeune femme, Marie-Christine Vo, dépose plainte contre Hallyday pour viol. Les faits remonteraient à 2001. Johnny bénéficiera d'un non-lieu en 2006. L'accusatrice sera quant à elle condamnée en 2007 pour avoir versé de faux certificats médicaux à l'appui de sa plainte.

3. Gilles-Jean Portejoie et Joseph Vebret, *Les Nuits blanches d'une robe noire*, Éd. du Moment, 2015.

4. L'abbé Maurel, reconnu coupable de viols sur mineurs, sera condamné à 10 ans de réclusion criminelle.

loppe[1] censée contenir la preuve « de dernière minute » que son client n'est pas pédophile, le tout sur fond sonore suggérant des actes de zoophilie. « Si cela s'était déroulé après le procès, explique Gilles-Jean Portejoie, c'eût été moins grave [...] sans réelles conséquences judiciaires. Là, en l'espèce, les jurés rentraient chez eux le soir après l'audience et voyaient ces sketches à une heure de grande écoute. Il s'agissait, selon moi, d'une atteinte gravissime aux droits de la défense et à la présomption d'innocence. C'est pour cette raison que nous avons attaqué[2]. » Dans un premier temps, Gilles-Jean Portejoie remporte une victoire. « Les Guignols » font appel et gagnent à leur tour ; là s'arrête la procédure[3].

Doté d'un parcours politique pour le moins varié – tantôt en campagne avec l'étiquette centriste, tantôt soutenant l'UDF de Giscard puis le « sarkozysme de gauche », en passant par le Parti socialiste, l'avocat assume parfaitement son goût du paradoxe[4]. C'est sa liberté et il la revendique. « J'ai été mitterrandien, je le reste. Et si j'ai suivi Sarkozy,

1. Comme nous l'avons vu, dans le dossier de la profanation du cimetière juif de Carpentras, Gilbert Collard avait brandi une enveloppe, remise par son client, censée contenir les noms des coupables.

2. G.-J. Portejoie et J. Vebret, *Les Nuits blanches d'une robe noire*, *op. cit.*

3. « J'ai encore la possibilité de retourner une nouvelle fois devant la Cour de cassation, raconte Portejoie, mais l'abbé Maurel me demande de mettre un terme à la procédure : il ne peut plus suivre, l'aide juridictionnelle lui a été refusée. Gilbert Collard, quant à lui, avait déjà jeté l'éponge pour passer à autre chose. » (G.-J. Portejoie et J. Vebret, *Les Nuits blanches d'une robe noire*, *op. cit.*)

4. *Le Monde*, le 6 décembre 2013.

c'est parce que les hommes, au-delà des apparences, ne sont pas très éloignés l'un de l'autre [...]. Tous deux ont cette même formation d'avocat qui a en horreur l'injustice, place l'homme au centre des préoccupations, confère une maîtrise des mots, du vocabulaire et de cette logique déductive qui fait avancer le droit et donc la société[1]. » C'est donc très logiquement qu'il défend, même si elle n'a plus les faveurs de la génération du parler « accessible à tous », la pratique traditionnelle de l'éloquence, véritable art oratoire avec tout ce qu'il comporte de rouages et de subtilités pour exprimer la pensée, susciter la confiance et convaincre – « séduire, sans jamais abuser ni fourbir ses armes dans le seul désir de triompher ».

Pour lui, « l'éloquence, c'est la plume et la voix. D'abord la plume, ensuite la voix. Cela permet à la pensée de se salir les mains [...] tout doit être étayé, mûri. » Et de conclure, à l'instar de nombre de nos confrères : « Savoir si mon client me dit la vérité ou pas est le cadet de mes soucis. Ce qui m'intéresse, c'est de savoir si la vérité qu'il me livre peut correspondre à la vérité judiciaire[2]. »

Ainsi en 2013, dans l'affaire Fiona[3], quand sa cliente

---

1. G.-J. Portejoie et J. Vebret, *Les Nuits blanches d'une robe noire*, *op. cit.*

2. *Ibid.*

3. En mai 2013, Cécile Bourgeon se présente au commissariat de Clermont-Ferrand (Puy-de-Dôme) pour signaler la disparition de sa fille Fiona, 5 ans, selon elle dans un parc de la ville. Peu à peu il apparaît que cette version des faits prête au doute. Cécile Bourgeon et son conjoint Berkane Makhlouf s'accusent mutuellement mais reconnaissent avoir retrouvé Fiona morte dans son lit. Ils l'ont

passe du statut de victime à celui d'accusée, Gilles-Jean Portejoie reste à ses côtés : « C'est l'honneur d'un avocat de défendre tout le monde ! oppose-t-il à ceux que l'infanticide horrifie. Certaines personnes de mon entourage m'ont conseillé de me déporter de l'affaire. Y compris certains de mes amis politiques. Je les ai tous envoyés promener ! Les conséquences dommageables pour moi ou pour ma carrière ne m'ont jamais traversé l'esprit. Si tel était le cas, je ne serais plus digne d'être avocat[1] ! »

Dans le très médiatisé dossier Daval, il est l'avocat des parents, de la sœur, du beau-frère d'Alexia, retrouvée morte, son corps en partie brûlé, après que son mari Jonathan[2] a signalé et pleuré sa disparition, alors qu'il est le meurtrier. Une cinquantaine de journalistes sont accrédités pour assister aux débats, mais c'est sur l'esplanade que tout se passe, lors de la prise de parole des uns et des autres plusieurs fois par jour, en particulier des parents d'Alexia Daval. « Ce procès a aussi mis en lumière une pratique désormais courante dans tous les procès d'assises : la tenue d'une sorte de deuxième audience qui, midi et soir, se déroule sur les marches du palais de justice [...] tous ces acteurs du procès ont pu faire des déclarations ou délivré un ressenti n'ayant parfois pas été exprimé à

---

ensuite enterrée dans un bois. Cécile Bourgeon a été condamnée en 2020 à 20 ans de réclusion criminelle et Berkane Makhlouf à 18 ans. Ils se sont pourvus en cassation.

1. *Le Point*, le 29 septembre 2013.

2. Jonathan Daval a été condamné en novembre 2020 à 25 ans de réclusion criminelle pour le meurtre de son épouse, Alexia, en 2017.

l'audience. Ce qui a pu avoir une influence sur les jurés qui, durant ces six jours, n'ont pas forcément vécu dans une bulle imperméable aux médias[1] », est-il observé, alors que parallèlement, ces mêmes jurés sont exposés à une avalanche de reportages et de mini-séries à succès sur le couple Daval. Si Gilles-Jean Portejoie estime que ce sont les « mensonges successifs » de Jonathan Daval qui ont « contribué à la médiatisation de l'affaire » et à sa transformation en une *success story*, Randall Schwerdorffer, avocat de l'accusé, estime à l'inverse que « tout ce qui a fait l'affaire Daval, c'est la médiatisation[2] ».

Gilles-Jean Portejoie a de toute façon pu expérimenter toutes les conséquences, dans un sens ou dans l'autre, de la projection d'une affaire sur la scène médiatique, en étant par exemple l'avocat d'Éric Vigne, mari de « la femme aux plus gros seins d'Europe », Lolo Ferrari. En 2002 d'abord, lorsque ce dernier est accusé de l'avoir tuée. Après huit ans de procédure, si le mystère de cette mort n'est pas totalement élucidé, Éric Vigne, lui, est innocenté. La Commission d'indemnisation des détentions lui versera même 30 280 euros pour les treize mois qu'il a passés à tort en prison. « La suspicion a tenu lieu de conviction, regrette Gilles-Jean Portejoie. Le doute n'a absolument pas profité à Éric Vigne. Bien au contraire, il a été victime d'une présomption de culpabilité[3]. » En 2013, Portejoie

1. *La Croix*, le 22 novembre 2020.

2. *Le Point*, le 22 novembre 2020.

3. G.-J. Portejoie et J. Vebret, *Les Nuits blanches d'une robe noire*, *op. cit.*

est de nouveau au côté d'Éric Vigne quand il décide de poursuivre en diffamation Alma Brami[1] et son éditeur, à la suite de la parution de l'ouvrage *Lolo*, où lui-même est dépeint « sous les traits d'un personnage cynique et manipulateur qui contrôle son épouse par le biais de médicaments destinés à en faire un objet ».

En 2020, quand il est demandé à Gilles-Jean Portejoie si, après plus de quarante ans de métier, il a toujours le trac avant de plaider, il répond : « Bien sûr ! J'ai toujours la même angoisse. Le jour où vous ne l'avez plus, c'est là où vous êtes mauvais[2]. »

Sauver la présomption d'innocence

Si le palais de justice compte désormais une sorte d'annexe sur ses marches où une forêt de micros, de caméras et de smartphones accueille des déclarations qui tournent ensuite en boucle, parfois tronquées et/ou interprétées à qui mieux mieux, dans tous les médias et sur Internet, certains ténors, à l'instar du Lyonnais Alain Jakubowicz, tirent la sonnette d'alarme : « La justice ne se rend pas à la télé ni sur les réseaux sociaux », rappelle-t-il, dénonçant « une certaine presse qui [la] pollue », notamment en invitant des témoins avant même qu'ils aient pu témoigner à la barre ou en « avançant

1. L'écrivain Alma Brami et son éditeur Plon ont été relaxés le 30 octobre 2014.

2. *L'Est Républicain*, le 7 novembre 2020.

des vérités péremptoires qui ne sont pas prouvées[1] ». Pourtant lui-même intervenant régulier sur certaines chaînes d'information en continu, Alain Jakubowicz – un grand pénaliste avec qui j'entretiens des relations réciproques d'estime parfois teintées d'affrontements temporaires – enfonce le clou au moment des procès de Nordahl Lelandais[2] en mai 2021 et février 2022, et s'adresse vertement aux journalistes – phrase ensuite reprise partout : « Tant que certains de vos confrères se comporteront comme des connards, qu'ils aillent se faire foutre ! »

Dans son ouvrage *Soit je gagne, soit j'apprends*, il confirme cette position : « Si certains médias continuent, écrit-il, comme tout le laisse à penser, à faire assaut de surenchère dans la violation de [la] présomption d'innocence, je ne vois pas comment il sera possible d'éviter d'interdire les émissions, reportages et autres enquêtes consacrés à des affaires judiciaires en cours avant qu'elles soient jugées [...] on ne peut continuer à poser la présomption d'innocence comme un postulat si on accepte qu'elle soit ouvertement et brutalement violée chaque jour[3]. »

Avocat engagé, irritant forcément mais privilégiant la relation humaine et d'abord connu pour sa défense de nobles causes – investi dans les procès Barbie, Touvier et Papon[4] –, il ne s'en laisse pas conter dans ses choix, quelle

1. RTL, le 16 mai 2021.
2. Voir infra p. 326.
3. Alain Jakubowicz, *Soit je gagne, soit j'apprends. De Klaus Barbie à Nordahl Lelandais, l'avocat raconte*, Plon, 2019.
4. Se reporter à la note n° 1 p. 205.

que soit l'avalanche d'insultes et de menaces que cela lui vaut parfois. Ainsi dans ce qui a été appelé « la tragédie de Loriol », Alain Jakubowicz est l'avocat de Fernand Blanc, cet automobiliste de 82 ans responsable en 2002 de la mort de cinq pompiers en intervention sur l'autoroute. Cette affaire est selon lui déjà emblématique de l'hypermédiatisation « déraisonnable » de la justice – avant même que les circonstances exactes de l'accident soient connues (« Et si Fernand B. avait été victime d'un malaise ? » souligne l'avocat), Jacques Chirac évoque des héros victimes d'un « scandale national » et de « comportements barbares ». Au moment du procès, « le comble fut atteint quand le procureur de la République évoqua son passé de résistant », s'insurge Alain Jakubowicz. Arrêté par la Gestapo et sur le point d'être fusillé, Fernand Blanc a la vie sauve grâce à une intervention du cardinal de Lyon, primat des Gaules. « Emporté dans son élan, le procureur osa déplorer cette intervention, en expliquant que sans elle les pompiers n'auraient pas été tués soixante ans plus tard. » L'avocat raconte que son indignation sera, à ce moment-là, « inaudible », voire « contre-productive » : « terrible défense que celle qui devrait se réduire au silence[1] », regrette-t-il[2].

En 2010, et jusqu'en 2017, Alain Jakubowicz accède à la présidence de la Licra (Ligue internationale contre le racisme et l'antisémitisme). C'est ce qui « lui forge véritablement une image médiatique », analyse *Le Monde* :

1. A. Jakubowicz, *Soit je gagne, soit j'apprends*, *op. cit.*
2. Fernand Blanc a été condamné à 4 ans d'emprisonnement, dont 18 mois ferme.

« Fils d'une mère autrichienne et d'un père polonais, descendant d'une famille dont tous les parents restés en Pologne ont été exterminés durant la Seconde Guerre mondiale, il s'engage alors contre tous les racismes, y compris anti-Blancs[1]. » Débute ainsi un combat contre Dieudonné M'Bala M'Bala, qui a pourtant été un « compagnon de route » dans les années 1990, ayant lui-même subi des attaques racistes, lors des élections législatives à Dreux face à la candidate du Front national Marie-France Stirbois, et demandé l'aide de la Licra. Mais Dieudonné sombre ensuite dans « un délire » consistant à attribuer tous ses échecs aux juifs, qui « ne veulent pas qu'on parle d'un autre génocide que la Shoah ». Les condamnations pour provocation à la haine raciale se multiplient comme les demandes d'interdiction de ses spectacles. Dieudonné n'hésite alors pas à s'en prendre à Alain Jakubowicz, notamment par le biais des réseaux sociaux, où il devient aussitôt la cible de messages haineux et de tentatives d'intimidation. « Il m'arriva à plusieurs reprises d'être interpellé ou pris à partie dans la rue par des inconnus », explique l'avocat qui se retrouvera poursuivi en correctionnelle pour diffamation, parce qu'il a qualifié son geste nommé la « quenelle » de « salut nazi inversé symbolisant la sodomisation des victimes de la Shoah[2] ».

1. *Le Monde*, le 15 février 2018.

2. « Je n'ai pas besoin de dire combien il me fut pénible de comparaître devant les magistrats de la 17e chambre du tribunal correctionnel de Paris, que j'ai l'habitude de fréquenter comme avocat », écrit Alain Jakubowicz dans son ouvrage *Soit je gagne, soit j'apprends* (*op. cit.*). Il sera en l'occurrence relaxé.

Au cours de la période où il agit en tant que président de la Licra, il est régulièrement reproché à Alain Jakubowicz de porter atteinte à la liberté d'expression – cette dernière n'étant pourtant soumise à aucune limite dans notre pays, insiste-t-il. Quand un négationniste déclare que « l'existence des chambres à gaz a été inventée par les juifs pour obtenir des indemnisations », ses propos tombent sous le coup de la loi. « Ce n'est ni aux intellectuels, ni aux journalistes, ni aux politiques, ni aux associations de dire quand la ligne jaune est franchie, mais aux juges et seulement aux juges, garants des libertés publiques et individuelles, et qui rendent la justice au nom du peuple français[1]. »

Alain Jakubowicz est assurément un avocat entier. Il a défendu et défend encore Nordahl Lelandais, accusé très médiatique, aussi fascinant qu'inquiétant, jugé en 2021 pour le meurtre du capitaine Arthur Noyer et condamné en première instance par la cour d'assises de la Savoie à vingt ans d'emprisonnement. Il est aussi traduit l'année suivante devant la cour d'assises de l'Isère pour « meurtre précédé du crime d'enlèvement et de séquestration d'un mineur de moins 15 ans » dans l'affaire Maëlys, du prénom d'une enfant de 9 ans dont le sort a ému toute la France.

Alain Jakubowicz est aussi un avocat hors normes, aux affaires pénales éclectiques. Il est le défenseur des familles des victimes de la catastrophe du tunnel du Mont-Blanc de 1999 (39 morts) et de celles du crash du vol Rio-Paris de 2009 (228 morts). C'est aussi, d'une certaine façon,

1. *Ibid.*

ce qui l'amène à défendre et conseiller le célèbre joueur de football Karim Benzema[1] dans l'affaire dite « de la *sex-tape* » : « Ce n'est évidemment pas la star et l'homme public qui m'intéressaient, mais l'homme sali, traqué, seul contre tous [...]. Peu importe qu'il ne corresponde pas à la réalité que j'ai perçue, il peut m'arriver d'être victime de ma conception du rôle de l'avocat, qui va parfois trop loin[2]. » Un aspect qu'il souligne également, considérant qu'il s'agit d'une « faute » de sa part, à propos de l'affaire qui a opposé Lucie et Raymond Aubrac[3] à Gérard Chauvy, auteur du livre *Aubrac. Lyon 1943*. Alors que son propre père a participé à la Résistance au côté de Raymond Aubrac, Alain Jakubowicz assure la défense de Chauvy, attaqué en diffamation pour avoir mis en doute le passé de résistants des Aubrac et sous-entendu qu'ils avaient « donné » Jean Moulin. Jakubowicz le confie : « Je n'avais tout simplement pas le droit de faire ça », à la fois à cause du lien unissant sa famille aux Aubrac et vis-à-vis de ses clients, car « je ne pouvais pas, quoi que j'en dise à l'époque, être "au maximum" », reconnaît-il. Et de conclure par un constat

1. Karim Benzema est soupçonné d'avoir servi d'intermédiaire auprès des maîtres-chanteurs menaçant son coéquipier Mathieu Valbuena de diffuser une vidéo intime. Il est ainsi accusé de « complicité de chantage » et risque 5 ans de prison et 75 000 euros d'amende. À noter qu'en 2016 Benzema décide de changer d'avocat et de faire appel à... Éric Dupond-Moretti.

2. A. Jakubowicz, *Soit je gagne, soit j'apprends*, *op. cit.*

3. L'auteur et l'éditeur seront respectivement condamnés en 1998 à 60 000 et 100 000 francs d'amende pour « diffamation publique » et devront en outre verser 400 000 francs de dommages et intérêts aux époux Aubrac.

qui est aussi un éclairage sur la profession : « Rien n'est pire pour un avocat que d'être à contre-emploi. Parce qu'il est assuré de ne pas être le meilleur[1]. »

145 acquittements au compteur

S'il est un ténor qui peut se permettre de donner un avis sur la raison d'être de l'avocat, faiseur d'histoires et faisant l'Histoire, c'est bien Éric Dupond-Moretti, pour qui « défendre, ce n'est pas mentir, mais mettre la procédure pénale au service de la vérité d'un homme » ; c'est aussi « se battre pour que celui qui avoue son crime soit condamné à une peine juste : l'avocat est alors le barrage qui contient la vague du lynchage légal ou de la vengeance populiste[2] ».

Éric Dupond-Moretti a « décroché » son 145ᵉ acquittement en février 2020 – un palmarès qui lui vaut d'être surnommé « Acquittator », déformation peu goûtée de lui[3] d'« Acquittador », référence à son amour pour la corrida.

---

1. A. Jakubowicz, *Soit je gagne, soit j'apprends*, *op. cit.*

2. Éric Dupond-Moretti avec Stéphane Durand-Souffland, *Bête noire. « Condamné à plaider »*, Michel Lafon, 2012.

3. « Un jour, raconte Éric Dupond-Moretti, mon ami Dominique Mattei, ancien bâtonnier de Marseille, m'a affectueusement surnommé, lors d'un colloque, "acquittador". Le mot me plaisait beaucoup, parce qu'il sonnait moins à mes oreilles comme métaphore tauromachique que comme une déclaration d'amitié, une déclinaison inédite du verbe adorer [...]. Le mot a été cueilli au vol par un journaliste, et déformé en "acquittator". Je n'aime pas ce terme, qui tient de Terminator, dans lequel toute tendresse a

Quelques mois plus tard, il est nommé garde des Sceaux et ministre de la Justice du gouvernement de Jean Castex, sous la présidence d'Emmanuel Macron. Et reconduit à son poste en mai 2022 dans le gouvernement d'Élisabeth Borne.

Parmi la multitude d'affaires dont il s'est occupé, la plus médiatique est sans doute celle d'Outreau[1], unani-

---

été gommée au bénéfice d'un esprit de compétition fort déplacé », É. Dupond-Moretti avec S. Durand-Souffland, *Bête noire, op. cit.*

1. Tout commence en 2000, dans une cité HLM à Outreau (Nord-Pas-de-Calais). Les enfants du couple Myriam Badaoui/Thierry Delay, placés sous assistance éducative, racontent les abus sexuels qu'ils subissent au domicile familial. Les faits ne se limitent pas à l'inceste : sont aussi visés de nombreux autres adultes, également accusés par la mère, Myriam Badaoui. Dans le contexte très sensible de l'affaire Dutroux, qui a profondément marqué les esprits, c'est à un véritable réseau de pédophiles que tout le monde pense. Les médias évoquent d'ailleurs une « affaire Dutroux à la française ». 18 personnes sont alors placées en détention. Les gens crient « À mort les pédophiles ! », raconte la juge Jocelyne Rubantel. Le premier procès s'ouvre en 2004. Parmi les accusés, 4 reconnaissent leur culpabilité : Thierry Delay, Myriam Badaoui et leurs voisins de palier : le couple David Delplanque et Aurélie Grenon – les 2 premiers seront condamnés à 15 et 20 ans de réclusion criminelle pour viols, agressions sexuelles, proxénétisme et corruption de mineurs ; les 2 suivants à 4 et 6 ans de prison. 13 autres personnes crient leur innocence : 7 sont acquittées, et 6 condamnées. Le procès en appel se déroule en 2005. La principale accusatrice, Myriam Badaoui, y déclare avoir menti. Les 6 personnes condamnées en première instance sont acquittées. Le président de la République Jacques Chirac leur présente officiellement ses « regrets et excuses devant ce qui restera comme un désastre judiciaire sans précédent », certains des accusés à tort ayant passé plus de 3 ans en détention provisoire, et l'un d'eux, François Mourmand, étant mort en prison à cause

mement qualifiée de « fiasco judiciaire », où 17 personnes sont renvoyées aux assises, accusées de viols, proxénétisme, agressions sexuelles, corruption de mineurs. « Je suis entré dans le dossier quand Roselyne Godard m'a écrit de sa prison pour me désigner, explique Dupond-Moretti. On l'appelait "la boulangère", alors qu'elle n'a jamais pétri une baguette de pain. Mais dans cette affaire, il fallait des archétypes : la boulangère, le curé, l'huissier, le chauffeur de taxi… une sorte de Village People de la pédophilie[1]… » Sa cliente sera acquittée après avoir passé seize mois en prison ; 13 autres innocents le seront ensuite. Un dossier devenu, selon l'avocat, un « monstre judiciaire » où ont été « mis en lumière la fragilité de l'accusation, les errements de plusieurs acteurs importants de la procédure […] mais aussi la dérive d'experts psychologues et les lacunes des services sociaux[2] ».

Issu d'une famille de travailleurs « durs au mal » – sa mère est ouvrière puis femme de ménage, son père, ouvrier lui aussi, meurt très tôt : « J'avais 4 ans […] la dernière fois que je l'ai vu, il était hospitalisé au pavillon des cancéreux à la Pitié-Salpêtrière » ; son grand-père est retrouvé mort le long d'une voie ferrée, « la justice s'en est moquée parce qu'il n'était qu'un petit immigré

---

d'une surdose de médicaments. Myriam Badaoui a été libérée en 2011, mais de nouveau condamnée à 8 mois d'emprisonnement en août 2019 pour « vols avec violence sur des personnes vulnérables ».

1. É. Dupond-Moretti avec S. Durand-Souffland, *Bête noire*, *op. cit.*

2. É. Dupond-Moretti avec S. Durand-Souffland, *Directs du droit*, Michel Lafon, 2017.

rital » –, il a dû travailler pour payer ses études, tour à tour fossoyeur, maçon, serveur, pion, etc. Il confie que ce parcours lui a offert « la chance inouïe de développer un contact très particulier avec les gens – [s]es futurs jurés » et lui permet d'être aussi « à l'aise avec un prolo qu'avec un chef d'entreprise », ce qui est très précieux aux assises : « J'essaie de toucher les jurés à la tête et au cœur. Je ne suis pas un avocat inaccessible. Je voudrais qu'ils aient envie de boire un Ricard avec moi. Pas du champagne[1]. »

Du côté de sa personnalité, que d'aucuns[2] jugent « atypique », « explosive » et pouvant se teinter de « mauvaise foi », Éric Dupond-Moretti se décrit en homme libre que les causes, associations, et autres personnes morales « ennuient ». Très tôt, il ne défend que « des hommes seuls », et « [s]on ego cabossé, [s]on ego avide de notoriété, [s]on ego boulimique d'assises » prend le dessus sur « l'envie d'une belle carrière classique[3] ». Je l'ai connu comme défenseur d'un médecin renvoyé aux assises pour viol. L'exercice a ses limites. Mais il a eu la clairvoyance, sollicité en urgence par notre client angoissé, qui comparaissait libre, de ne pas, finalement, venir plaider à mes côtés, faute d'avoir le temps de comprendre le dossier

1. Toutes les citations de ce paragraphe proviennent du livre d'É. Dupond-Moretti avec S. Durand-Souffland, *Bête noire. « Condamné à plaider »*, *op. cit.*

2. *Gala*, le 7 juillet 2020.

3. É. Dupond-Moretti avec S. Durand-Souffland, *Bête noire*, *op. cit.*

(qui a abouti à un acquittement mérité que j'ai donc obtenu sans Acquittator !).

Il enchaîne ainsi les procès retentissants, comme celui du docteur Muller, accusé en 1999 d'avoir tué sa femme, alors qu'elle s'est a priori suicidée en se tirant une balle dans la tête. Ce dernier est condamné à deux reprises à 20 ans de prison. La lutte judiciaire dure quatorze longues années. Enfin, en 2013, Éric Dupond-Moretti obtient l'acquittement « après avoir livré une démonstration mémorable[1] ». En effet, aucune reconstitution n'a été effectuée lors de l'enquête, et l'avocat prouve à l'expert, en pleine audience, que son client ne peut tout simplement pas avoir commis ce crime. Le docteur Muller obtiendra par la suite 367 551 euros d'indemnisation pour avoir passé six cents jours en prison.

C'est aussi l'acquittement qu'Éric Dupond-Moretti obtiendra pour Jean Castela en 2006, alors qu'il est détenu depuis novembre 1998, condamné en première instance à 30 ans de réclusion criminelle en tant que commanditaire présumé de l'assassinat du préfet Érignac. Dans l'affaire Viguier[2], l'avocat plaide le doute – sa conclusion fait mouche : « Cet homme paie depuis dix ans pour un crime dont il a été acquitté par une première cour d'as-

1. *Sud-Ouest*, le 14 mai 2019.

2. Jacques Viguier est accusé d'avoir tué son épouse, Suzanne, disparue sans laisser de traces. Il n'y a ni cadavre ni témoin. En 2010, il est définitivement acquitté. Nombre de films et documentaires se sont inspirés de cette affaire, notamment *Une intime conviction*, réalisé par Antoine Raimbault et sorti en 2019.

sises. J'ai besoin de six hommes en colère, de douze, de quinze. Demain, le 21 mars, c'est la Sainte-Clémence[1]. »

À la liste de ses clients ayant occupé une large place dans les médias, ajoutons Jérôme Kerviel[2] pour un temps,

---

1. De larges extraits de la plaidoirie sont accessibles sur le site du *Monde*, le 20 mars 2010 : https://www.lemonde.fr/justice/article/2010/03/20/proces-viguier-eric-dupond-moretti-plaide-le-doute_5979789_1653604.html.

2. En 2008, le trader Jérôme Kerviel fait perdre à son employeur, la Société générale, 4,9 milliards d'euros par des « prises de risque inconsidérées » sur les marchés financiers – ce que le P.-D.G. de l'époque, Daniel Bouton, attribue à la « négligence d'un seul homme », « escroc, fraudeur, terroriste, je ne sais pas » (*Le Monde*, le 18 mai 2015). Kerviel est mis en examen pour « tentative d'escroquerie, faux et usage de faux, abus de confiance et introduction dans un système informatisé de traitement automatisé de données informatiques ». Dans un premier temps, l'opinion publique se montre hostile à la banque, et les juges semblent plutôt « sévères » à son endroit. Mais, écrit la journaliste Valérie de Senneville, qui a suivi très attentivement cette affaire, « le vent tourne désormais » en faveur de la Société générale, et les multiples procédures judiciaires que le trader a engagées « se dégonflent les unes après les autres ». Le point de départ est la condamnation, en 2010, de Jérôme Kerviel à 5 ans de prison dont 3 ferme et à 4,9 milliards d'euros de dommages et intérêts. La « guérilla procédurale » dure huit ans, au cours desquels « tous les coups sont permis », et où les revirements de situation sont nombreux. Mais pour finir, « Jérôme Kerviel perd ses procès », la Cour de cassation, une fois de plus sollicitée, refuse la révision, et il reste donc condamné. Par ailleurs, la cour d'appel de Paris valide son licenciement, « rappelant au passage la "gravité" de ses fautes, quand bien même celles-ci ont été rendues possibles par "les carences graves du système de contrôle interne de la banque" » et estimant que « les éléments du dossier ne permettent pas d'établir

les Balkany jusqu'en 2019, Jérôme Cahuzac[1], Abdelkader Merah[2], sans oublier la star du football Karim Benzema[3], etc.

À l'heure où je rédige ces lignes, Éric Dupond-Moretti a été renouvelé comme ministre de la Justice, et sa façon de percevoir la cour d'assises présente donc un intérêt accru : « La cour d'assises est un univers violent. On n'y parle que de crimes, de sang, de souffrances : comment les procès pourraient-ils se dérouler sans heurts, sur le ton de la conversation de salon ? [...] Un rapport de force doit se créer, sans lequel la défense est engloutie par la machine à juger. Il revient à l'avocat d'exister, quand il

---

que M. Kerviel a agi pour un autre motif que celui de poursuivre son intérêt personnel », Valérie de Senneville et Sharon Wajsbrot, *Les Échos*, le 25 janvier 2019.

1. Jérôme Cahuzac, ancien ministre du Budget, est condamné en 2018 pour fraude fiscale et blanchiment à 4 ans de prison dont 2 avec sursis, assortis d'une amende de 300 000 euros et de 5 ans d'inéligibilité. Un verdict que l'avocat reçoit avec « un immense soulagement », car ce n'est pas « la victoire de la défense mais une victoire de la justice ». La décision du tribunal « n'oublie pas la gravité des faits, elle n'oublie pas le mensonge de Cahuzac, elle n'oublie pas les fonctions qui ont été les siennes mais en même temps on n'envoie pas en prison [cette peine ouvre la voie à un aménagement possible via un bracelet électronique] ». « Je pense que cette décision est une décision sage, motivée, cohérente, contre laquelle il y a peu de choses à dire », conclut Dupond-Moretti. Source : RTL, le 15 mai 2018.

2. Cette affaire a déjà été évoquée à propos de Gilbert Collard. Se reporter également à la note n° 3 p. 312.

3. Se reporter à Alain Jakubowicz, dont Éric Dupond-Moretti prend la suite en 2016, ainsi qu'à la note n° 1 p. 327.

n'est, bien souvent, que toléré. Il doit gagner sa place, tandis que celle des autres intervenants leur est acquise. Pardi, ils sont du côté du Bien ! Défendre, c'est risquer, oser, fracasser au besoin[1]. »

En guise de péroraison

Qu'il s'agisse d'une voix exprimée pour défendre une cause, un être humain en péril, parfois condamné avant son procès par l'impitoyable verdict populaire, ou pour traduire un engagement, une implication sociale personnelle et forte, l'avocat est à la charnière de toute démocratie, de toute société qui ne s'appuie pas sur le pouvoir absolu.

La frontière parfois érigée entre « avocat politique », « avocat d'affaires » ou « avocat pénaliste » n'est somme toute que factice, car même derrière de gigantesques scandales financiers, l'âme humaine émet des pulsations qui ne se confondent pas avec celles de la monnaie sonnante et trébuchante. En ce sens, la question de savoir si l'avocat façonne l'histoire ou bien s'il refuse de la subir – ou encore s'il s'y adapte en se montrant visionnaire – ne se pose en réalité pas.

Ni antagoniste ni créateur, ni dieu ni diable au fond, il est celui qui, regardant l'océan, sait de quelles vagues il est composé et peut donc anticiper certains fracas contre la roche coupante des émotions humaines.

Si l'image n'était pas si commune, il serait comparable

1. É. Dupond-Moretti avec S. Durand-Souffland, *Directs du droit*, *op. cit.*

à un phare – quoique non, il n'éclaire pas, il tourne au contraire le dos à ce qui prévoit une navigation sans encombre, il est planté dans l'immensité tous feux éteints avec sa voix, ses mots pour alerter.

Royauté, révolution, anarchie – faux coupables, vrais innocents, menteurs impénitents, l'avocat s'inscrit dans la marche de son siècle et garantit notre pluralité quelle que soit sa rudesse. Le Don Quichotte anti-clone, c'est lui – longue vie à son épée en bois !

DU MÊME AUTEUR

Fictions et récits

Histoire d'eaux, Le Dilettante, 2002, Pocket, 2004, Libra Diffusio, 2004.

La Course au tigre, Le Dilettante, 2003, Pocket, 2005.

Le Sexe (direction d'ouvrage), La Découverte, « Les Français peints par eux-mêmes », 2003.

L'Industrie du sexe et du poisson pané, Le Dilettante, 2004, Pocket, 2006.

Les Dix Gros Blancs, Fayard, 2005, Pocket, 2007.

Fin de pistes, Léo Scheer, 2006.

Troublé de l'éveil, Fayard, 2008, Éditions des Femmes/ Bibliothèque des voix, 2009.

Maître de soi, Fayard, 2010.

Une maîtresse de trop, Biro éditeur, « Les sentiers du crime », 2010.

L'Éditrice, Hors collection, « L'instant érotique », 2010.

Maître Nemo largue les amarres, L'Une & l'autre, 2010.

La Féticheuse, Atelier in-8, 2012.

Qui a tué Mathusalem ? (en collaboration avec Jérôme Pierrat), Denoël, 2012.

Le Procès du dragon, Le Passage, 2015.

La Vie sexuelle des aventuriers, Éditions du Trésor, 2016.

L'Omnivore, Flammarion, 2019.

Fou ballant trompe la mort, Flammarion, 2021.

Ernestine ou la justice (en collaboration avec Joseph Vebret), Les Escales, 2021.

Essais

La Culture quand même (en collaboration avec Patrick Bloche et Marc Gauchée), Mille et une nuits, 2002.

L'Édition en procès (en collaboration avec Sylvain Goudemare), Léo Scheer, 2003.

Le Bonheur de vivre en Enfer, Maren Sell éditeurs, 2004.

Lettres galantes de Mozart (en collaboration avec Patrick de Sinety), Flammarion, 2004.

Pirateries intellectuelles, Sens & Tonka, 2005.

La Guerre des copyrights, Fayard, 2006.

Brèves de prétoire, Chifflet et Cie, 2007.

Le Sens de la défense (en collaboration avec Jeanne-Marie Sens), L'Une & l'autre, 2008.

Le Livre noir de la censure (corédaction et direction d'ouvrage), Le Seuil, 2008 (prix Tartuffe 2008).

Museum Connection, enquête sur le pillage de nos musées (en collaboration avec Jean-Marie de Silguy), First, 2008.

Nouvelles brèves de prétoire, Chifflet et Cie, 2008.

Les Grandes Énigmes de la justice, First, 2009.

Accusés Baudelaire, Flaubert, levez-vous ! Napoléon III censure les lettres, André Versaille Éditeur, 2010.

Familles, je vous hais ! Les héritiers d'auteurs, Hoëbeke, 2010.

La Collectionnite, Le Passage, 2011.

Faut-il rendre les œuvres d'art ?, CNRS éditions, 2011.

Comme un seul homme. Droit, genre, sexe et politique, Galaade, 2012.

Aimer lire, une passion à partager, Du Mesnil, 2012.

Paris, ville érotique. Une histoire du sexe à Paris, Parigramme, 2013.

Les Lorettes, Le Passage, 2013.

La Famille d'aujourd'hui pour les nuls (en collaboration avec Julien Fournier et Sophie Viaris de Lesegno), First, 2013.

Les Arts premiers pour les nuls, First, 2014.

La Liberté sans expression ? Jusqu'où peut-on toute dire, écrire, dessiner, Flammarion, 2015.

Les Brèves de prétoire, l'intégrale, Chifflet & Cie, 2015.

Les Symboles pour les nuls, First, 2015.

Plus grand que grand, Une histoire insolite du culte de la personnalité, La Librairie Vuibert, 2016, Guy Saint-Jean éditeur, 2017.

L'Érotisme pour les nuls, First, 2017.

Stars à la barre, Prisma éditions, 2017, Hugo & Cie, 2019.

« Omar m'a tuer » : l'affaire Raddad, 1994, suivi de *« Il pleure, il pleure ! » : l'affaire Troppmann, 1869*, Points, 2018.

« J'accuse » : l'affaire Dreyfus, 1894, suivi de *« Surtout ne confiez pas les enfants à la préfecture » : l'affaire Papon, 1997*, Points, 2018.

« Juger Mai 68 » : l'affaire Goldman, 1974 & 1976, suivi de *« J'ai choisi la liberté » : l'affaire Kravchenko, 1949*, Points, 2018.

Pierre Simon, médecin d'exception. Du combat pour les femmes au droit de mourir dans la dignité, Don Quichotte, 2018.

La France des vaincus passe à la barre. Une histoire judiciaire de l'épuration en France 1944-1953, First, 2018.

« Vous injuriez une innocente » : l'affaire Grégory, 1993, suivi de *« Si Violette a menti » : l'affaire Nozière, 1934*, Points, 2018.

« Elles sont ma famille. Elles sont mon combat » : l'affaire de Bobigny, 1972, suivi de *« Vous avez trouvé 11,9 mg d'arsenic » : l'affaire Besnard, 1952*, Points, 2018.

« Ils ne savent pas tirer » : l'affaire du Petit-Clamart, 1963, suivi de *« On aime trop l'argent » : l'affaire Stavisky, 1935*, Points, 2018.

Nouvelles morales, nouvelles censures, Gallimard, 2018.

Le Grand Livre de la censure, Plon, 2018.

« Les excuses de l'institution judiciaire » : l'affaire d'Outreau, 2004, suivi de *« Je désire la mort » : l'affaire Buffet-Bontems, 1972*, Points, 2019.

« On veut ma tête, j'aimerais en avoir plusieurs à vous offrir » : l'affaire Landru, 1921, suivi de *« Nous voulons des preuves » : l'affaire Dominici, 1954*, Points, 2019.

« Totalement amoral » : l'affaire du Dr Petiot, 1946, suivi de *« Vive la France, quand même ! » : l'affaire Brasillach, 1945*, Points, 2019.

Les Secrets de l'affaire « J'accuse », Calmann-Lévy, 2019.

Le Tribunal de la Terreur, Fayard, 2019.

Faut-il rendre des œuvres d'art à l'Afrique ?, Gallimard, 2019.

Je crois en l'athéisme, Le Cerf, 2020.

1857, La littérature en procès. Gustave Flaubert, Charles Baudelaire et Eugène Sue face à la censure, Hermann, 2021.

Les Nouveaux Justiciers. Réflexions sur la Cancel Culture, Bouquins, 2022.

Je parle aux fétiches (en collaboration avec Philippe Bouret), La Rumeur libre, 2022.

La Tyrannie de la transparence et de la morale. Sexe, argent et politique, Gallimard, 2023.

Édition critique de *Les Veuves abusives* d'Anatole de Monzie, Grasset, « Les Cahiers rouges », 2011.

Livres illustrés et livres d'art

Antimanuel de droit, Bréal, 2007.

Le Livre des livres érotiques, Chêne, 2007.

Pommes libertines (en collaboration avec Richard Conte), Bernard Pascuito éditeur, 2008.

Une idée érotique par jour, Chêne, 2008.

Comprendre l'art africain, Chêne, 2008.

Cent livres censurés, Chêne, 2010.

Les Nouveaux Cabinets de curiosité, Les Beaux Jours, 2011.

Cent images à scandale, Hoëbeke, 2011 et 2013.

Cent œuvres d'art censurées, Chêne, 2012.

Il était une fois Peau d'âne (en collaboration avec Rosalie Varda-Demy), La Martinière, 2014 et 2020 (prix Simone Goldschmidt-Fondation de France).

Cent chansons censurées (en collaboration avec Aurélie Sfez), Hoëbeke, 2014.

Les Mots qui font mâle. Petit lexique littéraire et poétique du sexe masculin (en collaboration avec Jean Feixas), Hoëbeke, 2015.

Les Grand Procès de l'Histoire, La Martinière, 2015 (prix du Livre du Patrimoine).

Barbes et moustaches (en collaboration avec Jean Feixas), Hoëbeke, 2015.

Le Droit d'auteur (en collaboration avec Fabrice Neaud), Le Lombard, 2016.

Moi, Emmanuel Pierrat, avocat à la cour, Glénat jeunesse, 2016.

100 infographies pour déchiffrer la justice, La Martinière, 2016.

Les Femmes et la Justice. Femmes avocates, femmes magistrates et femmes criminelles, La Martinière, 2016.

Pièces à conviction, 35 affaires judiciaires qui ont défrayé la chronique (en collaboration avec Jérôme Pierrat), La Martinière, 2017.

Les Petits Cheveux. Histoire non convenue de la pilosité féminine (en collaboration avec Jean Feixas), La Musardine, 2017.

Dernières volontés, l'histoire des plus incroyables testaments et successions, La Martinière, 2018.

3 minutes pour comprendre l'organisation et les règles de la justice française, Courrier du livre, 2019.

Collections, collectionneurs, La Martinière, 2019.

Procès de sang. Les tueurs face à leurs juges, Géo Histoire/Prisma éditions, 2020 ; *Les Plus Grandes Affaires criminelles*, Géo Histoire, 2022.

Édition critique de *Le Phallus* d'Alain Danielou, La Demeure du labyrinthe, 2013.

Livres sur la franc-maçonnerie

Le Paris des francs-maçons (en collaboration avec Laurent Kupferman), Le Cherche Midi, 2009 et 2013.

Les Grands Textes de la franc-maçonnerie décryptés (en collaboration avec Laurent Kupferman), First, 2011.

Ce que la France doit aux francs-maçons (en collaboration avec Laurent Kupferman), First, 2012 ; *Ce que la République doit aux francs-maçons*, First, 2021.

Les Secrets de la franc-maçonnerie, La Librairie Vuibert, 2013.

Les Francs-maçons sous l'Occupation, entre résistance et collaboration, Albin Michel, 2016 (Le Grand Livre du Mois, 2016).

Dieu, les religions et les francs-maçons, First, 2016.

Les Francs-maçons et le Pouvoir, First, 2017.

Le Décodeur des expressions maçonniques, First, 2017.

Les Francs-maçons et les rois de France, Dervy, 2019.

Livres juridiques

Guide du droit d'auteur à l'usage des éditeurs, Éditions du Cercle de la Librairie, 1995.

Le Sexe et la Loi, Arléa, 1996, La Musardine, 2002, 2008, 2015 et 2019.

Le Droit d'auteur et l'édition, Éditions du Cercle de la Librairie, 1998, 2005 et 2013.

Le Droit de l'édition appliqué I, Éditions du Cercle de la Librairie/Cecofop, 2000.

Guide juridique pratique de l'éditeur. Livre-Presse-Multimédia (en codirection avec Agnès-Lahn Gozin et Arnaud Le Mérour), Stratégies, 2001.

Reproduction interdite, le droit à l'image expliqué aux professionnels de la culture et de la communication, à ceux qui veulent protéger leur image et à tous les autres qui veulent comprendre la nouvelle censure iconographique, Maxima/Laurent du Mesnil, 2001.

Le Droit du livre, Éditions du Cercle de la Librairie, 2001, 2005 et 2013.

Le Droit de l'édition appliqué II, Éditions du Cercle de la Librairie/Cecofop, 2002.

La Justice pour les nuls (direction d'ouvrage), First, 2007, 2013 et 2020.

Les Contrats de l'édition, 2011 et 2014, editionsducercle-delalibraire.com (disponible uniquement sur support numérique).

Guide du jeune avocat (direction d'ouvrage), Lexisnexis, 2016 et 2021.

Code de la liberté d'expression (en collaboration avec Vincent Ohannessian), Anne Rideau éditions, 2018.

Auteurs, vos droits et vos devoirs, Gallimard, « Folio », 2020.

Dictionnaire du monde judiciaire (direction d'ouvrage), Robert Laffont, « Bouquins », 2022.

Traductions

Pensées paresseuses d'un paresseux de Jerome K. Jerome (traduit de l'anglais, en collaboration avec Claude Pinganaud), Arléa, 1991, « Poche », 1996.

Histoires de fantômes indiens de Rabindranath Tagore (traduit du bengali, en collaboration avec Ketaki Dutt-Paul), Cartouche, 2006, « Poche », 2008.

Fanny Hill, femme de plaisir (présenté et adapté de l'anglais), Bernard Pascuito, 2008.

Composition Nord Compo
Impression CPI Bussière en octobre 2022
Éditions Albin Michel
22, rue Huyghens, 75014 Paris
www.albin-michel.fr

ISBN : 978-2-226-46062-2
N° d'édition : 24424/01 – N° d'impression : 2067450
Dépôt légal : novembre 2022
Imprimé en France